汽车售后服务管理

（第 3 版）

主　编　赵晓宛　马骊歌　夏英慧
副主编　徐广琳　初宏伟
主　审　焦传君

北京理工大学出版社
BEIJING INSTITUTE OF TECHNOLOGY PRESS

内 容 简 介

本教材重点介绍特约经销商售后服务相关岗位的核心业务，同时介绍了特约经销商内部机构设置、人员岗位设置及内部管理等相关知识，主要内容有特约经销商基础知识、服务接待、车间修理、备件管理、索赔管理、经销商内部管理、客户满意度管理、特约经销商其他业务、汽车生产企业与特约经销商、我国汽车维修行业等。

版权专有　侵权必究

图书在版编目（CIP）数据

汽车售后服务管理 / 赵晓宛，马骊歌，夏英慧主编 . —3 版 . —北京：北京理工大学出版社，2019.10

ISBN 978-7-5682-7806-5

Ⅰ . ①汽… Ⅱ . ①赵… ②马… ③夏… Ⅲ . ①汽车-售后服务-高等职业教育-教材 Ⅳ . ①F407.471.5

中国版本图书馆 CIP 数据核字（2019）第 241983 号

出版发行 /	北京理工大学出版社有限责任公司
社　　址 /	北京市海淀区中关村南大街 5 号
邮　　编 /	100081
电　　话 /	(010)68914775（总编室）
	(010)82562903（教材售后服务热线）
	(010)68948351（其他图书服务热线）
网　　址 /	http://www.bitpress.com.cn
经　　销 /	全国各地新华书店
印　　刷 /	三河市天利华印刷装订有限公司
开　　本 /	787 毫米×1092 毫米　1/16
印　　张 /	16.5
字　　数 /	382 千字
版　　次 /	2019 年 10 月第 3 版　2019 年 10 月第 1 次印刷
定　　价 /	78.00 元

责任编辑 / 高雪梅
文案编辑 / 高雪梅
责任校对 / 周瑞红
责任印制 / 李志强

图书出现印装质量问题，请拨打售后服务热线，本社负责调换

前 言

△ 汽车售后服务管理（第3版）

  自从2001年加入世界贸易组织之后，我国汽车市场不断发展变化，汽车特约经销商（4S店）在全国各地大量涌现并已经成为我国汽车销售市场和维修服务市场的重要力量。特约经销商（4S店）的售后服务质量，不仅影响用户车辆的技术状况，从而关系到用户使用汽车的安全性、经济性和舒适性等，而且影响到用户对汽车生产厂家品牌的信赖度和忠诚度，因此汽车售后服务质量既影响特约经销商的经济效益和社会效益，又影响汽车生产企业的品牌形象和市场占有率，使得无论对于特约经销商还是汽车生产企业，提高售后服务质量都具有非常现实的意义。目前，特约经销商从业人员的文化水平和系统专业培训的比例偏低，从而使从业人员的总体职业素质偏低，服务意识淡薄，对特约经销商服务质量的提高非常不利。

  本教材针对特约经销商售后服务相关岗位的核心业务如前台接待、备件管理和索赔等加以重点介绍，同时介绍了特约经销商内部机构设置、人员岗位设置及内部管理等相关知识，便于从事汽车服务顾问、备件管理员等岗位实习、就业的学生经过学习掌握相关的职业知识，具备相关的职业能力和素质，尽快融入企业、达到相关岗位的任职要求。另外，本教材介绍了特约经销商其他业务内容，如销售、二手车、保险与理赔等，为学生在以后的汽车销售和汽车售后市场岗位群多元发展打下知识基础；介绍了我国汽车维修行业的现状、法规与制度等基本常识，有利于学生开阔眼界，提高学生对汽车售后服务市场的认识水平。

  由于时间仓促，书中难免有疏漏和不妥之处，恳请广大读者批评指正。

编 者

目 录

△ 汽车售后服务管理（第3版）

▶ **模块一　特约经销商基础知识** ………………………………………… 1

  单元一　特约经销商概况 ……………………………………………… 1
  单元二　经销商的组织机构与人员管理 ……………………………… 7
  复习思考题 …………………………………………………………… 17

▶ **模块二　服务接待** …………………………………………………… 18

  单元一　服务顾问岗位 ……………………………………………… 18
  单元二　售后服务流程 ……………………………………………… 19
  单元三　接待礼仪 …………………………………………………… 33
  单元四　服务接待常见案件处理 …………………………………… 37
  单元五　客户投诉处理案例 ………………………………………… 46
  复习思考题 …………………………………………………………… 48

▶ **模块三　车间修理** …………………………………………………… 49

  单元一　车间修理岗位 ……………………………………………… 49
  单元二　车间修理类型 ……………………………………………… 51
  单元三　车间修理管理 ……………………………………………… 63
  复习思考题 …………………………………………………………… 66

▶ **模块四　备件管理** …………………………………………………… 67

  单元一　备件管理岗位 ……………………………………………… 67
  单元二　汽车备件类型 ……………………………………………… 68
  单元三　汽车备件订货管理 ………………………………………… 70
  单元四　备件的库房管理 …………………………………………… 76
  复习思考题 …………………………………………………………… 82

▶ 模块五 索赔管理 ········· 83

单元一 汽车产品的质量担保 ········· 83
单元二 索赔管理与索赔员岗位 ········· 87
单元三 索赔条例 ········· 88
单元四 索赔程序 ········· 90
单元五 索赔件的管理 ········· 97
单元六 客户索赔的案例处理 ········· 99
复习思考题 ········· 103

▶ 模块六 经销商内部管理 ········· 104

单元一 人力资源管理 ········· 104
单元二 培训管理 ········· 112
单元三 专用工具、设备、资料的管理 ········· 116
单元四 信息管理与网络管理 ········· 121
复习思考题 ········· 129

▶ 模块七 客户满意度管理 ········· 130

单元一 客户服务体系概述 ········· 130
单元二 提高客户满意度的流程 ········· 139
单元三 一次修复率（FFV）对客户满意度的影响 ········· 141
单元四 提高客户感受与客户满意度 ········· 143
单元五 提高服务意识与客户满意度 ········· 147
复习思考题 ········· 153

▶ 模块八 特约经销商其他业务 ········· 154

单元一 销售业务 ········· 154
单元二 二手车 ········· 168
单元三 保险理赔 ········· 172
单元四 汽车美容与装饰 ········· 179
复习思考题 ········· 186

▶ 模块九 汽车生产企业与特约经销商 ········· 187

单元一 汽车生产企业的售后服务组织 ········· 187

单元二　汽车生产企业对经销商的管理与支持 ………………………………… 192
　　复习思考题 ………………………………………………………………………… 208

▶ **模块十　我国汽车维修行业** …………………………………………………… 209

　　单元一　汽车维修企业 …………………………………………………………… 210
　　单元二　汽车维修行业法规与制度 ……………………………………………… 215
　　复习思考题 ………………………………………………………………………… 242

▶ **附录Ⅰ　双人快保的流程（以奥迪 A4 保养为例）** ………………………… 243

▶ **附录Ⅱ　2011 年一汽丰田服务满意度调研（CSI）** ………………………… 247

▶ **参考文献** ………………………………………………………………………… 253

模块一 特约经销商基础知识

△ 汽车售后服务管理（第3版）

 学习导入

李女士的捷达车行驶了 28 800 km，该进行定期保养了。可是李女士有些犹豫不决，是去 4S 店保养呢，还是去其他的修配厂保养呢？去 4S 店保养，质量有保障，但是花费有点高；去修配厂保养，是比较便宜经济，但是质量又无法保证。你觉得哪种选择比较好并说出你的理由。

 学习目标

1. 掌握经销商的概念。
2. 了解四位一体经销商特点。
3. 了解汽车生产厂家对经销商的支持。
4. 了解品牌经销商企业文化。
5. 了解经销商的组织机构设置。
6. 掌握经销商人员岗位要求。

经过多年的发展，汽车特约经销商已经成为目前汽车销售维修市场上的重要力量。特约经销商如何改善经营与管理，从而提高服务水平和提高客户满意度是汽车特约经销商和汽车生产企业都十分重视的问题。为了深入了解和掌握特约经销商的经营与管理各项业务，首先需要了解一些特约经销商的基础知识。

单元一 特约经销商概况

一、特约经销商概念

1. 四位一体特约经销商

四位一体特约经销商就是汽车生产企业授权在指定区域内从事合同产品的销售、服务等经营活动的法人实体，是集整车销售（sale）、售后服务

汽车 4s 店售后服务
体系综述演示版

(service)、零配件供应（sparepart）、信息反馈（survey）四位于一体的现代化汽车修理企业，也被称为特约（特许）经销商，简称经销商，即我们常说的4S店。同时，我们也把集整车销售、售后服务、零配件供应于一体的特约经销商称为3S店。

（1）整车销售

向客户提供汽车生产厂家的品牌新车，为客户介绍车型的性能、结构特点、性价比等优点，并向客户提供试乘试驾、汽车上牌、汽车信贷等服务，树立汽车生产厂家的品牌效应。

（2）售后服务

汽车售后服务是汽车流通领域的一个重要环节，也是一项非常繁杂的工程，它涵盖了汽车的质量保障、索赔、维修保养服务、汽车零部件供给、维修技术培训、技术咨询及指导等与产品和市场有关的一系列内容。汽车生产企业可以通过它与客户的关系更加紧密，树立企业的形象，提高产品的信誉，扩大产品的影响，培养客户的忠诚度。汽车售后服务主要包括：技术咨询；维修养护、故障救援；保险理赔；保修；服务质量跟踪、信息反馈；服务质量投诉、纠纷处理。

（3）零配件供应

为品牌车辆客户提供正品的原厂零配件，并提供原厂零配件质量担保；为客户提供原厂零配件索赔等业务，及时与汽车生产厂家备件部反馈零配件使用和质量信息。

（4）信息反馈

定期回访客户，了解客户的心理及需求，倾听客户的意见，认真做好记录，建立客户档案，收集客户对产品车辆的使用信息、质量信息，并定期向汽车生产企业售后服务管理部门反馈。

2. 单一服务经销商

汽车生产企业授权在指定区域内从事合同产品服务的法人实体或企业，是集售后服务、零配件供应、信息反馈三位于一体的现代化修理企业，没有整车销售职能，被称为单一服务经销商。丰田品牌称这样的经销商为TASS店，即单项维修服务（Toyota Authorized Service System）；大众品牌称之为3S店。

二、标准的四位一体经销商特点

① 标准、系列化的建筑风格。
② 统一、标准化的标识系统。
③ 全新的管理模式。
④ 现代化的企业微机管理及网络通信。
⑤ 汽车上牌、保险、售前、售中、售后一条龙服务。
⑥ 规范化的接待服务。
⑦ 先进、实用的专用工具、仪器和设备。
⑧ 专业化的修理。
⑨ 全国统一的原厂备件价格。
⑩ 最合理的工时收费。
⑪ 最佳的社会效益和经济效益。

三、经销商责任

经销商与汽车生产企业共同对所负责区域合同产品的市场进行充分开拓，为提高产品的市场份额和持续增长做出努力。经销商应维护汽车生产企业的产品信誉和声誉，树立汽车生产企业的产品形象和服务形象，履行其协议中承担的责任。

四、经销商、汽车生产企业（主机厂）与客户的关系

汽车生产企业，也叫主机厂。经销商与汽车生产企业是合作伙伴关系；经销商自主经营、自负盈亏，汽车生产企业不参与经销商的经营管理；经销商必须按照汽车生产企业的标准要求开展销售、服务方面的业务；经销商应接受汽车生产企业的监督指导，而汽车生产企业应在业务方面给予经销商支持。经销商、汽车生产企业与客户的关系如图1-1所示。

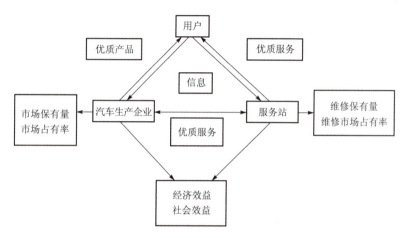

图1-1　汽车生产企业、经销商与客户关系图

五、汽车生产企业对经销商的支持

① 提供统一的建筑标准。
② 提供统一的形象建设标准及标识标准。
③ 贯彻先进的管理模式。
④ 免费提供技术培训、管理培训、索赔培训、备件培训及计算机业务培训。
⑤ 疑难维修技术支持。
⑥ 提供技术资料、管理资料。
⑦ 统一订购专用工具、仪器设备，指导通用工具订购。
⑧ 提供售后服务联网软件及经销商内部管理软件。
⑨ 提供原厂备件。
⑩ 免费提供产品宣传及服务宣传资料。
⑪ 授权开展售前整备、首保及索赔业务。
⑫ 指导经销商开展服务营销。

知识链接：品牌经销商介绍

1. 一汽-大众经销商（图1-2）

一汽-大众特约经销商是由一汽-大众授权的大众品牌特许经销商，秉承并积极实践一汽-大众"顾客至上""严谨就是关爱"的理念，拥有专业的维修技术、优质的服务团队、先进的服务理念、科学的经营管理模式及良好的企业形象。该品牌经销商提供一汽-大众品

图1-2 一汽-大众特许经销商外观

牌全系车型的销售和高标准的大众品牌售后服务，是集整车销售、售后服务、原厂备件供应、汽车装饰、二手车置换、信息反馈为一体的综合性汽车销售服务企业。这里陈列的每一款车型都体现着大众品牌的非凡风姿，为有着不同品味和需求的尊贵客户提供卓尔不群的个性化选择。客户在这里可以享受新车销售、二手车销售、汽车美容、汽车租赁、技术咨询、专业维修、原厂配件供给等专业服务。经销商店内有宽敞干净的维修车间，为顾客的车辆提供最优质的维修环境；有最专业的技术团队，为车辆提供最权威的维修服务；有最先进的维修器材，为车辆提供值得信赖的维修平台；有最舒适的客户休息室，为客户送一份最贴心的关怀。

一汽-大众企业文化：

一汽-大众汽车有限公司于1991年2月6日成立，是由中国第一汽车集团公司、德国大众汽车股份公司、奥迪汽车股份公司和大众汽车（中国）投资有限公司合资经营的大型乘用车生产企业，是我国第一个按经济规模起步建设的现代化乘用车工业基地。一汽-大众在长春、成都和佛山建有三大生产基地。经过20余年的发展，一汽-大众已经从建厂当初的一个品牌一款产品，发展到现在的奥迪、大众两大品牌9大系列产品——奥迪A6L、奥迪Q5、奥迪A4L、迈腾、CC、速腾、宝来、高尔夫和捷达轿车，每款产品无论是性能还是销量都是其细分市场里的主导产品。如今，一汽-大众已成为国内成熟的A、B、C全系列乘用车生产制造基地。

中国一汽标志，以"1"字为视觉中心，由"汽"字构成展翅的鹰形，呈现雄鹰在蔚蓝天空翱翔的视觉景象，寓意中国一汽鹰击长空，展翅高飞。

德国大众汽车公司生产的大众牌轿车是由世界上最早的甲虫型汽车演变而来的，其标志中采用了叠加的"VW"字样。"VW"是德文"Volkswagen"的缩写，意为大众使用过的汽车，图形商标是德文"VOLKSWAGENWERK"单词中的两个字母"V"和"W"的叠合，并镶嵌在一个大圆圈内，然后整个商标又镶嵌在发动机散热器前面格栅的中间。

一汽-大众企业核心价值观：诚信创造价值，尊重成就共赢。

诚信能够创造价值，是赢得用户、合作伙伴和社会公众信赖的基础。尊重创造和谐，是成就共赢的前提，尊重知识、尊重创造、尊重敢于承担责任的人，从而实现企业的可持续发展。

一汽-大众企业精神：学习、进取、合作、创新。

一汽-大众倡导在实践中终身学习，永不自满，博采众长，融会贯通，为我所用，向世界先进企业学习，向竞争对手学习；勇担重任，勇争第一，不断超越；精诚合作是一汽-大众生存和发展的基础；创新是一汽-大众实现跨越发展的源动力，点滴改善都体现创新精神，创新永无止境。

一汽-大众企业愿景：中国最优秀的汽车合资企业、员工眼中最具吸引力的公司。

一汽-大众要成为中国高品质汽车的代名词；尊重员工的付出与成就，让员工以作为一汽-大众人而自豪；关心员工身心健康，倡导科学工作、健康生活，全面提升员工的幸福感及生活品位。

2. 一汽丰田经销商（图1-3）

图1-3　一汽丰田特许经销商外观

一汽丰田特约经销商是日本丰田汽车（中国）有限公司认证的4S店，是集汽车销售、维修服务、零配件供应、信息反馈为一体的标准4S店，销售一汽丰田及进口丰田全系车型。经销商有豪华的汽车展示大厅，先进的修理车间，配备丰田专用工具及先进的维修设备，提供新车销售、分期付款购车、车辆维修保养、二手车业务、保险理赔服务。所有的销售顾问、服务顾问和车间技师均经过丰田专业培训并通过等级考试。定期举行多重科目的售后服务技能大赛，全面考核经销商员工的服务接待与维修技术水平，努力向客户提供标准化、规范化、优质化的服务。

一汽丰田秉承"专业对车，诚意待人"的诚信服务理念，立足车主的实际需求，通过对人、车的双重关注，致力于为车主奉上更加安心、放心、贴心的精彩汽车生活。

丰田企业文化：

天津一汽丰田汽车有限公司（中文简称：天津一汽丰田；英文简称：TFTM）是国家商务部批准成立的大型中外合资企业，出资方为中国第一汽车集团公司、天津一汽夏利汽车股份有限公司、丰田汽车公司和丰田汽车（中国）投资有限公司，中外股比为50%：50%。公司自2002年以来连续投放了"威驰"（VIOS）、"花冠"（COROLLA EX）、"皇冠"（CROWN）、"锐志"（REIZ）、"卡罗拉"（COROLLA）以及RAV4等系列产品，并完成了威驰和皇冠两款车型的改型，使公司完成了从经济型轿车到中高级轿车的产品布局。2009年3月，城市型SUV车型RAV4的投产，是公司由单一轿车产品向轿车、SUV多样化发展的重要标志。

丰田标志设计的重点是椭圆形组成的左右对称构成。椭圆是具有两个中心的曲线，表示汽车制造者与顾客心心相印。并且，横竖两椭圆组合在一起，表示丰田（TOYOTA）的第一个字母T，背后的空间表示丰田的先进技术在世界范围内拓展延伸，面向未来，面向宇宙不断飞翔。

丰田企业核心价值观：杜绝浪费，保证质量。

丰田生产方式视所有业务过程中消耗了资源而不增值的活动为浪费。为了发现并杜绝浪费，丰田公司信奉"毛巾干了还要挤"的彻底合理化精神。丰田的质量管理，就是要使所有生产环节一出现质量问题就立即停止生产，杜绝生产出大批不合格品的现象，从而保证每一个环节产品的合格性，最终保证成品的合格化。

丰田企业经营宗旨：

创造财富，贡献于社会；以最低的成本生产质量最高的汽车；对顾客负责，顾客是上帝；下一道工序是上一道工序的用户，在每道工序里来创造质量，一切为用户服务；杜绝不必要的多余；重视员工的思想工作；当你发现问题时，应当考虑如何处理，而不是开掉负有责任的人。

丰田企业愿景：以生产物品和技术个性为基础，热情地建设富裕的社会。

丰田的企业愿景就是以对地球友善的技术，拉动地球的再生；生产安全、安心、舒适的汽车，建造汽车社会；在世界各地进一步展示汽车的魅力。

3. 奔驰经销商（图1-4）

图1-4 奔驰特许经销商外观

梅赛德斯-奔驰特许经销商是梅赛德斯-奔驰（中国）授权的奔驰特许经销商，专业从事梅赛德斯-奔驰进口、国产全系列汽车的销售与售后服务工作。经销商店内设有销售展厅、售后服务车间、配件仓库、VIP客户专区、精品展示区等，具备车辆展示、商务洽谈、精品配件销售、售后维修、服务接待、金融保险服务等多种功能。销售人员、维修技术人员均经过梅赛德斯-奔驰专业培训，认证上岗，同时，售后部门拥有各种国际一流检测仪器及维修工具，确保专业高效，在整个汽车网络中堪称典范。秉承着"同一星球，同一品质，同一服务"的高水准要求，确立"超越客户期待"的服务理念，使品牌的内涵得到最好的诠释。让三叉星徽在全球闪耀是梅赛德斯-奔驰100多年来的梦想，更是其永不放弃的追求。

戈特利布·戴姆勒（Gottlieb Daimler）于1909年为三叉星标志申请专利权，这颗三叉星还象征着奔驰汽车公司向海陆空三个方向发展。三叉星下面有"Mercedes"（梅赛德斯）字样。"梅赛德斯"是幸福的意思，意为戴姆勒生产的汽车将为车主们带来幸福。

梅赛德斯-奔驰售后服务理念：修养之道，一脉相承。

中国客户对自身"修养"的关注，体现出身后的文化传承，而梅赛德斯-奔驰对"修车养车"的专注，亦承自百年用心造车的历史。"My Service"体现了梅赛德斯-奔驰全球售后服务的核心理念——客户至上。

梅赛德斯-奔驰的企业精神：公平、尽责。

公平是指公平竞争、公平经营。梅赛德斯-奔驰努力在产品质量、花色品种、技术水平、市场销售和售后服务等各方面凭借自身的实力来力争上游；尽责是指赛德斯-奔驰在汽车行业尽到自己作为一个顶级品牌的责任，不仅为了自己的经济利益，也要兼顾社会认同，成为同类企业仿效的楷模。

单元二　经销商的组织机构与人员管理

企业的组织机构就像人体的骨骼系统，是企业实现战略目标和构造核心竞争力的载体，也是企业员工发挥各自优势获得自身发展的平台。员工作为企业的重要组成部分，对企业的发展和壮大具有举足轻重的作用。

一、经销商组织机构

一个好的组织机构可以让企业员工步调一致，同心协力，向着同一个目标迈进，而一个不合理的组织机构会使企业组织效率降低，内耗增加，影响企业的成功和发展目标的实现。

1. 经销商部门设置

经销商在日常的运营工作中，各个部门的相互协调配合，对提高工作效率起着十分重要的作用。一般情况下，各品牌经销商内部的机构不尽相同，但大致都相似，如图1-5所示。

图1-5　特约经销商组织机构

2. 各部门职能与岗位

（1）销售部

① 部门职能：负责根据汽车生产企业对整车销售的有关规划积极开拓市场，完成工作

年会制订的季、年度销售计划，认真做好客户的开发及维护工作。定期将销售经营情况及市场信息汇报给经销商站长及汽车生产企业售后服务部。

② 岗位人员：销售总监、销售经理、大客户经理、二手车经理和附件精品经理等，如图1-6所示。

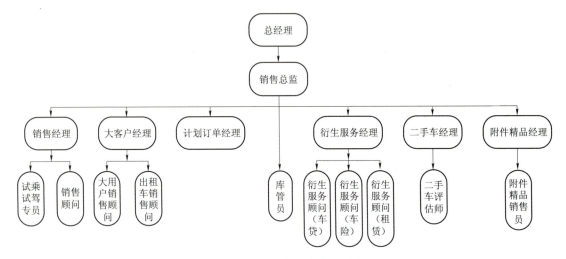

图1-6 经销商销售部人员岗位

总经理职责：
- 落实国家及行业的各项法律、法规，制定、落实企业方针、政策，并贯彻汽车生产企业的各项政策。
- 直接领导各部长及服务总监的工作。
- 负责公司内文件的审批。
- 负责定期对公司的经营状况、管理、服务质量等进行评审。
- 负责公司所需资源的配备。
- 有投资决策权、经营权、人事任免权、现金使用审批权等。

销售总监职责：
- 受总经理领导，参与制订公司营销战略。根据营销战略制订公司营销组合策略和营销计划，经批准后组织实施。
- 负责重大公关、促销活动的总体、现场指挥。
- 定期对市场营销环境、目标、计划、业务活动进行核查分析，及时调整营销策略和计划，制订预防和纠正措施，确保完成营销目标和营销计划。
- 根据市场及同业情况制订公司新产品市场价格，经批准后执行。
- 负责重大营销合同的谈判与签订。
- 主持制定、修订营销系统主管的工作程序和规章制度，经批准后施行。
- 制订营销系统年度专业培训计划并协助培训部实施。
- 协助总经理建立、调整公司营销组织，细分市场，建立、拓展、调整市场营销网络。
- 负责分解下达年度的工作目标和市场营销预算，并根据市场和公司实际情况及时调整和有效控制。

- 定期和不定期拜访重点客户，及时了解和处理问题。
- 代表公司与政府对口部门和有关社会团体、机构联络。

（2）售后服务部

① 部门职能：按照汽车生产企业售后服务部对品牌服务的要求，对客户车辆进行售后服务工作，包括车辆保养、维修、索赔、外出救援等，解决客户对服务的各种投诉，向汽车生产企业售后服务部反馈品牌车辆的产品质量信息和客户意见，维护汽车生产企业和经销商的品牌形象。

② 下属部门：服务部、备件部、维修车间、技术部。

售后服务部机构设置如图 1-7 所示。

图 1-7　售后服务部机构设置

服务总监职责：

- 按品牌服务的要求，对经销商进行管理。
- 负责与汽车生产企业售后服务部门的业务联系，并落实其各项工作安排。
- 直接领导服务经理、备件经理和技术经理的工作。
- 重大质量问题及服务纠纷的处理。
- 定期向总经理和汽车生产企业售后服务科报告经销商的生产、经营和管理等工作。
- 具有生产指挥权、监督权、站内人员调动权，对公司投资、经营等活动的建议权。

（3）客户关系管理部

客户关系管理部有时也称为市场部，其人员岗位如图 1-8 所示。

① 部门职能：负责对客户信息进行管理，维系客户关系，进行客户投诉管理，提高客户区管理及服务水平，倾听客户心声，推进服务质量，整合经销商各部门的客户关系和客户满意度，提高经销商客户关系和客户满意度水平。

② 岗位人员：客户关系管理总监、客户管理经理、客户信息主管、客服专员等。

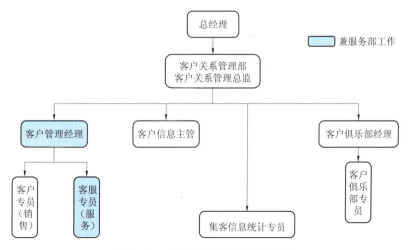

图 1-8　客户关系管理部人员岗位

客户关系管理总监职责：
- 负责销售/售后的回访标准建立、回访过程监控及质量改进工作。
- 负责将回访中用户反馈信息、满意度调查结果等信息传递给相关部门，负责推动相关部门给予解决和改进。
- 负责搭建经销商客户满意度调查体系，并监督实施情况。
- 负责经销商销售和服务满意度调查结果的分析，推进相关部门改进，完成满意度目标。
- 组织相关部门对客户投诉进行处理，对于重大投诉，负责与主机厂共同协调处理。
- 负责配合公司市场活动，并将客户沟通信息反馈给市场部。

（4）综合管理部及财务部

① 部门职能：负责经销商日常的财务预算与财务往来、人事关系管理以及经销商的日常行政办公和后勤保卫管理。

② 下属部门：财务部、人力资源部、行政部。

③ 岗位人员：财务经理、会计、人力资源经理、行政经理等，如图1-9所示。

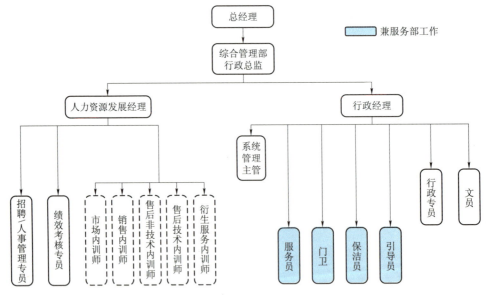

图1-9 综合部人员岗位

二、经销商售后服务部门组织机构与岗位设置

每个品牌的经销商岗位设置及岗位职责各有差异，各个经销商也会根据实际情况进行调配岗位。完善各岗位的职责及任职要求，既有利于人员的管理，也更方便各部门的协调。汽车售后服务管理的主体是售后服务部门，具体介绍如下。

1. 一汽-大众经销商售后服务部门

一汽-大众经销商售后服务的组织机构由服务部、备件部、维修车间、技术部组成，相当于其他品牌的接待前台，其组织机构与岗位设置如图1-10所示。

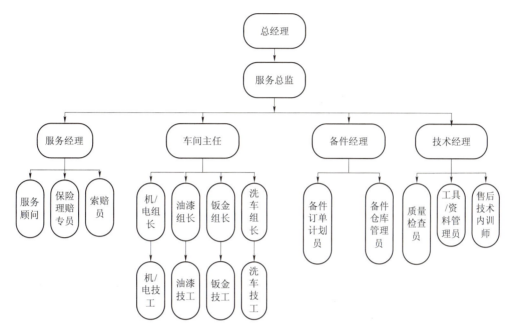

图1-10 一汽-大众经销商售后服务的组织机构与岗位设置

（1）服务部

服务部由服务经理管理，其职责与权限包括以下方面：
- 负责解决服务过程中与客户发生的纠纷。
- 负责同备件经理协调，解决维修所需备件。
- 负责外出救援服务、预约服务、客户投诉、走访客户等工作的管理，并参与对重大维修服务项目的评审。
- 负责下属劳动纪律的管理。
- 负责所辖区域环境的管理。
- 监督和指导服务顾问、索赔员和保险理赔专员的日常业务。

服务经理的直接下属：
- 服务顾问。
- 索赔员。
- 保险理赔专员。

（2）维修车间

维修车间由车间主任管理，其职责与权限包括以下方面：
- 随时掌握车间员工的工作进度，督促工作的有效性和高效性。
- 能够按照进厂车辆的优先次序和员工的技术水平，合理组织分配任务。
- 定期统计车间员工效率表及返修率。
- 与接待人员沟通协调，控制车间维修量情况。
- 按照需要做适当人员调整，最大限度地提高生产力和员工的生产率。
- 充分利用设备资源和人力资源。

- 严格控管车间费用。
- 车辆终检合格后及时告知相应接待,做好交车准备。

车间主任的直接下属:
- 机修组长。
- 钣金组长。
- 喷漆组长。
- 洗车组长。

车间主任的下属还应包括机电维修工、钣金维修工、喷漆维修工和洗车工。

（3）备件部

备件部由备件经理管理,其职责与权限包括以下方面:
- 负责保证维修所需的充足的备件供应,对是否是原厂备件负责。
- 负责建立合理的备件库存量,指导库管员对库房的管理。
- 负责备件订购计划的审批。
- 负责组织备件的到货验收及备件的入库检验。
- 负责定期组织人员进行库存盘点。
- 负责审核备件管理账目,抽检库存备件状况。
- 负责实施备件管理方面的培训。
- 负责制订备件位置码。

备件经理的直接下属:
- 备件销售计划员。
- 备件仓库管理员。

（4）技术部

技术部由技术经理管理,其职责与权限包括以下方面:
- 负责定期收集技术疑难问题及批量投放的质量信息。
- 负责HST等技术资料的消化、吸收并指导使用。
- 协助汽车生产企业售后服务科开展技术支持工作。
- 负责控制、监督经销商的维修质量。
- 负责疑难故障的诊断及维修技术攻关,指导车辆维修。
- 负责监督、指导维修人员使用专用工具。
- 负责建立文件化的质量体系,推行ISO9001标准认证。

技术经理的直接下属:
- 质量检查员。
- 内部培训员。
- 工具/资料管理员。

2. 丰田品牌经销商的组织机构与售后服务岗位设置

（1）经销商的组织机构

丰田品牌经销商的组织机构与大众品牌基本相同,不过取消了"总监"的称呼,如服务总监改称为服务经理,所以丰田品牌经销商的服务经理和大众品牌的服务经理职责和权限是不同的,其权限要大一些,如图1-11所示。

模块一 特约经销商基础知识

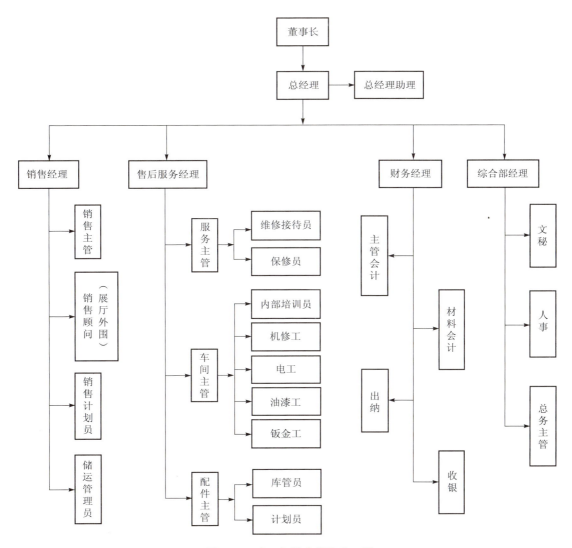

图 1-11 丰田经销商岗位分工图

（2）售后服务岗位设置

① 服务主管

权限与职责：

- 遵守公司规章制度，不泄露公司机密。
- 领导、分配、协调下属员工的工作。
- 制订维修接待的各项管理指标及工作计划并监督完成。
- 负责提高维修业务接待的服务质量及专业水平。
- 提出提高客户满意度的方案并监督执行。
- 检查接待是否严格按一汽丰田"关怀客户七步法"进行接待工作。
- 按考核制度对接待人员进行公平公正的考核。
- 分析各项数据报表，制订改善计划并进行改善。

- 在售后服务经理领导下开展工作，重大问题及时向售后服务经理汇报。
- 监督完成一汽丰田的召回服务，维护丰田及公司的形象。
- 有计划地分配接待接车，妥善安排客户预约服务。
- 合理安排拖车司机的工作时间和内容。
- 试车后正确诊断故障并反映给车间，以便有效解决车辆问题。
- 对已交车辆账目的核实，监督车辆的放行。
- 服务部内部备件、车间的沟通、协调工作。

② 保修专员

权限与职责：

- 遵守公司规章制度，不泄露公司机密。
- 新车客户保修手册的建立及向客户讲解。
- 负责车辆保修期内索赔的全部工作，确保按流程正确执行。
- 完成一汽丰田的召回服务，维护丰田及公司的形象。
- 电话跟踪新车客户的使用情况，通知首保，与客户建立良好的关系。
- 严格按一汽丰田"关怀客户七步法"进行接待工作。
- 对应公司商品车的修护业务，负责与车间接洽。
- 向一汽丰田回传索赔、召回等相关资料。
- 向客户提供服务信息并帮助客户解决车辆的问题。
- 专业地处理客户的投诉，并进行有效的初期应对。
- 通过市场技术报告向一汽丰田汽车销售有限公司（FTMS）技术组上报车辆的技术问题。
- 将保修零件及时上交至一汽丰田汽车销售有限公司（FTMS）技术组。
- 完成公司制定的各项目标，负责维修接待区的"4S"工作。
- 与客户建立良好的关系，通过提高服务质量来提高客户满意度。

③ 车间主管

权限与职责：

- 遵守公司规章制度，不泄露公司机密。
- 随时掌握车间员工的工作进度，督促工作的有效性和高效性。
- 能够按照进厂车辆的优先次序和员工的技术水平，合理组织分配任务。
- 定期统计车间员工效率表及返修率。
- 与接待人员沟通协调，控制车间维修量情况。
- 按照需要做适当人员调整，最大限度地提高生产力和员工的生产率。
- 充分利用设备资源和人力资源。
- 严格控管车间费用。
- 车辆终检合格后及时告知相应接待，做好交车准备。
- 严格按照一汽丰田维修标准流程安排工作。
- 分析相关报表和生产情况，制订改善计划。
- 重大问题及时向售后服务经理汇报。
- 服务部各部门之间的协调沟通。

④ 诊断技师

权限与职责：

- 遵守公司规章制度，不泄露公司机密。
- 诊断技师代表丰田公司的形象，以为客户服务为宗旨。
- 可监控维修程序，可以进行终检。
- 即使在压力下也能保持客观，不掺杂个人的意见与观点。
- 有较强的独立意识，能够表达自己的观点并且能够做出正确决策。
- 能够较好地分析复杂问题，独立提出自己的策略。
- 能够对疑难问题提供技术指导，成功解决问题。
- 潜心学习，能够培训其他员工。
- 能够向同事提供专业的技术信息作为参考意见。
- 向维修顾问提供关于故障诊断的技术支持和解决方案。
- 保持车间的"5S"管理。
- 工作中主动辅导新员工，提高他们的技术水平。
- 在维修中发现问题，应及时同客户联系。
- 主动协助领班搞好车间的各项工作。
- 发现问题及时向领班汇报。
- 施工中注意安全生产。

三、经销商人员管理

1. 经销商的岗位设置要求

随着汽车保有量的持续增加，各个品牌都会有计划地增加经销商的数量，经销商数量的增加，必然导致对人才的需求量增加。但是，每家经销商对人员的需求并不是大批量的、一次性的，这是一个逐渐增加的过程。下面就是某品牌经销商对各岗位人员的需求设置，如表1-1所示。

表1-1 经销商岗位设置要求

岗位	级别	数量要求	如业务量不足，可由以下岗位兼职	最低人数
服务总监	一级	1名	专职	1
服务经理	二级	1名	专职	1
机修车间主任	二级	1名	专职	1
钣喷车间主任	二级	1名	日钣喷维修台次在6台以下，可由机修车间主任兼任	
车间调度员	三级	1名	机修台次/天≥40必须设专职车间调度员；机修台次/天<40可暂时由车间主任兼职	
备件经理	二级	1名	专职	1

续表

岗位	级别	数量要求	如业务量不足，可由以下岗位兼职	最低人数
技术经理	二级	1 名	专职	1
索赔员	四级	至少 1 名，按每名索赔员年索赔量不超过 2 000 台次配备	专职	
服务顾问	四级	按每名服务顾问每日最多接待 10 位客户配备，并且最低配备 2 人	专职	2
保险理赔员	四级	至少 1 人	专职	1
备件订货计划员	四级		备件经理	
备件仓库管理员	四级		备件经理	
质量检查员	四级	按每名质检员每天最多检查 20 台车配备	技术经理	
工具/资料管理员	四级	1 名	专职	1
售后技术内训师	四级	日维修台次 30 台以上时，必须设置专职人员	技术经理	
机/电组长	四级	按照实际工作量分组，每组设组长 1 名	专职	1
油漆组长	四级	按照实际工作量分组，每组设组长 1 名	专职	1
钣金组长	四级	按照实际工作量分组，每组设组长 1 名	专职	1
洗车组长	四级	按照实际工作量分组，每组设组长 1 名	专职	1
机/电技工	五级	按每名维修人员每天维修车辆 3 台配备，并且最低配备 4 人	专职	4
油漆技工	五级	按每名维修人员每天维修车辆 1.5 台配备，并且最低配备 1 人	专职	1
钣金技工	五级	按每名维修人员每天维修车辆 1.5 台配备，并且最低配备 1 人	专职	1
移车员	五级	按实际需求设定人数	洗车组长	

续表

岗位	级别	数量要求	如业务量不足，可由以下岗位兼职	最低人数
洗车技工	五级	按实际需求设定人数	专职	
引导员	五级	按实际需求设定人数	可由服务顾问兼职	
接待员	五级	按实际需求设定人数	可由服务顾问兼职	

2. 经销商服务组织机构管理要求

① 每个汽车生产企业特约经销商必须按照汽车生产企业售后服务要求设立组织机构，在签订《意向性协议》后 2 个月内申报服务组织员。此机构由经销商站长领导并开展工作。

② 经销商专职管理人员（服务总监、服务经理、备件经理、财务人员、销售经理、销售计划员、索赔员，业务接待员、备件计划员和车间主任等）由建站单位推荐德才兼备的人员担任，然后填报《管理人员任职资格表》，送汽车生产企业售后服务科审批备案。

③ 经销商建站初期，部分管理人员可兼几职，但必须是具备一定能力和精力并且能够做好兼职工作的人员。

④ 经销商管理人员及技术工人必须经汽车生产企业公司售后服务人员培训，考核合格者方可上岗工作。凡未经培训或考核不合格者不得上岗，由经销商另行推荐其他人员。

⑤ 已经通过培训或考核合格的专职人员（服务总监、服务经理、备件经理、索赔员及备件计划员等）未经汽车生产企业售后服务科允许，不准擅自调离经销商，如需调离经销商，应事先征得汽车生产企业有关业务科室同意，并填写接替人员的任职资格表申报售后服务科服务组织员，售后服务科将对申报人员进行培训及考核确认后方可上岗工作。

⑥ 经销商任何员工，在工作中因工作失误给汽车生产企业及经销商造成不良影响，汽车生产企业售后服务科保留取消其任职资格的权力，经销商应立即更换，同时申报接替者有关资料。

⑦ 下列人员应认真填报《特约经销商普通员工任职资格表》：质量检查员、工具/资料员、技术工人及站内其他辅助人员。

⑧ 对擅自撤销、更换管理人员的经销商，将视情节作如下处理：网内通报批评，经销商评比降低一个档次；撤销经销商的索赔资格或备件订货资格，直至撤销汽车生产企业特许经销商资格；对于未经过培训上岗人员负责的业务，汽车生产企业售后服务科将不予受理。

复习思考题

1. 汽车生产厂家为什么要设立特约经销商？
2. 特约经销商一般都有哪些岗位？
3. 特约经销商和一般的维修厂相比，有哪些优势？

模块二 服务接待

△ 汽车售后服务管理（第3版）

学习导入

秦岭是某大众4S店前台服务顾问，早晨刚上班就接到了一位客户的预约。这位客户的速腾车要做15 000 km保养，预约上午9：00到，如果你是这位前台服务顾问，应该如何圆满地完成该客户的服务接待工作？请按照服务流程拟定一套完成该工作的工作方案（操作流程），包括细节方面的注意事项。

学习目标

1. 掌握售后服务核心流程的价值及步骤。
2. 了解大众与丰田售后服务的区别性。
3. 掌握优质服务在核心流程每个步骤中的实施要点。
4. 掌握服务顾问的仪容仪表注意事项。
5. 熟悉前台的各种接待礼仪。
6. 掌握处理客户抱怨的原则和流程。
7. 掌握处理客户投诉的技巧和流程。

单元一 服务顾问岗位

特约经销商的售后服务接待主要由服务顾问来完成，服务顾问即SA（Service Advisor），负责接待顾客和处理顾客家车辆保养维修的相关事宜，是汽车维修保养活动的沟通中心。汽车服务顾问是客户接触经销商的第一面窗口，是体现"顾客为中心"服务理念的关键一环，直接关系到特约经销商的企业形象，对特约经销商服务质量的影响非常大，所以必须充分认识售后服务顾问岗位的重要性。

一、服务顾问的职责

- 引导、受理客户预约。
- 负责维修车辆客户的接待工作。

- 负责客户车辆的故障诊断，与用户达成协议，完成任务委托书。
- 负责车辆维修后的电话服务跟踪。
- 负责向索赔员传递车辆状态信息，并负责索赔技术鉴定。
- 负责向维修技师传达客户的想法，描述车辆的故障形态，分配维修工作任务。
- 负责交车工作，解释维修内容。
- 负责建立、完善客户档案。

服务顾问接受的客户委托根据委托性质一般分为 17 种，分别是首保、索赔、保养、小修、大修、事故、返工、年审、PDI、内修、保险、优惠索赔、免费检测、预 PDI、市场服务、外出救援和召回。

多数情况下，服务顾问能接受以上全部委托，但是也有一部分经销商为了提高效率，又把服务顾问分为机电维修服务顾问和事故车服务顾问，事故车服务顾问接受钣金喷漆维修一类的客户委托。

二、服务顾问的素质能力要求

服务顾问由于素质能力和经验差异，被经销商聘为助理服务顾问、服务顾问、资深服务顾问和首席服务顾问等不同职称，总的来说，服务顾问应该具备以下的能力和素质。

- 具有大专以上文化程度，汽车专业或汽车维修专业毕业。
- 懂得汽车专业知识，有较丰富的汽车维修经验。
- 能够准确地判断故障原因，并能准确估算维修价格及维修时间。
- 具有管理经验，头脑灵活，有较强的语言表达能力、组织协调能力。
- 能熟练地操作计算机，会使用常用办公软件。
- 会汽车驾驶，有驾驶执照。

三、服务顾问的工作特点

服务顾问的接待工作比较灵活，客户的类型又有很多，这样就需要服务顾问掌握一定的心理学知识，及时了解顾客需求，知道客户希望你为他做什么。

服务顾问的主要工作对象是维修客户，需要建立和维护自己的客户群体，为自己赢得一定数量的忠诚客户。

服务顾问的工作涉及客户利益，需要熟练掌握常用配件的价格以及维修保养工时，准确地报出估价，灵活沟通，让客户认可服务顾问的收费。

单元二 售后服务流程

一、规范服务流程的意义

汽车维修服务实现流程化管理，可以体现出"顾客为中心"的服务理念，展现品牌服务特色与战略，让客户充分体会有形化服务的特色，以提升客户的忠诚度；以标准化、统一化的作业标准，规范所有服务网点，面对客户的服务行动；通过核心流程的优化作业，提升客户满意度，并提升服务效益。

二、典型品牌经销商服务流程

1. 一汽-大众售后服务

（1）售后服务理念

一汽-大众一直秉承的售后服务理念是"严谨就是关爱"，体现了一汽-大众的专业精神和严格的服务标准。同时，也传达了一汽-大众对用户的责任心和关怀心。鞭策一汽-大众用最专业的技术、最贴心的服务，赢得客户的尊敬和赞誉。

"严谨"是一种态度，这种态度与德系车一脉相承。它是一丝不苟的决心、精细的零件、务实的管理、高超的技术、强大的规模、紧凑的时效、严格的标准、科学的流程。这种细心入微的精神，将始终贯穿在一汽-大众的服务体系之中。

"关爱"是一汽-大众的服务给予车主的感受。从走进服务大厅的那一刻开始，客户的感受就是检验一汽-大众服务的唯一标准，只有贴心的服务、令人信服的解决方案、真诚的销售方式，才能给一汽-大众带来好的口碑、强的信任感、高的满意度。即使客户的爱车行驶在路上，一汽-大众的关爱依旧如影随形。

（2）服务承诺

- 将在"一"分钟内接待您。
- 给您提供"一"个公开、透明的价格标准。
- 维修前，为您提供"一"套完整的维修方案。
- 为您提供"一"个舒适整洁的休息空间。
- 按照约定在第"一"时间交付您的爱车。
- 维修后，为您解释在本店"一"切消费内容。
- 每次来店将免费为您清洗车辆"一"次。
- 为您提供原装备件"一"年或十万公里的质量担保（先达为准，易损件除外）。

（3）售后服务核心流程

一汽-大众汽车有限公司是将经销商为客户服务的关键工作过程分为 7 个环节，即预约、准备工作、接车/制单、修理/进行工作、质检/内部交车、交车/结账、电话跟踪 7 个环节，对每个过程提出标准的工作内容及要求（图 2-1）。

图 2-1　一汽-大众售后服务核心流程

2. 丰田关怀客户七步流程

（1）售后服务理念

一汽丰田始终秉承"专业对车，诚意待人"的服务理念，从对车到对人开展双重关注，潜心打造"诚信服务"品牌，为客户创造更多价值，让客户尊享安心、喜悦的汽车生活。

"诚"指诚意待人的感恩心。一汽丰田通过服务节、感恩节以及爱车养护课堂等项目，面向车主给予感恩回报，为车主带去更多附加价值。

"信"指专业对车的信赖感。一汽丰田通过纯牌零件、QM60快速保养、远程巡回服务等项目，为车主客户提供令人放心的专业车辆售后服务。

（2）丰田TOYOTA"AAA"体验

丰田TOYOTA"AAA"体验是指安心、安全、爱用。

安心（我们用心，让您安心）：汽车的动力性、安全性、平滑性、操控性、舒适性等性能指标，每部TOYOTA汽车都经过1 000多项的钢铁、涂装材料、部件制品等检查，品质表里如一，故障率低意味着省钱、省时、省心。为了让您安心驾乘，TOYOTA经销店救援热线24小时待命，随时随地为您提供救援、抢修服务。

安全（我们尽心，为您安全）：TOYOTA独有的GOA（Global Outstanding Assessment）安全车身是根据世界多数国家的安全基准，吸收碰撞能量的车身和高强度驾驶舱能够在碰撞发生时有效吸收碰撞能量，并将其分散至车身各部位骨架，将驾驶舱变形减少到最小限度，确保座舱空间。在主动安全方面，采用带有EBD（Electronic Brake force Distribution）的ABS（Anti-lock Brake System）系统，可以增加车辆的安全性。

爱用（我们真心，助您爱用）：购车是消费的开始而不是终结，维修服务在价值总量中占据着很大比重。所有的TOYOTA经销店都会定期举办温情护驾、真挚随行的"爱车养护课堂"，使众多车主了解日常养护及维修的专业知识，让所有的TOYOTA用户更懂得怎样用车、怎样爱车。

（3）售后服务流程

丰田"关怀顾客七步法"包括预约、接待、填写修理单、调度生产、质量控制、交车和跟踪服务七个步骤，每步间相互配合。通过跟进丰田关怀顾客服务七步法，可以确保持续的客户满意度，从而实现客户量增加和利润增加。通过一系列有成效、具有特色的服务项目，打造"专业对车，诚意待人"的诚信服务品牌，通过对人、车的双重关注，为车主奉上更加安心、放心、舒心的汽车精彩生活。丰田"关怀顾客七步法"服务流程如图2-2所示。

三、"一汽-大众"售后服务核心流程详解

一汽-大众的经销商要达到一汽-大众的服务标准，遵从"严谨就是关爱"的服务理念，就必须按照标准服务流程来做。如果售后服务顾问能够遵循每一个环节的服务标准，就能够超越客户最低限度的期望，满足客户要求，实现客户满意和忠诚。

下面就一汽-大众售后服务核心流程进行详细的说明。

1. 预约

（1）预约的好处

预约是汽车维修服务流程的第一个重要环节，因为它构成了与客户的第一次接触，从而也就提供了立即与客户建立良好关系的机会。预约的意义在于：

① 可以缩短客户等待时间，保证客户按约定的时间取车，从而减少客户抱怨。

② 可以非常准确地利用车间的设备时间，减少设备空闲时间，提高设备利用率。

③ 可以对接受的汽车维修订单进行时间安排，削峰填谷。

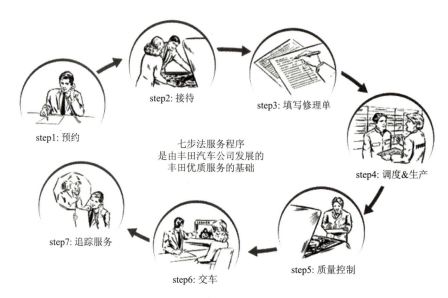

图 2-2　丰田"关怀顾客七步法"服务流程

④ 可以及时订购备件，减少备件库存。
(2) 预约的方式
预约主要通过电话预约完成，可分为经销商主动预约和客户主动预约两种形式。
① 经销商主动预约：根据提醒服务系统及客户档案，经销商主动预约客户进行维修保养。
② 客户主动预约：引导客户主动与经销商预约。
(3) 预约工作内容
① 询问客户及车辆基础信息（核对老客户数据、登记新客户数据）。
② 询问行驶里程。
③ 询问上次维修时间及是否是重复维修。
④ 确认客户的需求、车辆故障问题。
⑤ 介绍特色服务项目及询问客户是否需要这些项目。
⑥ 确定服务顾问的姓名。
⑦ 确定接车时间。
⑧ 暂定交车时间。
⑨ 提供价格信息。
⑩ 告诉客户带相关的资料（随车文件、防盗器密码、防盗螺栓钥匙、维修记录等）。
(4) 预约要点
① 保证必需的电话礼仪：
- 电话铃响在 3 声之内接起。
- 电话机旁准备好纸笔进行记录。
- 确认记录下的时间、地点等。
- 告知对方自己的姓名。
② 了解客户潜在需求：

- 详细了解客户车辆服务记录。
- 尽可能收集信息缩短客户服务登记的时间。
- 确保让客户清楚可能需要进行的其他服务项目。

③ 准确地预计时间与费用：
- 如果是保养客户，提供预计需要的时间和费用。
- 如果是已经诊断过的车辆，提供预计需要的时间和费用。
- 不能确定时，通知客户并在经过客户同意之后才能进行下一步工作。

④ 尽可能将预约放在空闲时间，避免太多约见挤在上午的繁忙时间及傍晚。
⑤ 留20%的车间容量应对简易修理、紧急修理和前一天遗留下来的修理及不能预见的延误。
⑥ 将预约时间隔开（例如，15 min 间隔），防止重叠。
⑦ 与安全有关的、返修客户及投诉客户的预约应予以优先安排。

 案例

张先生是一家小型建筑装潢公司的老板，生意十分繁忙。这两天他感觉他的桑塔纳轿车加速时有些发抖，于是他把车开到他经常光顾的一家维修站。刚一进门就看见业务接待桌前围了很多人，他等了半天才排上队，开好了派工单。张先生开车到维修间，看到车间车辆满满的，车间主任告诉他来的不是时候，再有半小时才能给他检修，什么时候能修好，车间主任也不能确定。这期间不停地有人打电话找张先生有事，张先生有点不耐烦了，决定不修了，就这样，他开着带病的车返回了单位。一连几天，他都开着这辆车办事，虽然有点不舒服，也只好勉强。忽然有一天，他接到一个电话，是原来他曾经去过的另外一家修理厂的服务小姐打给他的，问他车辆状况怎么样？他把一肚子委屈向服务小姐倾诉，服务小姐问他什么时候方便，可以与我们预约，提前给他留出工位，准备好可能用到的配件和技术好的修理工。张先生想了想，决定次日上午九点钟去。第二天上午八点钟，服务小姐就给张先生打电话，说一切工作准备就绪，问张先生什么时间赴约，张先生说准时到达。当张先生九点钟到达修理厂时，业务接待热情地接待了他，并拿出早已准备好的维修委托书，请张先生过目签字，领他来到车间。车间业务虽然很忙，但早已为他准备好了工位和维修工。维修工是一位很精明的小伙子，他熟练地操作仪器检查故障，最后更换了4个火花塞，故障就排除了，前后不到半小时。张先生很是高兴，从此他成为这家修理厂的老客户。

(5) 预约流程（图2-3）
① 进行预约：根据提醒服务系统及客户档案，经销商主动预约客户进行维修保养，对返修客户和投诉客户要特别标出，以引起其他相关工作人员的注意。
② 填写预约表：参考客户档案，将客户及车辆资料写在修理单上。
③ 确认预约：提前2天与客户联络，确认预约客户。

2. 准备工作

(1) 准备的工作内容
① 草拟工作订单，包括目前为止已了解的内容，可以节约接车时间。

1. 预约

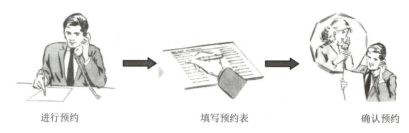

图 2-3 预约流程

② 检查是否是重复维修，如果是，在订单上做标记以便特别关注。
③ 检查上次维修时发现但没纠正的问题，记录在本次订单上，以便再次提醒客户。
④ 估计是否需要进一步工作。
⑤ 通知有关人员（车间、备件、接待、资料、工具）做准备。
⑥ 提前一天检查各方能力的准备情况（技师、备件、专用工具、技术资料）。
⑦ 根据维修项目的难易程度合理安排人员。
⑧ 定好技术方案（对于重复维修、疑难问题）。
⑨ 如果是外出服务预约，还要做相应的其他准备。

（2）准备工作要点
① 填写欢迎板。
② 填写《预约登记表》。
③ 备件部设有专用的预约备件存放区。
④ 准备相应的工具、工位和技术方案。
⑤ 落实所负责的预约备件完全到位。
⑥ 提前1小时打电话确认。
⑦ 服务顾问确保做好准备工作：任何特别需要，如召回、维修；确保有零部件，如有可能提前取出来，提供最快的服务；在服务通道准备预约客户的欢迎牌欢迎他们的到来；如果有可能，提前准备好可能需要的交通工具（出租车、往返汽车、替换车）；要有技术人员立即诊断预约维修客户的车辆。
⑧ 如准备工作出现问题，预约不能如期进行，应尽快告知客户重新预约。
⑨ 建议车间使用工作任务分配板。

（3）准备工作流程（图2-4）

图 2-4 准备工作流程

① 准备修理单：参考客户档案，电脑打印出资料或预约表，将客户及车辆资料填写在

修理单上。对返修客户和投诉客户要特别标出，以引起其他相关工作人员的注意。

② 确认备件库的预约备件：确定供简单工作及定期检查用的主要零件有库存，若预约备件不足，则要求备件部门订购必要的备件。

③ 确认维修技术人员：根据维修项目的难易程度合理安排维修人员，准备相应的工具、工位和技术方案。

3. 接车/制单

（1）接车/制单工作内容

① 识别客户需求（客户细分）。

② 自我介绍。

③ 耐心倾听客户陈述。

2. 准备工作

④ 当着客户的面使用保护罩。

⑤ 全面彻底地维修检查。

⑥ 如果有必要可与客户共同试车。

⑦ 总结客户需求，与客户共同核实车辆、客户信息，将所有故障及客户意见（修理或不修理）写在任务单上，客户在任务单上签字。

⑧ 提供详细价格信息。

⑨ 签订关于车辆外观、车内物品的协议或此内容包括在任务单上。

⑩ 确定交车时间和方式（交车时间尽可能避开收银台前的拥挤时间）。

⑪ 向客户承诺工作质量，做质量担保说明和超值服务项目说明。

（2）接车/制单工作要求

① 遵守预约的接车时间（客户无须等待）。

② 预约好的服务顾问要在场，不能因为工作忙，让其他人员（如维修人员）代替，这样会让客户感到不受重视，客户会对企业产生不信任感。

③ 要求维修经理指派人员协助，以免在繁忙时间对客户造成不便。

④ 将胸牌戴在显眼的位置，以便客户知道在与谁打交道，这样有利于增加信任。

⑤ 接车时间要充足（足够的时间关照客户及做维修方面的解释说明）。

⑥ 接待的客户分为预约客户、未预约客户。对于预约客户，取出已准备好的维修单和客户档案，陪同客户进入维修区，这样可使客户感到公司对他的预约十分重视，他对接待这一环节会很满意；对于未预约客户，仔细询问，按接待规范进行登记。

⑦ 在填写维修单之前与客户一起对车辆进行检查，当着客户的面使用五件套，提供手提袋装纳客户的物品，向客户解释检查内容及益处，同时检查一下车辆是否存在某些缺陷（如车身某处有划痕、某个灯破碎等），把这些缺陷在维修单上注明。如果故障出现在行驶中，应与客户一起进行试车，发现新的故障还可以增加维修项目。若服务顾问对这一故障没有把握，也可以请一位有经验的技师一起进行车辆诊断。

⑧ 告知客户所进行的维修工作的必要性和对车辆的益处。

⑨ 在确定维修范围之后，告诉客户可能花费的工时费及材料费。如果客户对费用感到吃惊或不满，应对此表示理解，并为其进行必要的解释，千万不要不理睬或讽刺挖苦。接待时对客户的解释，会换来客户的理解。

⑩ 在一些情况下，如果只有在拆下零件或总成后才能准确地确定故障和与此相关的费用时，报价应当特别谨慎。如服务顾问应当使用诸如以下措辞与客户沟通："以上是大修发动机的费用，维修离合器的费用核算不包括在内，只能在发动机拆下后才能确定"，等等。

⑪ 分析维修项目，告诉客户可能出现的几种情况，并表示会在处理之前事先征得客户的同意。如：客户要求更换活塞环，服务顾问应当提醒客户，可能会发现气缸磨损。拆下缸盖后会将检查结果告知客户，并征求客户的意见。

⑫ 服务顾问打印维修单，与客户沟通确认后，请客户在维修单上签名确认。

⑬ 提醒客户将车上的贵重物品拿走。

（3）接车/制单工作流程（图2-5）

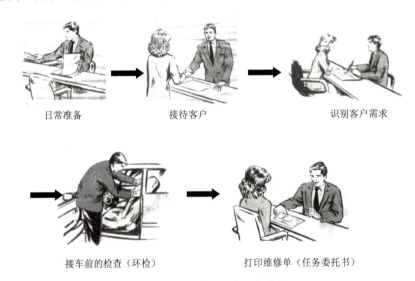

图 2-5　接车/制单工作流程

① 日常准备：在客户到来之前，准备必要的文件、脚垫、座椅套等。

② 接待客户：礼貌地迎接客户，自我介绍，询问客户姓名以及他/她是否预约了等；对于未预约客户，在修理单上写下客户和车辆的资料，询问客户是否是第一次来；对于预约客户，取出已准备好的修理单和客户档案/资料。

③ 识别客户需求：耐心倾听客户陈述，询问检查目的和里程表读数，然后确定技术检查程序（例如，40 000 km例行检查），了解故障现象及故障产生的情况等，用客户的原话，将症状及要求写在修理单上。

④ 接车前的检查（环检）：在填写维修单之前与客户一起对车辆进行检查，当着客户的面使用五件套，提供手提袋装纳客户的物品，同时检查一下车辆是否存在某些缺陷（如车身某处有划痕、某个灯破碎等），有无贵重物品留在车中等，把存在的缺陷在维修单上注明。如果故障出现在行驶中，应与客户一起进行试车。返修或投诉的车辆可要求车间主任协助，在修理单上清楚提示"返修"或"投诉"。

⑤ 打印维修单（任务委托书）：总结客户需求，解释要做的工作、估价和交车日期及时间，与客户共同核实车辆、客户信息，将所有故障及客户意见（修理或不修理）写在任务单上，服务顾问打印维修单，客户在任务单上签字。

4. 修理/进行工作

（1）维修的重要性

维修作业是维修企业的核心环节，维修企业的经营业绩和车辆维修质量主要由此环节决定，因此做好维修工作十分必要。

3. 接车制单

（2）维修/进行工作的工作内容

① 遵守接车时的安排。

② 车间或小组分配维修任务，全面完成订单上的内容。

③ 保证修车时间。

④ 订单外维修需征得客户签字同意。

⑤ 正确使用专用工具、检测仪器、参考技术资料，避免野蛮操作。

⑥ 做好各工种和各工序之间的衔接。

⑦ 技师在维修工作订单上签字。

（3）修理/进行工作的工作要求

① 维修人员要保持良好的职业形象，穿着统一的工作服和安全鞋。

② 作业时要使用座椅套、脚垫、翼子板罩、方向盘套、换挡杆套等必要的保护装置。

③ 不准在客户车内吸烟、听音响、使用电话等与维修无关的工作。

④ 作业时车辆要整齐摆放在车间，时刻保持地面、工具柜、工作台、工具等整齐清洁。

⑤ 作业时工具、油水、拆卸的部件及领用的新件不能摆放在地面上。

⑥ 维修完毕后，将旧件、工具、垃圾等清理干净。

⑦ 将更换下来的旧件放在规定位置，以便客户带走。

⑧ 将座椅、方向盘、后视镜等调至原来的位置。如果拆卸过蓄电池，则收音机、电子钟等的存储已被删除，应重新设置。

5. 质检/内部交车

（1）质检的重要性

只有稳定的维修质量才能使客户满意，才能保障维修业务健康、持续、稳定的发展。因此，在维修过程中和维修结束后认真进行质检不仅可以保障客户满意率，更重要的是可以减少返修率，为企业节省时间和金钱，提高企业在客户心目中的地位。

4. 维修工作

（2）质检/内部交车的方式

① 自检：维修技师。

② 互检：班组长检查。

③ 终检：终检员签字（安全项目、重大维修项目根据行业标准检验）。

（3）质检/内部交车的工作内容

① 随时控制质量，在客户接车前纠正可能出现的问题，即自检。

② 路试（技师/工或服务顾问）。

③ 在工作单上写明发现但没有纠正的问题，服务顾问签字。

④ 清洁车辆。

⑤ 停车并记录停车位。

⑥ 准备服务包（特色服务介绍等宣传品、资料、礼品、客户意见调查卡等）。

⑦ 向服务顾问说明维修过程及问题。

(4) 质检/内部交车的工作要求

① 了解客户的车辆历史，包括是否曾被召回。
② 确认客户提到的所有需求。
③ 让客户了解获得所需信息的重要性。
④ 向客户解释，如果费用或时间变化会及时联系告知。
⑤ 确保维修车间通过有效地工作分配，做好准备为预约及未预约的客户提供服务。
⑥ 如果是返修或投诉，请维修经理亲自确认你所完成的交车准备工作（例如所做的工作、工作质量、更换的零件、文件等）。
⑦ 建议让当初接待客户的那位业务接待人员做好交车的准备工作，并在交车时对所完成的工作进行解释。

(5) 质检/内部交车的流程（图2-6）

① 维修后质量自检：随时控制质量，在客户接车前纠正可能出现的问题，查看修理单，以确认最后检查已完成（例如车间主任签字）；如有必要，技师/工或服务顾问进行路试；要求维修经理批准特别修理（例如，昂贵的修理、保修工作或返修等）的收费；要求维修经理亲自确认返修或投诉车辆交车前的最后检查；在修理手册或质量保证书中记录已完成的检查。

② 清洁车辆：确认车辆内外已清理干净；确认其他交车前的礼仪工作（将座椅回复到原来位置）；再次检查接车前的检查项目（车身损伤等），并与原先的检查进行比较。

③ 准备交还给客户的材料：准备要交还给客户或要给客户看的更换下来的零件和材料、修理手册或质量保证书。

图2-6 质检/内部交车流程

6. 交车/结账

(1) 交车/结账的工作内容

① 检查发票（材料费、工时费与实际是否相符）。
② 向客户解释发票内容。
③ 向客户说明订单外的工作和发现但没去解决的问题，对于必须修理但客户未同意的项目要请客户签字。
④ 给客户查看更换下来的零件。
⑤ 给客户指示所做的维修工作。
⑥ 告知某些备件的剩余使用寿命（制动/轮胎）。
⑦ 向客户讲解必要的维修保养常识，宣传经销商的特色服务。
⑧ 向客户宣传预约的好处。

5. 质检（内部交车）

⑨ 告别客户。

（2）交车/结账的工作要求

① 准时交车。

② 交车时间要充裕。

③ 遵守估价和付款方式。

④ 确保车辆内外清洁，检查维修过的部位有无损坏或油污。

注意：交付客户一辆洁净的车辆非常重要，尤其是一些小细节，如烟灰盒里烟灰必须倒掉，时钟要调整正确，座椅位置要调整正确，汽车外观的保养等。这些工作占用的时间很少，但却事半功倍。

⑤ 应该逐项解释收费（工时费和零件价格），并且展示更换下来的零件。

⑥ 作为汽车保养专家，你应向客户讲述在维修过程中发现的问题，以及如何防止故障再发生。例如，您的爱车制动摩擦片只剩下 4 mm，大约只能行驶六七千千米，一定记住及时更换，否则会降低制动效果，也可能会造成制动盘的磨损。

⑦ 当客户取车时，服务顾问应亲自带领客户检查一下维修完毕的车辆，使他确信选择这家维修厂进行车辆维修的决定是正确的，并尽可能说明免费为客户进行维修的项目。例如，手制动器行程太大了，可能导致手制动器失效，我们已给你调整了。

⑧ 当面展示给客户一点额外关怀。例如，给吱吱作响的车门铰链加油润滑；调整玻璃清洗液喷嘴角度，等等。

⑨ 向客户提出关怀性建议。例如，轮胎气压不足会增加燃油消耗，因此，您应经常检查胎压；清洗液喷嘴被车蜡堵住了，清洗液喷不出来，我们已将车蜡清除了，以后打蜡时要多注意，等等。

（3）交车/结账的流程（图2-7）

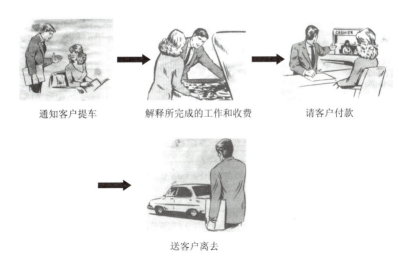

图 2-7　交车/结账流程

① 通知客户提车：到休息室或打电话通知客户维修工作已完成，请客户提车。

② 解释所完成的工作和收费：解释所完成的工作，并展示更换下的零件。陪客户到车旁，展示接车前检查的项目都完成（例如，门铰链已加油），展示所完成工作的质量。（如

果在诊断时进行了路试，此时也应与客户一起进行路试。）向客户讲述在维修中发现的问题，并且提供有用的资讯。

③ 请客户付款：取下座椅套，陪客户至业务接待处；向客户解释所完成的工作，请客户付款；通知客户下次保养检查的时间；询问客户，何时进行维修后跟踪比较方便。

④ 送客户离去：交还修理手册或质量保证书、锁匙等；陪同客户去取车；感谢客户，并且送他离去。

7. 跟踪（电话回访）

（1）跟踪回访的好处

① 对客户惠顾表示感谢，促进客户信任度。

② 了解客户对服务是否满意。如果他/她不满意，采取行动解决任何可能存在的问题。

6. 交车结算

③ 将跟踪结果反馈给服务顾问、服务经理、车间主任等，找出改进工作的措施，以利于今后的工作。

④ 通知客户下一次例行保养检查的时间。

（2）跟踪回访的工作内容

电话跟踪回访的工作内容如图2-8所示。

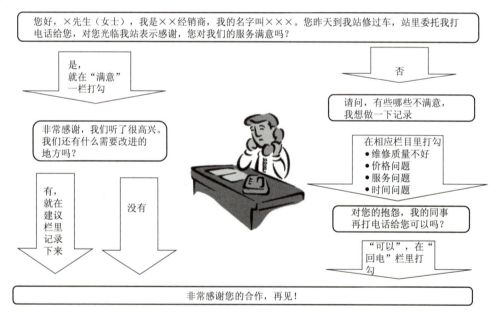

图2-8 电话跟踪回访的工作内容

（3）跟踪回访的工作要求

① 打电话时为避免客户觉得他的车辆有问题，建议使用标准语言及标准语言顺序，发音要自然、友善。

② 不要讲话太快，一方面给没有准备的客户时间和机会回忆细节，另一方面避免客户觉得你很着急。

③ 不要打断客户，记下客户的评语，无论批评或表扬。

④ 维修后 1 周之内打电话询问客户是否满意。
⑤ 打回访电话的人要懂基本维修常识、懂沟通及语言技巧。
⑥ 打电话时间要回避客户不方便接听电话的时间。
⑦ 如果客户有抱怨，不要找借口搪塞，告诉客户你已记下他的意见，并让客户相信如果他愿意，有关人员会与他联系并解决问题。另外，有关人员要立即处理，尽快回复客户。
⑧ 对跟踪的情况进行分析并采取改进措施。
⑨ 对客户的不合理要求进行合理解释。
⑩ 回访比例不少于 1/2。
⑪ 回访对象必须是各种类型（客户类型、订单类型）的客户，对象越多越有代表性；维修费的多少也可以作为一个衡量标准。

（4）跟踪回访的流程（图 2-9）
① 维修后跟踪：取出有关的修理单（在维修后 1 周以内），通过电话，在预约的日期和时间联络客户，并且按照预定的程序进行跟踪（例如，感谢客户惠顾、确认他/她是否满意等）。如果客户满意，感谢客户，并欢迎继续光临；如果客户不满意或有投诉，感谢客户向你提出了问题，助你杜绝同样问题。请客户将车开回维修中心，解决投诉的问题。立即向维修经理报告投诉。
② 回访跟踪结果反馈：总结当天跟踪的结果，向维修经理报告跟踪结果。

维修后跟踪　　　　　　　　回访跟踪结果反馈

图 2-9　电话回访流程

 背景知识　品牌汽车经销商的售后服务

7. 回访跟踪

一、本田汽车的售后服务
1. 服务理念

广州本田认为，购买他们产品的人、销售他们产品的人、制造产品的人，三者通过产品建立起相互信赖的关心，分享喜悦，广州本田称之为"三个喜悦"。他们的目标是通过业务带来喜悦，接触广州本田或产品的任何人都应该从体验中获得喜悦感。

（1）购买的喜悦
通过超出顾客期待，他们在广州本田的产品和服务中创造了"拥有"的自豪感。
（2）销售的喜悦
他们要在满足广州本田的顾客和顾客展示公司方面创造自豪感。
（3）创造的喜悦
他们的信条是为广州本田的顾客提供优质产品——包括每一次。

2. 服务流程（图2-10）

广州本田汽车售后服务标准流程包括招揽顾客、预约服务、接待、诊断、估价、派工、零部件出库、作业、完工检查、清洗、验车结算、交车送行和跟踪服务13个步骤。

图2-10 广州本田汽车售后服务标准流程

二、北京现代汽车的售后服务

1. 服务理念（图2-11）

北京现代一直坚持的是"真心伴全程"服务理念，以"客户为本，赢在执行"全面提升客户满意度和企业品牌形象。"谁能赢得客户，谁就能赢得市场"，北京现代秉承"真心伴全程"的服务理念，在为客户带来全新服务体验的同时，自己也收获了博弈市场的重要筹码。

【真心】经销商所开展的一切售后服务活动都是"真心的"
【全程】"随时随地"
【伴】"陪伴着"
【FOR YOU】"为客户着想的"
【SERVICE】"服务"的原则
让客户真正感受到北京现代无微不至的关怀

图2-11 北京现代汽车的服务理念

2. 服务流程（图2-12）

北京现代汽车的售后服务流程包括预约、欢迎/接待、需求确认、车辆维修/信息交流、质检、交付和客户关怀7个步骤。

三、上海通用别克汽车的售后服务

1. 服务理念

别克关怀 Buick Care——上海通用汽车创立的中国第一个汽车服务品牌。自创立伊始，始终秉承"比你更关心你"的理念，率先将汽车售后服务从"被动式维修"带入了"主动式关怀"的新时代：比您更关心您的车，提供从购车前到购车后的全程优质服务；担当您

模块二 服务接待

图 2-12 北京现代汽车的服务流程

的保养顾问,想在您之前,做在您之前,用主动超越期望;有别克关怀 Buick Care,就有宾至如归的热情接待、值得信赖的专业服务以及常年不间断的主动关怀。

2. 服务流程(图 2-13)

上海通用别克汽车的售后服务流程包括预约、接待、预检、维修作业、质检、交车准备、结账交车和后续跟踪服务等 8 个步骤。

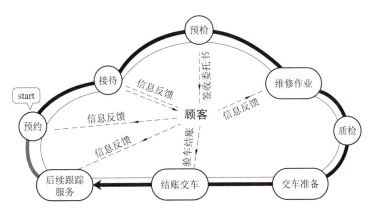

图 2-13 上海通用别克汽车的售后服务流程

单元三 接待礼仪

礼仪体现一个人的精神状况,给人一种视觉印象,代表一个人的气质。有形、规范、系统的服务礼仪,不仅可以树立服务人员和企业的良好形象,更可以塑造受客户欢迎的服务规范和服务技巧,使服务人员在与客户的交往中赢得理解、好感和信任。

一、仪容仪表

1. 男服务顾问

① 头发:每天洗头,梳理整齐,没有头皮屑。
② 刘海:请梳理前额刘海以保持额头洁爽。
③ 颜色:保持原色不染发或染黑色或棕色。
④ 发型:短发,发脚侧不过耳,后不过领,服帖整齐,不可蓬松杂乱。
⑤ 眼睛:清洁、无分泌物,避免眼睛布满血丝。
⑥ 脸:面部清洁,胡须每日一理,刮干净。
⑦ 嘴巴牙齿:饭后洁牙,清洁、无残留物及异味,口气清新。
⑧ 指甲:清洁,定期修剪,短于指尖。
⑨ 着装原则:庄重、整洁、大方,全身3种颜色以内。西装要拆除衣袖上的商标,熨烫平整,扣好第一颗纽扣,不卷不挽衣袖,巧配内衣,外面的口袋不装东西;衬衣为标准工装;领带紧贴领口,系得美观大方(颜色、长短、领带夹);佩戴工作吊牌,颈后吊绳须藏于衣领内,吊牌必须端正面向客户;胸牌着西装时佩戴于左翻领扣处,着衬衣时佩戴于衬衣口袋齐平上 1 cm 正中。

2. 女服务顾问

① 头发:梳洗整齐,没有头皮屑。
② 刘海:请梳理前额刘海以保持额头洁爽。
③ 颜色:染发不得过于鲜艳、怪异。
④ 发型:马尾、短发、盘发。
⑤ 发饰:选用大小适中的发饰。
⑥ 眼睛:清洁、无分泌物,避免眼睛布满血丝。
⑦ 化妆:淡妆,涂亮口红。
⑧ 嘴巴牙齿:清洁、无残留物及异味,口气清新。
⑨ 指甲:清洁,定期修剪,短于指尖,指甲油只限于透明色。
⑩ 香水:清新淡雅,不可浓烈。
⑪ 着装原则:简单、大方、整洁、明快。具体为职业装、皮鞋、丝袜、首饰、工作牌、手机。

二、肢体语言

① 微笑:微笑是一种国际礼仪,能充分体现一个人的热情、修养和魅力。微笑可以感染客户,激发热情,增强创造力。
② 站姿:上身正直,挺胸收腹,腰直肩平,两臂自然下垂。
③ 坐姿:上身正直,胸部向前倾,双肩放松平放,躯干等正对前方,目光平视面带微笑。入座时要轻,坐满椅子的 2/3,后背轻靠椅背,双膝自然并拢(男性可略分开)身体稍向前倾,表示尊重和谦虚,如长时间端坐,可双腿交叉重叠,但要注意将上面的腿向回收,脚尖向下。
④ 走姿:头部伸直,肩部放松,胸部舒展挺起,腹部和臀部适度收缩。
⑤ 蹲姿:背不要弯,也不要低头,上身始终保持挺立,大方得体。
⑥ 握手:握手的顺序是上级在先、主人在先、长者在先、女性在先;握手时,力气不

宜过大，但也不宜毫无力度；握手时，应目视对方并面带微笑，不能戴着手套与人握手；握手的时间不宜过长，3~5 s 为宜。

⑦ 交换名片：递名片的次序是由下级或访问方先递名片，如是介绍时，应由先被介绍方递名片，递名片时，应说些"请多关照""请多指教"之类的寒暄语；互换名片时，应用右手拿着自己的名片，用左手接对方的名片后，用双手托住，并看一遍对方的职务、姓名等。

三、服务用语

1. 声音运用

① 控制语音：语速的节奏，井井有条。
② 重音运用：强调某些关键之处。
③ 亲切设计：让客户觉得我的声音很专业。

2. 标准服务用语

① "欢迎光临！"
② "先生/女士您好！"
③ "有什么需要帮忙的？"
④ "请问先生/女士您需要在这里等吗？"
⑤ "有什么问题，请随时跟我联系。"
⑥ "这是我的名片，请多多指教。"

3. 最常用的礼仪敬语

常说"请""谢谢""对不起"。
① "请"字常挂嘴边，有礼到处受欢迎。
② "谢谢"不一定有实质的交易，服务或体验也可以谢谢。
③ "对不起"是一种过失关怀的礼节，道歉并不表示错误。

4. 禁忌语言

① 不知道。
② 好像。
③ 可能\大概\也许\含糊不清的语言。
④ 不能、不可以。
⑤ 这不是我的责任。
⑥ 问题不大、还行。

四、电话礼仪

1. 接电话的注意事项

① 电话铃响在3声之内接起。
② 电话机旁准备好纸笔进行记录。
③ 确认记录下的时间、地点等。
④ 告知对方自己的姓名。

2. 拨打电话的注意事项

① 重要的第一声。
② 要有喜悦的心情。

③ 清晰明朗的声音。
④ 认真清楚地记录。
⑤ 了解拨打电话的目的。
⑥ 挂电话前的礼貌。

3. 转接电话标准用语

① 您好！这里是××公司！。
② 请稍候，我将为您转接。
③ 对方占线，请您稍等一下。
④ 马上为您转接。

4. 留言电话的注意事项

① ×××现在不在，我是××，是否可以由我为您服务？
② 对不起，×××不在，是否需要留言？
③ 对不起，×××正在……，是否需要等候呢？

五、道歉的技巧

① 道歉应当文明而规范。
② 道歉应当及时。
③ 道歉应当大方。
④ 道歉可以借助于"物语"。
⑤ 道歉并非万能。

六、常用礼节

1. 问候礼仪

① 早晨上班见面时，互相问候"早晨好！""早上好！"等。
② 因公外出应向部门的其他人打招呼。
③ 在公司或外出时遇见客人，应面带微笑主动上前打招呼。
④ 下班时也应打招呼后再离开，如"明天见""再见"等。

2. 座次礼仪

会客室离门口较远的席位为上席，如图 2-14 所示。

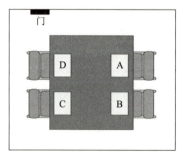

图 2-14　会客室座次图

客人来访时按照职位顺序从内向外入座，如图 2-15 所示。

3. 奉茶和咖啡的礼仪

① 奉茶或咖啡时客人优先。

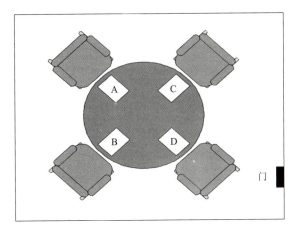

图 2-15 职位座次图

② 留意奉茶或咖啡的动作。
③ 拿起托盘退出会客室。

4. 建立良好的人际关系
① 遵时守约。
② 尊重上级和老同事。
③ 公私分明。
④ 加强沟通、交流。
⑤ 不回避责任。
⑥ 态度认真。

单元四 服务接待常见案件处理

一、客户抱怨的处理

1. 抱怨分析

统计表明,在不满意的客户中,有6.5%的客户会采取公开的抱怨方式,这些公开的抱怨会给公司带来这样那样的负面影响。如果这些抱怨处理不及时、不合理,就会有一些客户采取一些过激的方式,如:不付账单、对客户服务人员蛮横无理,更严重的是四处诋毁该公司、通过网络影响若干个潜在客户。所以我们要给客户提供抱怨的渠道,并认真对待客户的抱怨,在企业内部建立处理抱怨的规章制度和业务流程,如规定对客户抱怨的响应时间、处理方式和抱怨趋势分析等。

那么什么是客户抱怨呢?客户抱怨是客户对汽车生产企业的产品、经销商的服务以及代表企业形象的员工的任何负面评论。

(1) 客户抱怨的原因

当客户感受到所使用的产品或接受的服务没有达到预期时,就会抱怨,甚至投诉。导致客户抱怨的原因多种多样，因时而异，因人而异，很难一一列全，但在一般情况下，客户抱怨主要集中在产品问题和服务问题两大方面。造成客户对产品或者是服务不满意的体验是通过客户的感受和期望相比较后的一种差距，正是这些差距带来了客户的抱怨。我们把这些差距概括为以下5种。

① 理解差距：客户的期望与企业管理者理解之间的差距，即企业不能正确理解客户的需求和想法。

② 程序差距：目标与执行之间的差距，虽然理解了客户的需求，但没有完善的工作流程和规范来保证客户的需求和期望能够实现。

③ 行为差距：服务绩效的差距，即虽然已经了解了客户的需求，并且企业内部制定了完善的工作流程和规范，但是得不到有效执行。

④ 促销差距：实际提供的产品和服务与对外沟通之间的差距，即客户得到的产品和服务质量达不到企业宣传和承诺程度。

⑤ 感受差距：客户期望与客户感受之间的差距，即企业提供的产品和服务质量不能被客户完全地感受到。

（2）正确看待客户抱怨

① 抱怨就是客户的不满。

② 有期望才有抱怨——期望值有不同的对象。

③ 抱怨是促使我们改善服务的动力。

④ 妥善处理客户的抱怨可以促进销售——坏事有时也能变成好事。

（3）应对顾客抱怨的心理准备

① 避免感情用事。我们不能要求每一个顾客在抱怨时仍彬彬有礼，他在说话或态度上难免会出现过激行为，在这种情况下我们必须克制自己，应尽可能冷静、缓慢地交谈，这样可以缓冲客户的激动情绪，也为自己争取思考的时间。

② 我们要有自己代表企业的心理准备。这里强调自觉性，这是一个对客户服务的人必须具备的思想素质，若不具备这种代表企业的力量来作判断时，怀有抱怨的客户将会立即要求企业负责人出面，甚至与我们发生争执，造成不良影响。

③ 要有随时化解压力的心理准备。可以采取第三者的立场来观察自己忍受顾客愤怒的姿态，同时也可向身边的人诉说整个事件以及所遭受的痛苦，以这种方法来安定自己的精神。

④ 要有把顾客抱怨当磨炼的心理。有一份平静的、超然物外的心理对处理抱怨是十分有利的，如果人生事事皆顺心如意，那么人就不可能有所长进。

⑤ 要有把顾客抱怨当成贵重情报的心理。抱怨是一种不满，是一种期待，是一种愤怒，但也是一种信息，顾客通过抱怨能把他的需求动向反映给企业。抱怨发生后有时也应将得失置之度外，一流的企业为了恢复顾客对他们的信赖，常将得失置之度外来处理顾客的抱怨。

⑥ 不要害怕顾客的抱怨。推销产品不可能不出现问题，售后服务再好的企业也会有顾客抱怨，顾客抱怨是因为他们的想法和我们的想法有些差距。如果换一个角度来看，这也为我们提供了协助顾客和增加服务价值的良机。

⑦ 不要有"顾客的攻击是在针对我"的心理。

（4）分析抱怨客户的类型

① 宣泄型顾客。

1）顾客需求点：
- 我的痛苦你要知道。
- 我的痛苦你要理解。
- 你要站在我这边。

2）顾客反应：
- 你知道我开过来有多艰难？
- 你知道我遭受了多大的痛苦？
- 这事要是你，你说怎么办？

3）应对策略：
- 让他们把内心中的不满发泄出来。
- 花点时间耐心听。
- 热情应对。

4）应对话术：
- 非常抱歉，这件事我非常理解。
- 我非常能体谅你现在的心情。
- 你的痛苦我能感受到。
- 这件事要是我的话也会非常生气。

② 习惯型顾客。

1）顾客需求点：
- 我是对的。
- 你要按照我的说法去改进。
- 你要感谢我对你们提的意见。

2）顾客反应：
- 这个问题是什么原因造成的？为什么会这样？以后还会不会出现同样的问题？
- 这个问题会不会影响别的部件，是不是一次性帮我修好了？

3）应对策略：
- 用谦虚的态度、表现出尊敬的神态，耐心听取。
- 整个谈判的过程保持礼仪，客户的问题有问必答，回答解释必须合理连贯，前后保持一致，不要自我矛盾。

4）应对话术：
- 经检查，我们的技师确认是……故障原因是……建议您……
- 这个问题是不会牵扯到其他问题的，我们技师维修完毕会做详细检查的。

③ 秋菊型顾客。

1）顾客需求点：
- 一定是你错了。
- 一定要有个说法。
- 能有补偿最好。

2）顾客反应：
- 这一定是你们造成的。
- 这事一定得有个说法。
- 这次的损失怎么算。

3）应对策略：
- 有礼有节，避免承诺超出自己的承受范围。合理运用"同情法"。
- 不要被顾客牵着鼻子走，分清主次话题，我们要关注事件的本身，可以聊聊自己的观点。

4）应对话术：
- 这件事解决的方案有1.……2.……
- 这件事非常抱歉，耽误了您的时间，这是一个小礼品代表我的歉意。
- 造成这种现象的原因有1.……2.……

④ 现实型顾客。

1）顾客需求点：
- 我爱人的意见是……
- 我朋友的意见是……
- 其实你们的服务很好的。

2）顾客反应：
- 我们领导认为这是质量问题。
- 其实你们服务挺好的，但是我爱人的意见是……
- 我其实没啥意见。

3）应对策略：
- 动之以理，晓之以情，使客户做自己的判断。
- 尽可能和决策人联系。

4）应对话术：
- 造成这种现象的原因是……
- 先生，我能和你的领导直接说明情况吗？

2. 处理顾客抱怨的原则

（1）以诚相待

处理顾客抱怨的目的是为了获得顾客的理解和再度信任，如果顾客感觉我们在处理抱怨时是没有诚意的敷衍，他们不仅下次不会再来，而且还可能在外大肆宣传我们的服务不周，从而成为我们生意的致命障碍。

（2）迅速处理

时间拖得越久越会激发抱怨顾客的愤怒，同时也会使他们的想法变得顽固而不易解决。如果说企业犯错可以原谅的话，那么及时处理原则是这一错误可以原谅的基础。

（3）对顾客的抱怨表示欢迎

在销售中顾客总是有理的，但不是说顾客总是正确的，认为顾客总是有理的，可以使顾客感到我们与他们站在一边，从而消除内心情感上的对立和隔阂，促使顾客在洽谈中采取合作的态度，共同探讨解决面临的问题。

(4)站在顾客的立场上想问题

顾客抱怨一旦产生，心理上自然会强烈认为自己是对的，与之交涉时一定要避免争吵，站在顾客的立场上，角色转换后，想法和看法就会有很大转变。

3. 客户抱怨处理流程

（1）充分理解客户抱怨

① 用心服务，用心倾听和理解客户的感受，避免不了解情况就提出解决的方法，让客户宣泄不满情绪。

② 面对情绪激动的客户，服务顾问保持心平气和，态度诚恳，这是处理客户投诉的基本原则。

（2）受理客户抱怨

经销商的服务人员在受理客户抱怨时，要保持良好的心态，运用沟通技巧积极地与客户沟通，注意收集信息。

（3）与客户协商解决、处理抱怨

经销商服务人员要耐心地与客户沟通，取得他的认同，快速、简捷地解决客户抱怨，不要让客户失望。

（4）答复客户

经销商服务人员将抱怨处理答复客户，答复分为2种情况。

① 处理结果答复：答复客户时应该为客户准确说明处理结果。

② 升级处理答复：升级处理通常是客户提出的要求超出了服务顾问处理的权限，需要上一级领导出面协商解决或批复时，处理客户投诉的一种方法。

（5）服务跟踪

经销商服务人员对抱怨客户的跟踪服务是对我们处理客户投诉效果的检验，同时也是显示我们对客户负责和诚信的一种方式，跟踪服务的方式可以通过电话、E-mail、信函、客户拜访等多种形式完成。

二、客户投诉处理

1. 投诉分析

如果特约经销商忽视客户的抱怨，或者对客户的抱怨处理不当，就很容易发生客户投诉。我们首先要对投诉进行认真分析，把顾客投诉的原因、投诉的方式和顾客的类型等方面分析清楚，才能进行下一步的投诉处理工作。

（1）顾客投诉的根源

① 服务态度：服务顾客时，服务态度不良或与顾客沟通不够。

② 维修质量：因维修技术欠佳，故障一次或多次未能修好。

③ 顾客自身原因：由于顾客自己操作不当，对汽车产品知识缺乏了解，使汽车出现使用问题。

④ 维修价格：顾客认为维修价格与其期望相差太大。

⑤ 配件质量差别：由于配件质量差别或没通知顾客，而使用了进口件或副厂件。进口件价格太高顾客接受不了；使用副厂件，顾客认为你在欺骗他。

⑥ 维修不及时：在维修过程中，未能及时供应车辆所需配件或维修不熟练，或对维修工作量估计不足又没和顾客沟通。

⑦ 产品质量：由于设计、制造或装配不良所产生的质量缺陷，与顾客沟通不够。

（2）投诉顾客的类型

① 冷漠型。态度消极冷漠，语言简单。在处理这类客户投诉时，应该表示热情关切，挖掘投诉原因，主动告知如何处理。

② 善言型。表达力好，言语滔滔不绝，把遭遇告诉给周围的人，容易把负面信息扩散，不易说服。在处理这类客户投诉时，应该首先隔离其他顾客，先行安慰其投诉行为，然后再逐渐弄清投诉主因。

③ 愤怒型。语调过高，肢体动作过大，有一定的危险性。在处理这类客户投诉时，首先也是隔离其他顾客，认真倾听其意见，然后再逐渐弄清投诉主因，有必要则及时通报上级。

（3）投诉顾客的需求

① 求得尊重。顾客在接受服务的过程中，没有受到应有的尊重，或者没有得到其他顾客一样的尊重。一般是出于服务态度方面的原因而投诉。

② 求得发泄。由于维修不及时、维修质量不好或者是受到恶劣对待，或者是由于其他原因受到委屈借机发泄。

③ 索求赔偿。一般是由维修质量出现问题、配件质量差别、维修价格超出心理预期等引起。

（4）顾客投诉的方式

① 直接到服务前台投诉。向服务主管或服务顾问投诉，一般是由于维修质量、维修过程和维修价格等方面出现了问题。

② 投诉给特约经销商高层领导或客服部门。采用方式一般为以电话投诉或直接投诉。

③ 投诉厂家。由于对特约经销商的处理不满意，而投诉主机厂。

④ 向电视、广播、报纸等新闻媒体投诉或传播。希望通过新闻媒体来引起有关方面注意。

⑤ 向行业主管部门或消费者协会投诉。希望行业主管部门或消费者协会协助顾客解决问题。

⑥ 在互联网上通过微博、论坛等方式发布信息。这种方式相对比较容易，而且影响力越来越大，不容忽视。

在以上的各种投诉方式中，服务顾问或者服务主管首先面对的是直接到服务前台投诉的方式，如果把这部分投诉处理好了，其他形式的投诉一般不会发生。

2. 处理投诉的原则

① 不回避问题，第一时间处理。

② 及时找出投诉原因，界定控制范围，寻求双方认可的服务范围。

③ 不作过度的承诺。

④ 必要时让上级参与，通过团队解决问题。

⑤ 对待顾客投诉切忌躲、拖、哄、吓，只有认真负责、及时处理，才能让顾客满意，从而真正解决顾客投诉问题。

3. 处理投诉的技巧

（1）运用身体语言的技巧

① 表情自然、放松，不要表情紧张、严肃。

② 微笑，表示关怀。
③ 交谈或倾听时，保持眼神交流。
④ 认真倾听顾客的抱怨，体验顾客的心情，不要忽略顾客的感觉。
⑤ 自我情绪控制，不要语调激动，不要抢话。

（2）稳定顾客情绪的技巧

① 单独交谈。将情绪不稳定的顾客与其他顾客隔离，将其请到单独的房间交谈。这样可以稳定顾客情绪，有些人越在人多的地方情绪越激动。另外，将其与其他顾客隔离也可避免造成负面影响。
② 微笑表示歉意。
③ 让顾客放松。请他坐下，给他倒上茶。
④ 不争辩。应该明白顾客不满意说明经销商的工作有不完善处，在顾客情绪不稳定时与其争辩，收不到好效果。这时，更不能将自己的想法强加于顾客。
⑤ 暂时转移一下话题。例如，问一下工作单位性质等，这样也可以通过顾客喜欢聊的话题来拉近双方距离。

（3）与顾客交谈的技巧

① 认真倾听，表示关怀，让顾客感觉你确实想为他解决问题。
② 确认投诉的最主要内容。
③ 善用提问发掘顾客的不满。
④ 必要时，还要认同顾客的情感，对其抱怨表示理解。

（4）与顾客谈判的技巧

① 转移法：不作正面答复，以反问方式提醒顾客双方的责任。
② 递延法：以请示上级为由，争取时间。
③ 否认法：对顾客所提问题有明显差异的，应予以否认。
④ 预防法：在预估事情可能要发生时，先予以提醒。

（5）自我调整的技巧

① 调整心态的技巧。
- 处理抱怨投诉是我们工作的一部分，正确面对。
- 客户的抱怨投诉主要是针对事情本身而不是针对你。
- 在没有确定客户犯错之前，客户永远是对的。
- 处理客户抱怨投诉时要保持关系平等，不要过分卑微顺从。

② 消除心理压力的技巧。
- 补充维生素：压力会迅速消耗掉体内的维生素 B 族。
- 运动：散步/游泳/骑车/打球。
- 放松：看海/望星空/听轻音乐/做白日梦。
- 家庭与朋友：积极/乐观/关爱/真诚/温馨/理解。
- 微笑：保持适度的幽默感放松和减压。

4. 处理投诉的一般流程

实际投诉案例的客户类型、投诉原因和投诉需求多种多样，有时候甚至有恶意投诉，处理起来也不尽相同，所以平时要注意积累，有条件的情况下可以模拟演练或观看教学片，形成不同预案，做到有备无患。在接到客户投诉的时候要对投诉案件作出迅速而全面的分析，把握处理投诉原则，注意处理投诉技巧，参考下面的过程进行处理。

(1) 热情接待

凡顾客出现投诉情况，多数态度不够友善，有些甚至骂骂咧咧怒气冲天，不管顾客态度多么不好，作为服务顾问都应该热情周到，以礼相待，待如贵宾，如请到办公室、让到贵宾座、倒茶、敬烟等，如此一则体现了处理投诉的态度，二则体现了"顾客是上帝"的原则，三则可以舒缓顾客的愤怒情绪，减少双方的对立态度。

(2) 认真倾听

面对顾客的投诉，首先是要以诚恳的态度认真倾听，并翔实记录《顾客投诉登记表》。对顾客要和颜悦色，无论顾客说的对与错、多或少，甚至言辞激烈难听，都不要责难、诘问，顾客言谈间更不要插话，要让顾客把想说的一口气说出。顾客把想说的说出了，顾客内心的火气也就消了一半，这样就便于下一步解决具体问题。

(3) 真诚道歉

听完顾客的倾诉，要真诚地向顾客道歉，比如说：对您接受我店的服务不周带来的不便，我代表公司向您表示歉意，或者大热天让您从大老远跑来实在不好意思，等等。道歉要恰当合适，不是无原则地道歉，要在保持企业尊严的基础上道歉，道歉的目的一则为了承担责任，二则为了消弭顾客的"火气"。

(4) 仔细分析

根据顾客的口述分析顾客投诉属于哪一方面，比如是维修质量问题、服务态度问题、使用问题、服务价格问题等，更要从顾客口述中分析顾客投诉的要求，同时分析顾客的要求是否合理，以及具体问题属于哪个部门，解决投诉前是否有必要跟归口部门沟通或者跟有关上层请示。

(5) 努力解决

根据顾客的投诉内容进行分析，依据本企业相关制度，参考相关法律规定，决定是经济赔偿、以旧换新、产品赔偿、更换配件、上门维修，还是培训顾客指导使用等。把解决方案告知顾客，如顾客同意，则把处理意见登记在《顾客投诉登记表》上并让顾客签名确认，如果顾客不同意，看争议在哪里，同顾客协商解决，不卑不亢，以"息事宁人，保护名誉"为最高原则，尽量满足顾客要求。如果自己确实无法解决顾客投诉，则立即引荐给上层领导解决，以期圆满解决顾客投诉。当然顾客要求确实"太离谱"的话，则走法律途径，通过法律来解决顾客投诉。如顾客投诉当时无法立即解决，需要说明原因和确切解决时间，到时主动约见顾客。对于一些盲目投诉的顾客要详细解释，或操作示范，或专家答疑，或领导接待，动之以情晓之以理，使其口服心服，同时展示企业的良好形象。

解决顾客投诉应尽量避免在公开场所，受理投诉以谁受理谁负责，实行"首诉负责制"，如因权力限制可向领导请求授权批准，严禁推诿扯皮。

对于恶意的投诉，则义正词严，令其立即放弃恶意投诉。如果恶意投诉情节恶劣，或对本企业造成不良影响，或对本企业销售造成损失，则直接拿起法律武器，通过法律渠道来解决。

顾客投诉从一定意义上说并不是坏事，有投诉就说明有差距或不足，以此为方向，经销商可以提高维修技术、加强管理、完善服务，提高企业竞争力和效益，因此企业应以谦虚、负责、宽容、求进的态度，欢迎顾客的一切善意投诉。

三、与客户冲突的处理

1. 冲突分析

冲突是指由于人们彼此之间观点、需要、欲望、利益、要求等方面的不相容而引起的一种相互对立、相互排斥的状态。在处理客户抱怨和投诉时，如果处理不当就会造成顾客与经销商的冲突，冲突很容易导致一些恶劣后果，经销商必须给予充分重视。为了能够更好地处理与顾客的冲突，我们必须对冲突产生的根源以及冲突的类型等方面有正确的认识，以便使冲突圆满解决。

（1）与顾客发生冲突的根源

① 沟通差异：沟通不良容易造成服务人员与顾客之间的误解，从而引发双方发生冲突。人们往往倾向于冲突大多数是由于缺乏沟通造成的。

② 立场和观点差异：常因角色要求、决策目标、绩效标准和资源分配等不同而产生。

③ 人格差异：其结果使得有些人表现出尖刻、隔离、不可信任、不易合作，导致冲突。

（2）冲突的影响

① 冲突的积极影响。
- 暴露经销商内部存在的问题，促进问题的公开讨论，增强企业的活力。
- 化解积怨，增进经销商员工间或者服务人员与客户间的沟通与了解，增强企业的凝聚力。
- 冲突是经销商企业创新的重要源泉。

② 冲突的消极影响。
- 造成沟通迟滞，在经销商内部造成不满与不信任。
- 导致经销商内部变得封闭孤立缺乏合作，群体凝聚力降低。
- 造成服务人员间的明争暗斗而影响群体目标。

2. 处理冲突的原则

（1）用理性的态度去对待冲突

接受冲突的客观存在，只要有人的地方就会有冲突，不是所有的冲突都是坏事。有的冲突能让经销商的售后服务人员把问题看得更深更全面，以便更好地解决存在的问题；有的冲突能让经销商的售后服务人员经受锻炼，变得更成熟。

（2）相信有冲突就有解决冲突的办法

有冲突就有解决问题的办法，作为经销商的服务人员，要敢于面对冲突，冲突并不可怕，可怕的是对冲突惊慌失措，延误时机。不能以等待的态度希望冲突自动消失，要尝试用合理的方式去解决问题。

（3）处理冲突对事不对人

经销商的服务人员，面对客户的冲突要对事不对人，要就事论事，在工作过程中不要掺杂个人的感情和偏见，不能感情用事，这样才能公平公正地处理与客户的冲突。

3. 处理冲突的技巧

（1）努力消除敌意

"态度决定一切"，以坦诚、包容的态度处理冲突，往往更能赢得支持和理解，使冲突处理取得意想不到的结果。

控制自己对冲突的反应，控制自己本能的身体反应和身体语言，保持友善冷静的态度并营造和睦的氛围。在语言沟通的过程中，站在用户角度理解和体会用户的感受，注意言辞、语调和语速，让用户感受到服务人员的诚意，避免插话或妄下判断。

以积极的方式来描述让人愉快的结果，逐渐消除用户的敌意。

（2）及时缓解客户情绪

经销商的售后服务人员在处理客户冲突时，当客户情绪过于激动，售后服务人员应该立即停下来，想办法缓解客户情绪，待客户情绪稳定后再谈。

（3）避免使用结论性的词语

经销商的售后服务人员在处理客户冲突时，不能使用"你总是""你一贯""你从来不"等词语，也不要使用带感情色彩的词语如"我气愤极了""我最不喜欢"等等。应该用一些准确表达的词语，如"在这个问题上""这次""有时"和"我更主张""我更赞同""我感到最理想的办法"等等。

（4）不要一直与客户争辩

经销商的服务人员面对客户提出的问题，不要固执地一直和客户进行争辩，而应从不同角度，采用不同方式沟通，这样更容易取得良好效果。

单元五　客户投诉处理案例

案例描述

2012年1月17日，一辆吉AE＊＊＊＊＊捷达车进站换刹车盘，故障现象是踩刹车时方向盘抖、车跑偏，车主说一个月前刚在外面换过刹车盘，此次维修直接换刹车盘就行了，并且还说时间很着急。服务顾问第一时间接待之后，就马上安排维修技师进行维修，维修技师按照任务委托书的要求直接更换刹车盘，更换完成后交车给客户。

可是，几天后车主再次返回服务站，认为车没有修好，要求返还维修费用，其情绪十分激动。服务顾问向客户解释说：当时是车主自己要求直接更换刹车盘，说自己的刹车盘是副厂件，并不是经维修技师检查后建议更换的，并且当时换下来的旧刹车盘表面有明显的划伤。车主不认可，坚持认为是服务站检查不到位，车没有修好，没有解决问题，极力要求找服务站领导出面解决。

一、案件背景与分析

对于本次客户投诉案例，就投诉发生的情况分析如下：

① 顾客投诉的原因：客户自己要求只更换刹车盘，其实与刹车盘相关的零件——前轮轴承和法兰盘也都需要一起更换，才能彻底解决客户车辆出现的问题。但是，服务顾问和维修技师都按照客户的要求，仅仅更换了刹车盘，所以车辆故障仍然存在。因此，客户认为是经销商没有维修好他的车辆，还照价收了维修费用，从而心生抱怨，投诉了维修质量问题。

② 投诉顾客的类型：这位客户属于时间效率型顾客，因为第一次来服务站时，他说自己的时间很急；同时，他又属于愤怒型顾客，他的态度非常恶劣，情绪十分激动，要求找服

务站领导出面解决。

③ 投诉顾客的需求：这位客户觉得车没有修好，要求返还维修费用，属于索求赔偿型顾客。

④ 顾客投诉的方式：由于这位顾客第二次返回服务站要求赔偿，因此是直接到服务前台向服务主管或服务顾问投诉。

二、应对预案

作为一名优秀的服务顾问，在出去接待这种投诉客户之前，首先应该自己先想好怎样应对这样的客户，怎样才能安抚好客户，怎样才能让客户的投诉得到圆满的解决。下面就是当时的服务顾问准备的应对预案。

① 态度热情周到。无论客户的态度多么不好，都要热情周到，以礼相待，待如贵宾，把他请到贵宾室进行沟通。

② 和客户进行良好的谈话沟通。首先真诚地向顾客道歉，表明对客户不愉快经历的遗憾与同情。认真倾听顾客的抱怨和不满，不急躁，不回避问题，及时找出投诉原因，寻求双方都认可的服务范围。

③ 不作过度的承诺。和客户沟通的过程中，对客户提出的要求，根据自己的能力而定，不对客户作出过多、过度的承诺。一旦承诺实现不了，势必会加剧矛盾，造成客户的情绪升级，那就不好办了。

④ 必要时让上级参与。如果服务顾问自己能解决顾客的投诉，就及时高效地解决投诉，必要时请服务经理出面解决，毕竟领导还是有一定的说服力的，通过团队解决问题，不失是一种良策。

三、案件处理与应对

① 服务顾问在第一时间出来接待投诉客户，这时由于客户很激动，说了一些过激的言辞，服务顾问早有心理准备，也就没有在意，一直保持良好的心态，面带微笑对待顾客。

② 服务顾问看到一时解决不了，就对客户说："××先生，您好！我们一起到贵宾室解决问题，好吗？"然后把顾客请到贵宾室，倒茶、敬烟，舒缓顾客的愤怒情绪，减少双方的对立态度。然后以诚恳的态度认真倾听顾客的投诉意见，顾客一口气说了半个多小时，把想说的都说出了，火气也就消了一半，情绪平静了下来。

③ 听完顾客的倾诉，首先真诚地向顾客道歉，表明对客户不愉快经历的遗憾与同情。掌握了客户投诉的基本情况之后，服务顾问找机会委托同事向上级作了汇报。

④ 从顾客的谈话中了解顾客想要返还维修费用，分析顾客的要求是否合理，然后与顾客一同分析车辆维修问题的关键所在。服务顾问向顾客多次详细解释刹车盘再次出现问题的原因，并且强调是顾客自己说刹车盘不是原厂件，要求只更换刹车盘，不是维修人员建议他更换的，希望顾客能够谅解。但是结果却不如人意。

⑤ 这位顾客并不认同服务顾问的解释，坚持要求见经销商领导。请来了服务经理后，服务经理先安抚了客户的情绪，并承诺一定会解决问题。然后服务经理跟维修技师核实了情况，维修技师反映的确是刹车盘出现问题，此时服务经理又要求维修技师重新对刹车盘系统进行全面的检查，最后发现此车前轮轴承及法兰盘都需要更换，同时刹车盘也有磨损，服务经理再次向客户讲解维修出现问题的原因，并给客户看了更换下来的旧件。

⑥ 由于服务经理和全体服务人员真诚为客户着想，对客户提出的问题耐心地一一解答，

及时高效地为客户解决问题,这位客户知道了车辆问题所在,并且承认当时来服务站因为着急就直接更换了刹车盘,对刚才的情绪和不礼貌的行为表示歉意。维修技师更换了前轮法兰及轴承,试车后问题解决了,客户表示非常满意。

⑦ 服务经理请车间的维修技师给客户讲解了关于刹车盘的技术知识,尤其是东北寒冷的气候条件下,怎样合理使用刹车系统,保障行车安全。最后服务经理还赠送给客户一份新年礼物,送客户满意离开。

四、事后总结

为使在以后的服务接待工作中更有效地及时解决突发问题,对于本次维修工作中产生的投诉处理总结以下几点经验教训:

① 由此事件分析,无论客户来站时多么着急,我们都要充分了解车辆的故障现象等详细信息,再给出合理的维修方案。我们是专业的,必须要有专业的态度,并不是客户要求我们换什么就换什么。一次维修不好,表面上看是省了一点时间,但是以后会耽误更长的时间来弥补,最后还会导致客户不满意,我们经销商也会被埋怨,被投诉。"磨刀不误砍柴工"就是讲的这个道理。

② 服务顾问在接待客户时要认真分析客户类型,对于时间效率型客户,在满足客户对时间要求的同时,更要解决客户对车辆的实际维修需求。不要光图节省时间,最后导致维修质量出现问题,引发客户抱怨或投诉。

③ 维修技师在维修时,不仅要看维修任务单进行维修换件,同时要检查相关部件出现问题是否会导致此故障或存在隐患等问题。如果有,要和服务顾问以及客户做好沟通,并且维修完毕一定要做好质检工作。

④ 在解决客户投诉时,一定要做到面带微笑,心平气和,以理服人。无论客户做什么过激的行为,说什么过激的话,我们都要保持平静。因为我们做的是服务工作,我们代表的是品牌汽车的企业,我们的形象就是汽车企业的形象。

复习思考题

1. 作为一名服务顾问,你怎样看待你的客户,尤其是蛮不讲理的刁蛮客户?
2. 你认为要想成为一名优秀的服务顾问,应该具备哪些条件?
3. 对于流失的客户,你认为是什么原因导致的?
4. 简述递名片时应注意的礼仪。
5. 维修客户抱怨都有哪些原因?
6. 处理客户投诉都有哪些技巧?

模块三 车间修理

▵ 汽车售后服务管理（第3版）

 **学习导入**

某城市昨夜刚下过一场大雪，早晨上班的路上，陈先生在拥挤的交通条件下，由于踩刹车不及，追尾了前车，造成前车捷达车后保险杠损伤，尾灯破碎。陈先生及时给4S店打电话，把事故车辆送进车间维修。如果你是这台事故车的主修技师，应该如何安排修理这辆车呢？

 **学习目标**

1. 了解汽车保养的内容。
2. 了解双人快保的流程。
3. 掌握首保的内容、规定。
4. 了解钣金和喷漆的工艺流程。
5. 掌握车间维修质量的管理。
6. 了解车间维修技术的管理。

单元一　车间修理岗位

特约品牌经销商的维修车间，主要从事品牌车辆的保养、故障诊断与修理、事故车辆的修理及保险拆检以及事故车辆的钣金喷漆恢复工作，当然，还有保障车辆进行维修保养的备件库房和专用工具等等。各部门岗位人员相互配合、相互协调，保证维修时间和维修质量。

维修车间主要有以下岗位：车间主任、技术经理、质检员、机电维修工、钣金维修工、喷漆维修工等。

一、汽车机电维修工的职责及条件

1. 岗位职责

① 组织技工根据任务委托书正确完成维修任务。
② 负责车辆的机修、电修工作。

③ 负责监督本工位设备及工具的维护与保养。
④ 负责工序质量的自检和互检。
⑤ 负责监督所辖工位区域 6S 管理。
⑥ 与服务顾问保持紧密沟通,报告维修进展、车辆状况以及提出修改/新增维修项目。
⑦ 参与重大、疑难故障的分析、鉴定。

2. 任职条件

① 具有大专以上学历,汽车相关专业毕业为佳。
② 有一定的计算机水平,熟练掌握常用的计算机知识。
③ 有汽车相关领域工作经历及年限 3 年以上汽车维修工作经验,具有较强的故障诊断技能。
④ 熟知汽车保养维护知识;
⑤ 有驾驶执照,熟悉汽车驾驶;
⑥ 通过主机厂的维修技师认证。

二、汽车钣金维修工的职责及条件

1. 岗位职责

① 有优秀和详细的汽车系统、汽车服务、汽车维修和汽车诊断知识。
② 具有汽车钣金维修领域系统知识。
③ 熟悉系统功能和系统线路、部件、装配总成。
④ 能够操作或快速学习使用所有的设备和系统。
⑤ 能够在设备出现故障时查明是系统的故障。
⑥ 能够系统化地进行综合维修、装配和修复基础系统。

2. 任职条件

① 具有中专或高中以上学历。
② 有相关领域工作经历及年限 3 年以上钣金维修经验。
③ 通过主机厂钣金技师认证。
④ 有汽车专业知识与技能,有钣金维修专业知识。

三、汽车喷漆维修工的职责与条件

1. 岗位职责

① 具有汽车喷漆维修领域系统知识。
② 熟悉丰田车新的喷漆工艺。
③ 能够操作现有的设备和系统。
④ 能够在设备出现故障时查明是系统的故障还是使用者的不当使用造成的。
⑤ 能够使用最新的喷涂技术提高劳动生产率。
⑥ 通过技术信息和操作手册能够很快熟悉新系统和设备,并且能够专业地操作。

2. 任职条件

① 具有中专或高中以上学历。
② 有汽车相关领域工作经历及年限 3 年以上喷漆工作经验。
③ 通过主机厂技师认证。
④ 有汽车专业知识与技能,有喷漆专业知识。

四、车间质量检查员的职责及条件

1. 岗位职责

① 对维修车辆进行质量检验（终检）及反馈，严格控制并保证维修质量，争取一次修复，尽量杜绝返修。

② 负责返修质量的监督、检查。

③ 统计分析质量检验结果，对内部返修、外部返修情况进行统计分析，并提出改进建议。

④ 负责参与重大、疑难故障的分析、鉴定。

2. 任职条件

① 具有大专以上学历，汽车相关专业毕业为佳。

② 掌握常用的计算机知识。

③ 相关领域工作经历及年限3年以上汽车维修工作经验。

④ 具有丰富的汽车维修知识和汽车理论知识。

⑤ 熟悉汽车驾驶，有驾驶执照。

⑥ 有较强的工作责任心、工作主动性和执行能力，有服务意识。

单元二　车间修理类型

车间修理的类型主要有3种：汽车保养、机电维修和钣金喷漆。

一、汽车保养

只有定期对车辆进行保养才能保证其始终处于良好的运行状态，并可以达到延长车辆使用寿命的目的。汽车保养通常分为定期保养和季节保养。

1. 定期保养

定期保养按照时间和里程的约定，包含的项目非常多，表3-1为迈腾轿车的定期保养项目。这里重点讲述常规保养、更换正时皮带、更换自动变速器油（ATF油）、检查底盘和首保这几项保养。

表3-1　迈腾轿车定期保养项目

定期保养项目-按里程（每行驶 10^3 km）	7.5	15	25	35	45	55	65
查询自诊断系统故障存储器	■	■	■	■	■	■	■
检查安全气囊和安全带状态及安全气囊罩壳是否损坏		■	■	■	■	■	■
检查车内所有开关、车内照明、手套箱照明、用电器、显示器和仪表各警报指示灯的功能		■	■	■	■	■	■
检查车外前部、后部、行李舱照明灯等所有灯光状态和闪烁报警装置、静态弯道行车灯、自动行车灯控制功能		■	■	■	■	■	■
检查大灯光束，如必要，调整大灯光束		■	■	■	■	■	■

续表

定期保养项目-按里程（每行驶 10^3 km）	7.5	15	25	35	45	55	65
检查风窗刮水器、清洗器及大灯清洗装置功能，如必要，调整喷嘴和添加清洗液	■	■	■	■	■	■	■
检查粉尘及花粉过滤器：清洗外壳，更换滤芯		■	■	■	■	■	■
润滑车门止动器和车门铰链	■	■	■	■	■	■	■
检查滑动天窗功能、清洗导轨并用专用润滑脂润滑		■	■	■	■	■	■
目测检查发动机及发动机舱内的其他部件是否有泄漏或损坏（从上面）	■	■	■	■	■	■	■
检查制动液液位	■	■	■	■	■	■	■
检查冷却液液面高度及浓度（防冻能力），如必要，添加冷却液或调整浓度	■	■	■	■	■	■	■
检查风窗清洗液液面高度，必要时添加清洗液	■	■	■	■	■	■	■
检查蓄电池固定情况，电眼颜色（免维护蓄电池无电眼检查蓄电池电压）	■	■	■	■	■	■	■
清洗空气滤清器壳体，必要时，更换滤芯		■	■		■		■
更换空气滤清器滤芯，清洗壳体				■		■	
检查火花塞状态，如必要，更换火花塞	■		■		■		■
更换火花塞			■			■	
检查喷油嘴状态（适用于1.8TFSI发动机）	■	■	■	■	■	■	■
检查正时齿带状态及张紧度（仅限于2.0L2V 85 kW 汽油发动机）				■			■
检查多楔皮带的状态，必要时更换皮带				■			■
更换发动机机油及机油滤清器	■	■	■	■	■	■	■
目测检查变速器、主减速器及等速万向节防护套有无泄漏或损坏（从下面）		■	■	■	■	■	■
检查转向横拉杆球头的间隙、紧固程度及防尘套状况	■	■	■	■	■	■	■
检查手动变速器内的齿轮油油位，如必要，添加齿轮油	■	■	■	■	■	■	■
检查自动变速器润滑油（ATF）油位，如必要，添加润滑油（ATF）		■		■		■	
检查自动变速器润滑油（ATF）油位及油质，如必要，添加或更换润滑油（ATF）					■		
检查主减速器机油油位，如必要，添加机油（仅限于全轮驱动（4MOTION））						■	

续表

定期保养项目-按里程（每行驶 10^3 km）	7.5	15	25	35	45	55	65
检查直接换挡变速器（DSG）齿轮油油位，如必要，添加 DSG 变速器齿轮油		■		■		■	
检查直接换挡变速器（DSG）齿轮油油位及油质，如必要，添加或更换 DSG 变速器齿轮油			■		■		■
检查 Haldex 离合器机油，如必要，添加离合器机油（仅限于全轮驱动（4MOTION））		■		■		■	
检查 Haldex 离合器机油及油质，如必要，添加或更换离合器机油（仅限于全轮驱动（4MOTION））			■		■		■
更换燃油滤清器			■			■	
加注燃油添加剂 G17（备件号：G 001 700 03）	■	■	■	■	■	■	■
目测检查制动系统是否有泄漏和损坏		■	■	■	■	■	■
检查排气系统是否有泄漏或损坏及紧固程度		■	■	■	■	■	■
目测检查车身底部防护层和底饰板是否破损		■	■	■	■	■	■
检查前、后制动摩擦衬块厚度	■	■	■	■	■	■	■
检查所有轮胎（包括备胎）的花纹深度、磨损形态，清除轮胎上的异物	■	■	■	■	■	■	■
进行轮胎换位，按要求检查轮胎气压，必要时校正，检查车轮螺栓拧紧力矩	■	■	■	■	■	■	■
保养周期指示器复位	■	■	■	■	■	■	■
试车：检查脚、手制动器，变速器，离合器，转向及空调等功能，查询故障存储器，终检	■	■	■	■	■	■	■

- 每 24 个月更换制动液。
- 各次定期保养（包括 7 500 km 首次保养）的燃油添加剂 G17 均由客户购买。

（1）常规保养

更换机油、防冻液，更换"三滤"（机油滤清器、汽油滤清器、空气滤清器），蓄电池维护等。

更换"三滤"和机油是保养中最常见的项目，其中"三滤"指的是汽油滤清器、空气滤清器和机油滤清器，它们的作用是过滤汽油、空气和机油中的杂质，防止杂质进入发动机内部，引起发动机异常磨损或工作异常等现象发生。更换"三滤"的最终目的是为了更好地保护发动机，尽量延长发动机的使用寿命。

（2）定期更换正时皮带

正时皮带的主要作用是用来驱动发动机的配气机构，使发动机的进、排气门在适当的时刻开启或关闭，来保证发动机的气缸能够正常地吸气和排气。对于所有的发动机来说，正时皮带是绝对不可以发生跳齿或断裂的。如果一旦发生跳齿现象，发动机不能正常工作，便会出现怠速不稳、加速不良或不着车等现象；如果正时皮带断裂，那么发动机就会立刻熄火，多气门发动机还会导致活塞将气门顶弯，严重的会损坏发动机。

正时皮带属于橡胶部件，随着发动机工作时间的增加，正时皮带和正时皮带的附件，如正时皮带张紧轮、正时皮带张紧器和水泵等都会发生磨损或老化。因此，凡是装有正时皮带的发动机，厂家都会严格要求在规定的周期内定期更换正时皮带及附件，更换周期则随着发动机的结构不同而有所不同。按保养手册要求，奥迪车辆行驶到 8 万 km 时应该更换正时皮带，并且奥迪特许经销商人员也将根据车辆使用情况给出适合您的车辆的具体建议。

（3）定期更换自动变速器油（ATF 油）

自动变速器在保养的时候需要经常检查变速器的油位和定期更换变速器油。例如，装有自动变速器的奥迪车辆要求每 6 万 km 必须更换自动变速器油。

需要注意的是，在换油时必须更换厂家规定的自动变速器油。这是因为不同的自动变速器其内部结构、摩擦部件和密封部件等都会有所不同，原厂用油是根据变速器的结构和材料特殊配制的，其他品牌的油即使质量很好但也未必适用，而且换变速器油时会有部分旧的油液残存在变速器的油道和液力变矩器内，在加入不同的油液时，两种不同的油液在自动变速器内部混合后，可能会使自动变速器油的性能下降，导致自动变速器出现润滑不良或工作异常等故障，严重时可损坏自动变速器。

（4）检查底盘

在常规保养中，除了一些部件需要定期更换以外，还有部分部件是需要定期检查的，如制动盘、摩擦片、制动管路、转向拉杆球头、减振器等，还有一些橡胶部件，如轮胎、球笼防尘套、上下支臂胶套以及平衡杆胶套等部件，这些部件因磨损或老化而出现故障会对车辆的行驶造成安全隐患，因此在做保养的同时还需要对底盘的部件进行详细的检查。

需要注意的是，底盘的多数部件在损坏时，都会导致车辆在行驶过程中出现异常或颠簸时出现异响，建议车主如果听到这些异响，应该尽快查出产生部位及原因，然后视情况修复，这样才能够尽可能地保证行车安全。

（5）首保

按汽车生产企业售后服务部规定的时间及时进行新车首保，无论是对于汽车的技术状态，还是将来对车辆备件进行索赔，影响都是非常大的。下面以一汽-大众所产车辆为例，详细了解首保这项业务。

① 首保的目的：厂家为了保证使用厂家系列产品的客户车辆处于良好的技术状态，决定对售出的车辆进行强制性首次保养。此项工作由经销商承担，对客户免费，由厂家承担费用。

② 首保规定：

• 凡客户购置一汽-大众公司生产的产品行驶到规定里程范围，应该接受新车首次免费保养。

保养里程：捷达、高尔夫、宝来、奥迪 C3V6 等 7 500 km；奥迪 A6、A4 15 000 km。

超过里程车辆将不提供免费保养服务；免费保养凭证为随车技术文件中的 7 500 km（15 000 km）免费保养凭证。

• 保养项目按照规定进行（保养手册）。

- 保养后,客户认可,由经销商和客户在保养手册上盖章签字,以便日后办理索赔业务,未经首次保养的车辆,无索赔权。
- 客户委托的公路送车单位,必须严格执行新车保养规定,违反规定厂家不再提供免费保养服务和质量担保。

③ 首保程序:
- 客户提供行车证、产品合格证、保养手册、免费保养凭证。
- 经销商审核、车证相符,对未超出保养里程的车辆给予免费保养服务。

④ 首保项目:参见表3-1中的7 500 km、150 000 km保养项目。

⑤ 结算办法:
- 工时费及材料费由厂家承担,费用按规定执行。
- 保养检查时,发现质量问题,用索赔方式处理。
- 因使用不当造成损坏,可由经销商提供有偿服务。
- 保养结束后,填结算单,盖索赔章,开具发票,盖企业章,按规定时间将结算单、发票及免费保养凭证寄往服务科审核结算。
- 保养不当造成质量问题,由保养单位负责。
- 不按照规定项目认真工作,造成不良后果,将追究经销商责任。

(6) 定期保养的作业形式

目前,在经销商店里,定期保养的作业形式主要分为:单人保养和双人快保保养。

单人保养主要靠一名维修工来完成全部的保养内容,耗时比较长,工作效率相对比较低;双人快保(Quick Service Pair Check)就是由2名技师在最短时间内按标准流程完成汽车的保养检测。双人快保的服务理念就是:快捷(Quick)、标准(Standard)、专业(Professional)、可靠(Credible)。这里我们重点介绍双人快保保养。

① 快捷(Quick):双人快保最大的特点即是"快"。双人快保把传统的1名技师的保养检测工作变成由2名技师共同承担。通过双人配合,缩短作业时间,提高工作效率,提高工位和设备的使用率,缩短顾客等待时间。以丰田卡罗拉系列轿车4万km常规保养为例,传统保养流程的作业时间需要260 min,而双人快保只需要85 min即可完成厂家规定的200多项保养项目。如图3-1所示。

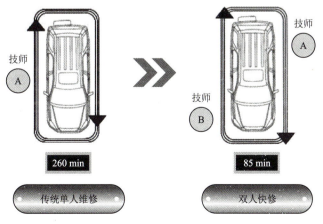

图3-1 双人快保与单人维修比较

② 标准（Standard）：
- 流程标准化：双人快保根据各种车型的不同特点，依托厂家技术标准为每款车型量身设计标准化的操作大纲，严格执行厂家的所有技术标准。
- 操作标准化：双人快保充分体现了对操作标准化的苛求，每次保养检测所需的专用工具就多达十几种，充分确保了所有操作都按照规定标准完成。以行驶系统的检测为例，双人快保要求必须使用轮胎沟槽检测尺、钢板尺、螺旋测微仪、百分表等多种专用测量工具，对轮胎、刹车盘、刹车片、刹车卡钳等重要零部件进行十余项的检测，充分确保行车安全和舒适性。

③ 专业（Professional）：
- 专业技师：双人快保的技师都是经过严格的专项培训，达到厂家资质标准的专业人员。
- 专业操作：双人快保的操作既是标准的，也是专业的。双人快保由2名训练有素的专业技师，以专业化操作对车辆进行全面的保养检测，从而保证车辆达到优良使用工况。例如，双人快保要求对机滤底座和放油螺塞进行检查和清洁并确认螺纹没有损坏，并且在进行安装时，必须使用扭力扳手按照规定的力矩拧紧，而非正规的保养完全依靠手感，很少使用扭力扳手进行紧固；双人快保要求在加入厂家所规定的机油后，起动发动机，模拟正常工况，进行渗漏检查以确保万无一失，而很多保养店根本不做此项检查。

④ 可靠（Credible）：
- 检测项目全面：每一次双人快保，就相当于汽车的一次全面体检。双人快保要求对车辆进行规定里程的全部项目进行保养检测，从而避免安全隐患。
- 检测数据量化：双人快保针对不同车型，都配有相应的《双人快保检修单》，对于保养检测中能量化的数据都要求填写在检修单中，这样顾客可以参照具体数值对保养检测服务作出直观的评定。对于保养检测中不能量化的数据，技师会根据专业知识和经验向顾客提出建议。例如结合实际情况对所有需要添加或更换的项目进行详细记录，依照标准必须更换的建议顾客更换，还可以继续使用的，如电瓶、防冻液、变速箱油、正时皮带等，只进行添加、调整，从而避免不必要的浪费，让顾客满意。

双人快保的详细操作内容参见附录Ⅰ。

2. 季节保养

为使汽车适应季节变化而实行的保养称为季节性保养。一般季节性保养可结合定期保养一并进行，其主要作业内容为更换润滑油，调整油、电路，对冷却系统的检查保养等，如空调检测及加氟。

进入高温季节时，应对全车进行一次必要的技术检查和调整，其保养的主要内容为：一是检查冷却系统机件，保证齐全完好。主要是检查冷却系统的密封情况、风扇皮带的松紧度、散热器盖上的通风口和通气口是否畅通，冷却水是否充足、节温器状况是否良好等。另外，还要及时消除水垢，保证水路畅通。为减少水垢，发动机冷却水要尽量使用软水或经过处理的硬水。二是改善润滑条件，减轻机件磨损。首先要保证润滑油的数量充足和质量良好，使机件能得到充分润滑。其次要加强对空气滤清器和机油滤清器的保养，保证工作正常。最后对多尘条件下使用的车辆，要适当缩短润滑油的更换周期。在高温天气行驶的车辆要加装机油散热器和选用优质机油，变速器、主减速器和转向器中换用夏季厚质齿轮油，轮轴承换用滴点较高的润滑油。

冬季来临时，气温很低，要对车辆进行全面的检查和保养其保养的主要内容为：一是要更换机油，选用黏度较小的发动机机油。由于在低温条件下，发动机机油的黏度随着温度下降而增大，流动性变差，因此应通过及时更换黏度较小的机油来弥补或消除这种不良影响。二是检查和补充防冻液，应选择质量好、腐蚀性小的防冻液，避免因防冻液质量差而腐蚀机件的现象发生。三是检查制动及轮胎等。在冬天，制动显得尤为重要，如果发现制动不灵敏或跑偏、轮胎花纹磨损严重，气压不足，应重点矫正或更换。四是检查调整电解液密度。可适当调高电解液密度，防止因电解液密度过低，而发生冻裂蓄电池外壳的事故。五是加强蓄电池的保温。为防止蓄电池过冷发生冻结及影响起动性能，冬季可给蓄电池制作一个夹层保温电池箱，以提高蓄电池的温度。

二、机电维修

机电维修就是用修理和更换个别零件的方法，对车辆的机械部分和电器部分进行修理，恢复车辆工作能力。其目的主要是为了消除车辆在运行过程中和维护作业中发生或发现的故障。另外，维修完毕后的质量检验也是必不可少的。

经销商维修车间的工作是以服务顾问开出的任务委托书为依据，通常情况下，维修车间接到的任务委托分为汽车保养和机电修理两种，而汽车机电修理又分为3种情况：小修、故障诊断修理和事故车修理。

1. 小修

车辆的小修是指不需要维修技师进行故障诊断，就能很直接地确定故障的部件，然后通过直接更换新的零件就可以完成的修理。这种小修的故障现象和损坏的零件很简单直观，有时候客户自己就能判断出来，如雨刮片的损坏、轮胎鼓包等等。

2. 故障诊断修理

这类车辆的故障原因一般比较复杂，不是一下子就能得出答案的修理。需要维修技师进行详细的检查，通过专用的车辆诊断仪器进行检测诊断，再结合自己的维修经验，才能得出结论，最后更换相应的零件或者进行适当的修理。如：水温报警灯亮起故障、发动机怠速不稳等故障。当然，每位技师在诊断故障时，方法步骤都不可能完全一样。一般情况下，维修技师诊断汽车故障时，都遵循以下的原则和步骤。

（1）汽车故障诊断的基本原则

① 先简后繁、先易后难的原则。

② 先思后行、先熟后生的原则。

③ 先上后下、先外后里的原则。

④ 先备后用、代码优先的原则。

（2）汽车故障诊断的基本方法

① 询问用户：故障产生的时间、现象、当时的情况、发生故障时的原因以及是否经过检修、拆卸等。

② 初步确定出故障范围及部位。

③ 调出故障码，并查出故障的内容。

④ 按故障码显示的故障范围进行检修，尤其注意接头是否松动、脱落，导线连接是否正确。

⑤ 检修完毕，应验证故障是否确已排除。

⑥ 如调不出故障码，或者调出后查不出故障内容，则根据故障现象，大致判断出故障范围，采用逐个检查元件工作性能的方法加以排除。

3. 事故车修理

什么车才能称之为事故车呢？汽车发生碰撞后，人们常称之为发生了事故，但不一定发生了事故就一定会产生事故车，事故车的定义是：经过严重撞击、泡水、火烧等，即使修复但仍存在安全隐患的车辆总称。

事故车辆的修理比较烦琐，需要时间较长，因此，事故车辆进入到维修车间后，一般进行如下程序的修理。

① 整体的车身校正，这是最重要的部分。车身就好像是人类的骨骼，人的骨头如果出现了弯曲等问题，人在站立和坐下的时候就会有不适应，而且姿势会很不自然甚至难看。汽车也是一样，校正车身不仅对车辆外观有着重要的作用，还对车辆本身的承受力和车内人员的安全起着关键性的作用。

② 车身钣金修复。汽车发生事故后，车身会发生变形、开裂，会凹凸不平等等，通过钣金工艺来修复汽车碰撞以后车身的变形和凹坑，使车身恢复到事故前的外形。

③ 车辆的部件维修和更换。发动机是汽车的心脏，发动机的受损程度需要严格审查，确定发动机维修后的动力不会影响到车辆本身的速度和稳定。电瓶相当于车辆的血液，储电量和受损程度也要细细斟酌，如果需要更换应该及时更换。对于大的交通事故，车内受损情况也要好好查看，比如车辆在受到剧烈撞击的时候弹出的安全气囊，如果气囊弹出则需要重新更换新的驾驶操作台。

④ 检查车辆的密封性。首先是进入车内听外界的噪音是否大，有天窗的车辆维修好后是否有渗水和开关不流畅甚至不能开关的问题。车门、前后车盖在关闭时是否顺畅。还有就是门缝中的隔离胶带是否起到了密封的效果。

⑤ 外观修复。外观修复包括车辆的弧度、喷漆和玻璃贴纸等。喷漆是最重要的，尤其是调和喷漆的颜色，对于车辆喷漆而言，喷漆的光泽和颜色的匹配必须没有丝毫破绽。整个喷漆过程包含十几道工序，缺一道都无法保证车漆的长久如新。

4. 维修质量检验

维修完毕后，质检员或技术经理应该对维修的车辆进行质量检验，看是否完全消除了故障，尽量减少返修的车辆。维修质量检验的方法，根据检验对象的不同，通常可分为人工检视诊断法和仪器设备检测诊断法。

(1) 人工检视诊断法

人工检视诊断法就是汽车维修质量检验人员通过眼看、耳听、手摸等方法，或借助简单的工具，在汽车不解体或局部解体的情况下，对车辆的外观、技术状况进行检查，并在一定的理论知识指导下根据经验对检查到的结果进行分析，判断其是否合格。

人工检视诊断法主要用于检验车辆的外观整洁、车身的密封和面漆状况、灯光仪表状况、各润滑部位的润滑情况，以及各螺栓连接部位的紧固情况等项目。

(2) 仪器设备检测诊断法

仪器设备检测诊断法是在汽车不解体的情况下，利用汽车检测诊断仪器设备（如故障诊断仪、尾气排放检测仪、示波器等）直接检测出汽车的性能和技术状态参数值、曲线或波形图，然后与标准的参数值、曲线或波形图进行比较分析，判断其是否合格。有的检测诊断仪器设备还可以直接显示出判断结果，必要时，还需要进行路试，检查维修质量，如变速器的维修、发动机异响的维修等都需要进行路试检查。

仪器设备检测诊断法是现代汽车维修质量最主要、最基本的检验方法，汽车大修、总成大修和重要的维护作业，以及返修的主要检测项目都必须采用仪器设备检测诊断法进行维修完毕的质量检验。

三、钣金喷漆

汽车车身漆膜本无划痕，但由于在行驶过程中速度快，往往容易发生一些意外损坏，如会车时发生的擦伤；路边树枝或高草剐伤造成的划痕；交通事故撞伤出现的划痕；暴风、砂尘气候的"飞砂走石"撞击造成的裂纹、划痕等，但无论呈什么形状，何种原因，都应及时处理，否则轻者影响车身美观，重者可导致车身锈蚀、穿孔。因此，汽车钣金喷漆也是经销商维修工作的重要内容。

1. 汽车钣金

汽车钣金是指车的外壳的加工制造、修理，是汽车修理过程中的一个工种，用来矫正汽车碰撞以后车身或车架变形的工作。

自从有了汽车，汽车的碰撞事故几乎是不可避免的。随着汽车车速的提高和汽车保有量的增加，汽车碰撞的严重性和危害性将日益加剧，而在汽车碰撞事故中，损坏最严重的部件就是车身。

（1）汽车划痕修复基本方法

轿车由于其速度快，车身光洁圆滑，往往容易发生一些意外损坏，导致车身划伤的原因很多，如汽车行驶中与硬的物体刮碰，或被淘气的孩子划伤，或被飞石砸伤，等等。这种擦伤有的呈线状、带状，也有的是点、片状的，其修复方法要视划伤程度而定。

汽车表面深的或浅的划痕总是相伴产生的，划痕深浅是由划伤部位是否露出底漆来区分的，露出底漆即称为深划痕，否则称为浅划痕。若出现深划痕，其金属裸露处很快会产生锈蚀并向划痕边缘扩展，增加修复难度。目前，油漆划痕修复的基本方法如下。

① 漆笔修复法：用相近颜色的漆笔涂在划伤处即为漆笔修复法。此法简单但修复处的漆附着力不够，易剥落而难以持久。

② 喷涂法：采用传统补漆的方法来修复划痕。缺点是对原漆伤害面积过大，修补的时间过长，效果难尽如人意。

③ 电脑调漆喷涂法：结合电脑调漆并采用新工艺方法的深划痕修补技术，这是一种快速的技术修复，但要求颜色调配准确，修补的面积尽可能缩小，再经过特殊溶剂处理后，能使新旧面漆更好地融合，达到最佳附着效果。

（2）车身凹坑的修补

对凹陷的修复方法，可根据凹陷的大小、程度和部位，采用适当的方法修复。

① 凹陷较小而且不太深时，可采用钣金锤、垫铁、拉杆、撬具进行修平。

② 当凹陷部位较大时，可采用加热收缩法和锤击相结合进行修复。

③ 填充修复凹陷部位，填料是用来覆盖经修复处理后仍遗留的微小凹陷部位的。

我们所说的车身早期凹坑小的不足 1 cm^2，大的有整块钣金件。不论凹坑大小，修复时都应先将凹坑敲起来，使其与原来基本一样，但由于金属已被拉伸，不可能恢复到原来的情况。可以使凹坑敲起后仍低于周围 3 mm 左右。凹坑很浅时可以不敲击。敲凹坑时可用木槌或塑料锤，从凹坑后面轻轻敲击，同时选一合适的木块垫在金属板外，以免锤子的冲力将凹坑周围敲弯。如果凹坑处是双层钣金或由于别的原因，锤子无法接近凹坑后面，可用不同的方法来处理。常用的方法有钻孔法，如发动机罩受到从上方落下重物的撞击，产生凹坑或塌陷，我们就将发动机扳起来，用支撑柱支起，在凹坑处的金属上钻几个小孔，然后将自攻螺丝拧到孔里，用钳子夹住螺钉头向外拉。将钣金拉到理想位置后，采用钻孔法拆除自攻螺丝后，可用砂纸除掉损坏部分的油漆，然后用螺丝刀或锉刀将金属表面擦伤，或有意钻几个小孔，这样有助于补充填料（打腻子）。最后再进行填料和重新喷漆即可。钻孔法对于底漆损坏性小，但对于大面积的凹陷则显得力不从心。

（3）锈孔或裂口的修复

随着车辆行驶里程和使用年限的增加，无论多么优秀的驾驶员也无法阻止车辆的自然损坏，例如车身的锈孔或裂口。这主要是由于道路不平引起的车身颠簸振动，发动机运转引起的振动等，使各连接件脱焊或裂开。再者，由于日照和严寒引起油漆表面龟裂，车身薄钢板受水汽浸蚀，破坏了内外表面防护层，使车身逐渐锈蚀，等等。对于锈孔或裂口进行修理时，第一步应先用钢丝刷（或砂纸）将损坏部位的油漆除掉，再根据损坏程度决定是更换整块钣金件还是修复损坏部分。如果损坏比较严重，最好进行整块更换，因新件比修复件更坚固美观，价格也较低，而且时间短。如果损坏较轻，则可将损坏部分及周围其他附件拆下（但有利于恢复损坏面的部件可不拆），然后用剪刀或手锯条把受腐蚀而变疏松的金属除掉。用手锤将孔边向里敲进，形成一轻度凹面，以便打腻子。用钢丝刷将金属表面的锈屑除掉，再涂一层防锈漆以免再生锈。第二步，找一块锌砂或薄铝皮将孔堵上。锌砂适合用来补大孔，将锌砂剪得跟孔的尺寸与形状大致相同，然后把它贴在孔处，砂边要比周围钣金部分低，再把填料抹在砂的周边上，然后才能填充填料与重新喷漆。薄铝皮适合用来补小孔，将薄铝皮剪成孔的尺寸和形状，撕掉保护纸，将它贴在孔上（根据厚度需要可贴一层或几层），然后将其压紧在钣金件上即可，最后填充填料和喷漆。

2. 汽车喷漆

汽车喷漆是指汽车表面漆膜存在瑕疵或在使用中造成漆膜破损时，对其进行修补，使汽车表面漆膜恢复到最佳的状况，并形成整车表观一致性。

钣金修理后要进行车身涂装。轿车车身涂装的主要目的是表面美观，同时还能起到防锈和防腐蚀的作用。车身表面质量的好坏直接影响到涂装质量，因此在喷涂面漆之前要涂底漆和填料，以得到光洁表面，而后涂施中间层涂料，再做表面喷涂和喷涂罩光漆。其具体工艺如下。

（1）涂装前的准备工作

① 彻底清除旧漆膜和锈蚀层，主要包括清除旧漆膜、涂底漆和填充填料。旧漆膜影响表面涂层质量，必须耐心细致地清除干净。然后在裸露的钣金表面涂一层防锈漆，而后填充填料与涂底漆交替进行。车身用填料一般是化工材料与无机填料的混合物，具有附着力强的特点。填料与底漆或金属表面粘接在一起，一般不会脱落，干燥后质地也比较坚硬，不易变形。

② 对于凹坑或锈孔、裂口，修补后才能进行表面填充填料。填充填料时应沿车身曲面刮平，且与涂底漆交替进行，直到填料平面与车身其他部分刚好平齐，等填料硬结后，用刨刀或锉刀将多余部分剔掉，然后由粗到细用水砂纸反复打磨。修整好的表面应曲面光滑，表

面光洁,"坑"的周围是一圈裸金属,再向外面是好漆的毛边。用水清洗修理部分,将尘粒全部清除掉,就可以进行下一步了。

(2) 喷涂中间层油漆

① 当中涂层漆喷涂量不足时,中间较低,但也有可能是打磨量过大所致。此时需要重新喷涂中涂层漆,并达到规定的厚度。

② 边缘打磨好后,才可打磨中心部位,千万不可打磨过度。一旦发现斑点中心部位痕迹被打磨平整时,应马上停止打磨。

③ 中涂层漆打磨平整后,应用水和少许溶剂清洗表面,并擦拭干净,用压缩空气吹干,使表面达到面漆喷涂前应达到的标准要求,以保证面漆的喷涂质量。

(3) 喷涂面漆

喷涂面漆是车身修复的最后工序,必须耐心细致地进行。喷漆前必须进行表面清洁处理,得到无油、无水、无灰尘和无异物的表面。喷漆必须在温暖、干燥、无尘的环境中进行。因此,在室外作业时应选好天气,在室内作业时,可人为创造这种环境。喷漆前,还应用胶带纸或报纸将修理以外的部分车体遮上,车身附属设备(如车门把手)也应遮上。对于整车喷漆,可在喷漆前,将漆桶用力摇晃,然后在修理部分一薄层一薄层地喷上一层厚漆,并比较与原漆颜色的差异。干燥后用水砂纸浸水打毛,然后再喷外层,喷外层时也是一薄层一薄层地喷,由修理部分的中央喷起,然后以圆周运动的方式向外喷,直到修理部分及周围25 mm左右范围都被喷上。喷完后10~15 min,可将遮盖物取下。

新漆喷好后,应放置2周让其硬结,然后用油漆复新剂或精制切削膏修补部分漆边,使新漆与旧漆融为一体。好的油漆表面应有一定的漆膜厚度和尽可能高的车身外观光泽度。为了更加光泽和美观还可进行车身表面打蜡处理。

 喷漆案例:宝马X6车门喷漆

一部宝马X6由于左后车门漆面光泽度不够,且漆面有很多被飞石等溅到所留下的小坑,整个车门要重新喷漆。

接修一辆漆面受损的汽车,到修复后交车,一般要经过下述的系列工作:清洗→鉴定损坏程度→表面处理→喷底漆→涂中间涂料→喷面漆→面漆层干燥(烤漆)→抛光、清洗→交车。

喷漆部门清洗完车辆后,第一道工序是检查车门受损程度,给出修复方案,并在有小坑的地方做标记。可采用触摸法评估损坏程度,如图3-2所示。

然后打磨出羽边状,清洁完打磨时产生的灰尘后,对打磨出来的羽状边进行填补原子灰,填补原子灰时尽量一次性填补到位。等原子灰干燥了以后,就可以打磨原子灰了,打磨原子灰时,最好在打磨前涂上碳粉,这样可以更准确地看出原子灰表面是否平整。打磨原子灰时,第一遍一般是用打磨机打磨,打磨到原子灰表面平整度有70%就行,接下来就是手工打磨,要求平整度达到95%以上。打磨原子灰如图3-3所示。

打磨结束后就是底漆的喷涂了。在打磨前要先检查车门是否还有凹坑未进行填补原子灰,然后进行整个车门底漆边的打磨与原漆面的打磨,这里要注意的是打磨底漆边时,底漆边与原漆面之间尽量打磨平,不能留有一条明显的边。之后就是对整个车门填补小洞,小洞打磨结束后是遮蔽工作,遮蔽时一定要仔细,遮蔽做完后中涂流程结束。喷漆前的遮蔽如图3-4所示。

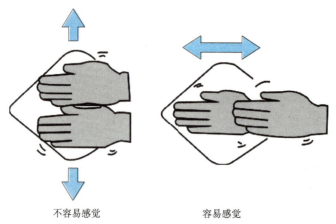

不容易感觉　　　　容易感觉

图 3-2　触摸法评估损坏程度

图 3-3　打磨原子灰

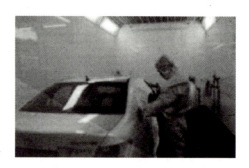

图 3-4　喷漆前的遮蔽

在喷漆前先对中涂的施工质量进行检查，然后进行调色，调色前必须先拿标准的比色板对车身的左前车门和左后叶子板进行比对，这样做的目的是防止出现色差，之后再喷漆。第一遍先盖色漆，检查边角部位和车门底部是否都用色漆盖过了。检查过后再喷清漆，清漆一般喷两道，喷完后要检查喷涂的质量，看有无流挂，如果没有则进行烤漆；如果有流挂，要在清漆干燥后磨除；如果看到流挂面积大，一般先用刀片把流挂严重的地方割除，割除时要求不伤到漆面，然后用砂纸磨平，保证不能有粗的砂纸痕。还要检查是否有大的油点，如果油点大，要点清漆。做完后方才进下道工序。

抛光前必须对整个车门进行检查，看是否存在色差，是否有大的凹坑和小洞，是否有粗的砂纸痕，底漆边是否磨好，然后对车门进行尘点的打磨。打磨尘点时必须要有顺序，防止有尘点漏网。接下来就是对打磨区域进行抛光了，抛光时一定要仔细，仔细看打磨区域是否抛透，漆面是否抛穿。抛完后根据整个漆面情况决定是否抛细蜡。如图 3-5 所示。

抛光之后自检，检查是否有尘点漏网，蜡迹是否处理好。检查完把左后车门边上的遮蔽纸撕除，再处理边角。做完这些后，对左前车门、左后叶子板、左后车门的车窗玻璃进行检查，看有没有漆雾，如果有就要用砂纸磨掉，再抛光。最终，整个喷漆流程结束。

图 3-5　抛光进行中

汽车本身就是一个复杂的系统，随着行驶里程的增加和使用时间的延续，其技术状况将不断恶化。因此，一方面要不断研制性能优良的汽车；另一方面要借助维护和修理，恢复其技术状况。对于车身的涂装工艺而言，技术性非常高，不是任何人都能做得好的，但只要工作细致，严格按照工艺流程办事，做好车身修复工作也并不难。

单元三　车间修理管理

一、维修质量的管理

汽车消费投诉增多，是随着汽车保有量急剧增多而同时发生的，这带有客观内在联系上的必然性。但是，我国汽车维修质量管理也确实存在着不尽人意的地方。

汽车维修质量应以客户对汽车维修服务的满意度作为汽车维修服务质量评价的核心。经调查研究，客户对汽车维修服务质量的满意度通常是受下列因素影响和决定的：救援服务的及时性和方便性；汽车维修服务环境优化；汽车维修故障判断的准确性；汽车维修项目的专业性和客观性；汽车配件的质量和价格；拖车价格、汽车维修工时价格；汽车维修的停驶时间；汽车维修的返修率；汽车维修设备现代化；汽车维修竣工质量承诺；汽车维修作业文明生产；汽车维修代用汽车服务；汽车维修延伸服务等。换言之，就是客户在接受汽车维修服务过程中眼看、耳听、鼻嗅、手摸、身体感应、心理感应，决定了客户对汽车维修服务质量的满意度。

质量不是检验出来的，而是每个工作环节品质的综合表现，因而渗透其每个工作环节的质量管理起着决定性的作用。

1. 汽车维修质量管理制度

汽车维修企业必须建立健全有关质量管理制度，以保证维修质量的不断提高。

（1）进厂、解体、维修过程及竣工出厂检验制度

车辆从进厂、解体、维修、装配直至竣工出厂，每道工序都应通过自检、互检，并做好检验记录，以备查验。

（2）岗位责任制度

维修质量是靠每个岗位的操作者实现的，是由全员来保证的。因此，必须建立严格的岗位责任制度，以增强每个员工的质量意识。定岗前要合理配备，量才适用，定岗后要明确职责，并保持相对稳定，以便提高岗位技能和责任心。

（3）出厂合格证制度

出厂合格证是车辆维修合格的标志，一经厂方签发，就由厂方负责，它是制约承修方保证质量的重要手段之一。按照有关规定，凡经过整车大修、总成大修、二级维护后，竣工车厂的车辆，必须由厂方签发合格证，并向托修方提供维修部分的技术资料，否则不准出厂。《汽车维修竣工出厂合格证》由道路行政管理机构统一印制和发放。

（4）质量保证期制度

车辆经过维修后，在正常使用情况下，按规定都有一定的质量保证期，其计算方法有的按照使用时间，而有的按照行驶里程。在保证期内，发生的质量事故，应由厂方承担责任，

这也是制约承修厂保证质量的又一重要手段。因此，承修厂签发维修合同和出厂合格证时，均应注明质量保证期限。

（5）质量考核制度

企业应按照岗位职责大小，分别制定考核奖惩标准，并认真实施兑现。

2. 维修质量控制

（1）专用工具使用

① 技术经理对经销商维修人员在维修过程中的专用工具使用情况负责。

② 对于维修项目中要求使用专用工具的，必须使用专用工具。

（2）维修过程控制

① 车辆维修后，维修人员自检并签字确认。

② 维修班长对自检后的车辆进行互检并签字确认。

③ 质检人员对车辆进行综合检查，确认无问题（或发现问题，但客户签字同意不维修）后，签字确认，交付客户使用。

（3）对专用工具使用和维修质量情况的检查

售后服务科技术支持组不定期地对特定维修项目进行抽查，重点检查专用工具的使用情况和维修质量，并做好记录，在经销商年终考评时，作为一项参考依据。

3. 汽车维修质量检验

质量检验就是借助某种手段，对维修的整车、总成、零部件、工序等进行质量特性的测定，并将测定结果同质量标准相比较，判断是否合格。质量检验部门是该企业的质量检验和监督机构，代表总经理行使质量监督权，最终对车主和车辆负责。

（1）汽车维修质量检验的职能

① 保证职能：即把关职能，通过对原材料、外购配件、外协加工件、维修的半成品进行检验，保证不合格的原材料不投产，不合格的半成品不转入下道工序，不合格的成品不出厂。

② 预防职能：通过检验处理，将获得的数据及时反馈，以便及时发现问题，找出原因，采取措施，预防不合格品产生。

③ 报告职能：将质量检验的情况及时向企业主管部门和行业主管部门报告，为加强质量管理和监督提供依据。

（2）汽车维修质量检验的分类及内容

① 按维修程序分类：按维修程序分为进厂检验、零件分类检验、过程检验和出厂检验。

② 按检验职责分类：按检验职责分为自检、互检和专职检验，亦称"三检制度"。这是我国目前普遍实行的一种检验制度。

③ 按检验对象分类：按检验对象分为维修质量检验，自制件、改装件质量检验，燃料、原材料及配件（含外购、外协加工件）质量检验，机具设备、计量器具质量检验等。

（3）汽车维修质量检验的标准

汽车维修的技术标准是衡量维修质量的尺度，是企业进行生产和技术、质量管理工作的依据，具有法律效力，必须严格遵守。质量检验就是要遵守标准，满足标准要求。认真贯彻执行标准，对保证维修质量、降低成本、提高经济效益和保证安全运行都有重要作用。

我国汽车维修的技术标准分四级，即国家标准、行业标准、地方标准和企业标准。

二、维修技术管理

国内多数品牌主机厂制定了售后服务维修技术管理要求，对经销商的技术信息反馈、技术资料利用、专用工具使用以及维修质量控制工作进行了规定，以促进经销商技术管理工作有效进行。

1. 技术文件管理及使用

① 维修技术资料配置及状态应齐备、完好、可随时借阅，具有能阅读光盘版技术资料的设备。

② 维修技术资料应存放在固定位置由技术经理指定专人管理，建立资料目录及借阅档案。

③ 维修技术资料利用。技术经理每季度抽 1~2 项维修项目进行考核；维修人员应会查阅维修技术资料，并按维修资料要求进行维修。

2. 专用工具及测量仪器的技术管理

① 专用工具和测量仪器的配置及管理。按汽车生产企业售后服务科统一标准配备齐全，设置专用工具员进行管理并建立借用档案，专用工具员应熟悉专用工具和测量仪器的基本使用功能。

② 专用工具和测量仪器的状态。定期维护、保养，无损坏，仪器辅助配置齐全，建立维护档案。

③ 技术经理有计划地对站内相关维修人员进行专用工具、设备使用培训。

④ 对经销商内缺少的必备的专用工具应尽快订货完善，避免因缺少专用工具而影响维修质量。

3. 售后车辆信息反馈

① 经销商应定期（每周）将批量投放的车辆信息汇总、整理，通过网络系统中的《车辆信息反馈单》反馈给汽车生产企业售后服务科技术支持组。

② 新产品、新项目首批投放地区的经销商应及时、准确做好售后质量信息快捷反馈工作，反馈方式为通过网络系统的《质量信息快速反馈单》反馈给汽车生产企业售后服务科技术支持组。

③ 负责整理并提供维修信息、典型维修案例等方面的技术信息。

④ 经销商对车辆信息反馈的准确性、及时性、完整性负责。按照汽车生产企业售后服科要求的格式将技术疑难问题反馈给汽车生产企业售后服务科技术支持组，同时技术经理对经销商反馈的信息进行确认并负责对其进行解释。

⑤ 按要求在网络系统中填写《车辆信息反馈单》，并按照有关内容要求认真填写，要求的信息必须填全。特殊情况允许使用传真等其他手段。

⑥ 车辆信息反馈应该齐全、完整、及时，内容清晰、翔实。

⑦ 经销商应按维修手册有关要求进行检修及故障排除，并将检修过程填写在售后网络中的车辆信息反馈表内。

⑧ 重大问题处理完毕后，经销商应将总结报告按时通过网络信箱或电子邮件方式（特殊情况可以填写"重大问题报告"以传真形式）反馈给汽车生产企业售后服务科技术支持组。

⑨ 经销商维修人员在解决技术疑难问题后，应及时报告给技术经理，技术经理应对故

障现象、故障分析、故障排除及建议等内容进行整理,并以典型故障排除报告样式将信息以网络信箱、电子邮件或传真方式反馈给汽车生产企业售后服务科技术支持组。

⑩ 技术经理应对信息反馈表进行归档管理,以方便查询。

4. 经销商内部培训

① 经销商必须建立内部培训机制。

② 技术经理负责经销商内部的培训工作。

③ 内部培训工作要有计划,每次培训后,必须建立培训档案记录,以备查询。

复习思考题

1. 一名优秀的职业汽车维修工应该具备怎样的素质和能力?
2. 简述汽车故障诊断的步骤(思路)。
3. 怎样有效地利用经销商提供给维修工的技术自学手册提高修车水平?

模块四 备件管理

△ 汽车售后服务管理（第3版）

学习导入

入冬以来雪大路滑，备件管理员小张跟备件经理反映，最近某个车型库存的三个右后尾灯总成都维修领用完了，维修车间维修领货已经没有了。备件经理与备件计划员小李商议此事，如果你是备件计划员，如何根据气候路面条件和产品市场周期，制订更为合理的备件订货计划。

学习目标

1. 掌握汽车备件的分类。
2. 掌握备件订货指导思想和基础工作。
3. 了解备件价格的形成，掌握汽车备件订货数量确定方法。
4. 掌握汽车备件的入库管理。
5. 掌握汽车备件的库存管理方法。

汽车备件管理是特约经销商的一项重要业务内容，车辆维修所使用的备件，直接影响车辆维修后的质量和安全。备件的采购、仓储等方面的管理，对备件及时供应、成本控制有着重要影响，直接关系到维修作业的及时性，进而影响维修交车时间，影响到客户满意度。因此，车辆维修企业必须重视备件的管理，建立健全包括采购、保管、使用等过程的质量管理体系，有效压缩库存量，降低成本，不断改进管理方法，提高企业信誉和经济效益。

单元一 备件管理岗位

备件管理由备件部完成，备件部的职能主要有：① 备件的订购和库房管理；② 为维修车间提供生产中所必需的零件和附料；③ 对外零配件的调剂和销售。

备件部设经理一名，备件（销售）计划员、备件管理员若干及采购人员，根据备件部的规模大小也可设置搬运工若干。备件部经理隶属服务总监领导，主持备件管理部工作。

一、备件销售计划员

（1）岗位名称：备件销售计划员

（2）直接上级：备件经理

（3）素质要求

① 具有中专以上文化程度。

② 能够熟练地操作计算机。

③ 具有一定的管理知识及管理经验。

④ 具备一定的汽车构造知识，了解车辆维修常识和营销知识。

（4）职责与权限

① 制订备件订购计划，并向汽车生产企业售后服务科发出备件订单开展备件订货工作。

② 负责备件订货发票的审核。

③ 负责备件订货资料的存档。

④ 负责填写《索赔申请单》，向汽车生产企业备件科提出备件索赔。

⑤ 通知财务部及时向汽车生产企业售后服务科结算备件款。

⑥ 负责制定备件的储备定额及最低库存量。

⑦ 负责到货备件的信息输入电脑，填写本单位备件业务报表，对市场及订货进行预测，并将有关信息反馈给汽车生产企业备件科。

二、备件仓库管理员

（1）岗位名称：备件仓库管理员

（2）直接上级：备件经理

（3）素质要求

① 具有高中以上文化程度。

② 熟练掌握计算机操作。

③ 具有一定的汽车理论、汽车构造及维修常识。

④ 有一定的仓库管理经验。

（4）职责与权限

① 负责按要求对库存备件进行规范化的管理。

② 负责备件的入库验收及维修备件的发放工作，建立库存账目，保存各种原始凭证。

③ 根据库存储备情况，向计划员发出订货需求。

④ 负责库存备件的定期清点工作。

⑤ 负责备件库的环境、安全及防火。

单元二　汽车备件类型

为了更好地对汽车备件进行管理，首先必须掌握汽车备件的分类。汽车备件种类较为复杂，并且分类方法很多，有实用性分类、标准化分类和外包装标识分类等，这里主要了解实用性分类和标准化分类两种。

一、实用性分类

根据我国汽车备件市场供应的实用性原则,汽车备件分为易耗件、标准件、车身覆盖件与保安件 4 种类型。

(1) 易耗件

在对汽车进行二级维护、总成大修和整车大修时,易损坏且消耗量大的零部件称为易耗件。主要包括发动机易耗件、底盘易耗件以及密封件。

(2) 标准件

按国家标准设计与制造的,并具有通用互换性的零部件称为标准件,如发动机悬挂装置中的螺栓及螺母、轮胎螺栓及螺母等。

(3) 车身覆盖件

为使乘员及部分重要总成不受外界环境的干扰,并具有一定的空气动力学特性的构成汽车表面的板件,如发动机罩、翼子板、散热器罩、车顶板、门板、行李舱盖等均属于车身覆盖件。

(4) 保安件

汽车上不易损坏的零部件称为保安件,保安件有曲轴、正时齿轮、凸轮轴、汽油箱、喷油泵、调速器、离合器压盘及盖总成、变速器壳体及上盖、操纵杆、前桥、桥壳、转向节、轮胎衬带、钢板弹簧总成及第四片以后的零件、载货汽车后桥、副钢板总成及零件、转向摇臂等。

二、标准化分类

汽车零部件总共分为发动机零部件、底盘零部件、车身及饰品零部件、电器电子产品和通用件 5 大类。根据汽车的术语和定义:零部件包括总成、分总成、子总成、单元体和零件。

(1) 总成

由数个零件、数个分总成或它们之间的任意组合,而构成一定装配级别或某一功能形式的组合体,具有装配分解特性的部分。

(2) 分总成

由 2 个或多个零件与子总成一起采用装配工序组合而成,对总成有隶属装配级别关系的部分。

(3) 子总成

由 2 个或多个零件经装配工序或组合加工而成,对分总成有隶属装配级别关系的部分。

(4) 单元体

由零部件之间的任意组合,而构成具有某一功能特征的组合体,通常能在不同环境下独立工作的部分。

(5) 零件

不采用装配工序制成的单一成品、单个制件,或由 2 个以上连在一起具有规定功能、通常不能再分解的制件。

三、按用途分类

汽车备件按照用途又可以分为维修零件、精品和油类化学品 3 个类别,如图 4-1 所示。

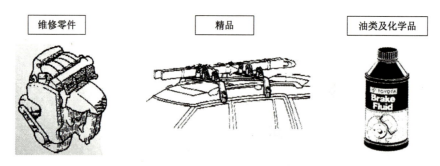

图 4-1 汽车备件按照用途分类

（1）维修零件

用在汽车的各个部位，也是我们经常所见的零件。根据汽车 4 大系统分为：发动机燃油系统零件、底盘传动系统零件、车身内饰件、电气系统零件。

（2）汽车精品

增加客户驾驶愉快和舒适性的某些设备。包括音响、座椅罩、雪橇架等。

（3）油类及化学品

包括机油、自动变速箱油、长寿命冷却液（LLC）和制动液（刹车油）等。

单元三　汽车备件订货管理

特约经销商的备件订货管理即备件采购管理，零配件的采购主要有合同采购和市场紧急采购两种。特约经销商备件的进货渠道以与主机厂备件销售部门签订的备件采购合同为主，也可以与信誉好、产品质量高的知名公司签订供销合同，也可与同类 4S 店零备件相互拆借。对市场临时紧急采购，要严防假冒伪劣产品，要货比三家，与信誉好的店家签订质量保证协议并经过法律公证，使采购备件质量得到有效的法律保障。特约经销商在备件采购管理中应该要建立备件采购的跟踪、质量保证体系。

对于特约经销商，汽车备件订货非常重要，这是因为：

① 采购备件成本占生产总成本的比例很大。若汽车备件无法以合理的价格获得，则直接影响到企业的经营。若订货价格过高，则维修成本也高，影响到企业的利润；若订货价格过低，则很可能订货的备件品质很差，影响到维修质量，从而使维修企业不具备市场竞争力。

② 订货周转率高，可提高资金的使用效率。合理的订货数量与适当的采购时机，既能避免停工待料，又能降低备件库存、减少资金积压。

③ 备件采购快慢、准确与否，以及品质优劣直接关系到车辆维修工期和客户满意度。

④ 采购部门可在搜集市场情报时，提供新的汽车备件代替旧备件，以达到提高品质、降低成本的目的。

⑤ 采购部门经常与市场打交道，可以了解市场变化趋势，及时将市场信息反馈给特约

经销商决策层，促进特约经销商经营业绩成长。

一、备件订货的品种与数量确定

1. 备件订货指导思想

"良性库存＝备件盈利＝对客户的服务质量"，这是每个人都应牢固树立的指导思想，必须把向客户提供100%的服务率作为首要的工作目标，在这个前提下争取良好的备件盈利。良好的备件盈利一定要建立在良性库存的基础上，所谓良性库存即是用最合理的费用保证对客户的最佳服务率。备件库存管理不是仓库主任的职责，而是订货人员的职责，订货过程实质上是在满足一定时间内客户需求的同时，对库存备件进行不断调整的过程，以取得经济合理的库存状态。备件市场是一个长期稳定的市场，任何不良的经营思想只能导致短期行为，无异于杀鸡取卵。只有通过向客户提供满意的服务、满意的价格、满意的产品才能赢得客户的信赖，才能获得持久的发展。

2. 备件订货基础工作

（1）充分了解每一种备件的销售特性

根据其使用特性，可将备件分为六大类，即快速更换类、维修服务类零件、车身机械类零件、大总成、附件、其他类零件。每一类零件具有不同的销售特性。在备件销售额构成中，快速更换类零件约占17%，维修服务类零件约占32%，车身机械类零件约占37%。具体到每一种零件的分析表明：有60%~80%的备件品种年销量在0~12，40%的备件品种占库存总额的6%，有8%的库存品种占库存总额的25%。

一个重要的数据显示：5%编号的备件占销售额的85%，占库存总额的46%；9%编号的备件占销售额的11%，占库存总额的19%，即14%编号的备件占销售额的96%，占库存总额的65%。应对这一部分零件予以高度重视，重点开展工作。

（2）建立完整的订货卡片

建立完整的订货卡片，并随时记录一切必备的数据（销售统计、日期、备件编号等）；建立每日入、出、存报表制度，反映当日入库、出库、结存状况，作为订货依据；建立定期盘存制度，以便于了解库存的实际状况；掌握辖区内汽车保有量及车辆的使用情况；计算备件供货周期，以确定订货频次；充分估计交货时间、交货品种、交货数量上可能产生的误差。

3. 订货时应考虑的因素

（1）备件的生命周期及其在不同阶段的特点

每一个备件都有其特定的生命周期，该周期主要包括四个主要阶段，即技术部门设立备件编号、新件订货、正常期限订货、停产期订货。对备件订货而言，初期投放市场车型的备件和停产期车型的备件必须予以特别的重视；对刚投放的车型应从技术上确定适当的库存，数量适中，尽量避免新"死库存"；如果在投放期的备件订货出现问题，将直接导致市场上维修备件供货不足，因此在新零件投放时，往往找出一种与该备件相似的备件参考，分析其需求历史，确定其订货数量。图4-2为某种汽车备件的生命周期。

（2）备件销售历史、需求预测和趋向系数

备件的销售历史和根据销售历史绘制的销售趋势图对备件订货工作有着极为重要的参考价值，应充分重视保存备件的需求历史数据。根据需求历史数据可以画出需求趋势图，并能预测将来的系数——趋向系数 Q。

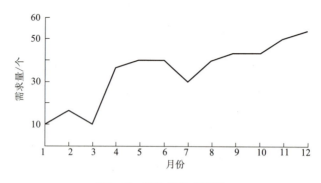

图 4-2 备件的生命周期

最简单的趋向系数公式如下：
$$Q = (前6个月的销量 \times 2) / (前12个月的销量)$$

$Q<1$，说明该零件销售呈下降趋势；
$Q=1$，说明该零件销售呈平稳趋势；
$Q>1$，说明该零件销售呈上升趋势。

从需求趋势图上可以看出：
① 备件的需求趋势及需求量的大小。
② 备件的需求与季节的关系。
③ 促销阶段可反映出促销方法与促销手段所产生的效果。
④ 车辆保有量与备件销量之间的关系。

（3）目标库存、安全库存和警戒库存

目标库存是从满足客户需求的角度出发，建立的一种无论在任何时候对客户的任何需求都能满足的库存状态，即
$$目标库存 = 日销售 \times 最大供货日$$

实际库存则是在某时间点仓库实际库存的数量。实际库存与目标库存的差额部分即订货需求，应通过定期订货进行补充。目标库存对仓库的库存管理起着决定性的作用，为了减小库存必须加快物流，增加订货次数。

每月1次订货和每月2次订货目标库存的变化情况，如图4-3所示。

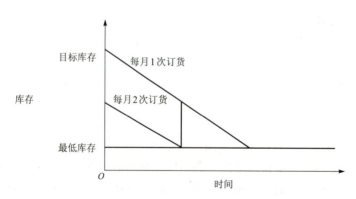

图 4-3 每月1次订货和每月2次订货目标库存的变化

合理的目标库存取决于下列因素：
① 备件负责人的管理能力，订货人员的业务水平。
② 对市场需求量预测的准确程度。
③ 月订货次数、供货周期及品种和数量的订交货误差。
④ 解决缺件的手段及紧急订货的到货周期。
⑤ 客户超量订货时的合理分配。
⑥ 安全库存的大小。

安全库存是定期订货到达仓库时必须保证的库存数量，否则就会缺货，即

$$安全库存 = 日销售 \times 最小供货日$$

当某一备件的库存处于安全库存以下时，应首先满足车间修车的需要并考虑停止对外销售。安全库存约为目标库存的10%~20%。警戒库存是一种提醒订货人员需要订货的库存值，一般约为目标库存的50%。

（4）合理地掌握备件订货周期及订货方式

由于对交货周期的要求不同，备件中心库对常规订货、紧急订货订单备货方式和发运方式不一样，因此对这两种订单将采取不同的价格结算。为了既充分满足需求又使订货成本最低，订货人员必须合理地掌握备件的订货周期。一般来说，销路好销量大的备件（常用件）通过定期方式订货，紧急订货主要针对不常用的品种，紧急订货有品种和数量的限制，金额为常规订货的10%~20%，常规订货应在固定的日期发出，在品种和数量上尽可能做到均衡，其目的是便于备件仓库组织备货，使订货者本人得到中心库良好的服务。同时，不应忘记服务站和备件中心库是一个整体，任何一方的不良运作都会对这个整体产生不良的影响。

（5）对销售段和单价段的分析及对订货的影响

销售段：每次盘存应建立销售段，用于显示每个零件年度销售的频率。从中可看出不同销售段的品种数，并且可以看到平均有60%~80%的备件品种每年的销量在0~12%。这个重要的百分比往往被忽略，此时做出主观判断很容易出现错误。因此，库存积压往往出现在这个销售段。

单价段：法国的一项研究显示，在所销售的备件中，40%的品种其转移价格的单价低于11法郎，而这个档次的零件只占总库存的6%，因此订购这些品种时可以冒一些风险，因为它们不仅不会产生大量的积压，还可以降低在各个层次的购买费用（减少订货、减少装卸搬运）。与此相反，单价高于550法郎的零件只占品种数的8%，却占库存总价值的25%，因此应该认真考虑后一类零件的订货，而不是把大量精力花在那些单价比较低的零件上。

（6）注意季节性零件及促销件的订货

有一部分零件具有很强的季节性，如夏季空调系统的备件销量大，冬季暖风系统、制动系统的备件销量大；在促销的某些备件的一段时间，其销量也会有明显的回升。因此，这些零件在订货卡片上都应做出标记，提前做好订货准备，在旺销季节开始之前备件入库。这类备件的订货时间表为：旺销月份—入库准备—到货周期。

（7）盘存清单的利用

备件订购工作的另一个方面是提出对积压件、滞销件或销路下滑件的处理意见，针对这项工作的理想文件是年底的盘存清单。事实上，盘存清单不仅是一张金额的统计表，还应该

通过认真地分析，以便于提高经营质量和客户服务质量，压缩库存。下面是库存储备情况说明：

　　库存<12个月的销量1/2　　　　正常状态
　　库存>12个月的销量1/2　　　　不正常状态
　　2年没有销售历史　　　　　　　沉睡库存
　　3年没有销售历史　　　　　　　死库存

应强调的是，当一个货位的零件销不出去，假如是技术方面的原因，或者是技术禁止方面的原因，或者与销量相比积压量很大，如几年以来年销售量为1~2个，而库存达到300个，则可以建议提前报废。在上述情况下，可保留10个作为库存，其余290个建议报废。

（8）使库存结构合理

汽车备件根据其维修用量、换件频率可分为快流件（A类）、一般件（B类）、慢流件（C类）三类。

A类备件是常用、易损、易耗备件，维修用量大、换件频率高、库存周期快、客户广泛、购买力稳定，是经营的重点品种。这一类备件订货批量较大、库存比例较高，在任何情况下都必须保证供应。在仓库管理上，对A类备件应采取重点措施，进行重点管理，选择最优进货批量，尽量缩短进货间隔，做到快进、快出，加快备件的周转。

B类备件只需进行一般管理，管理措施应进行进销平衡，避免积压。

C类备件是按客户需要予以订购，客户应在备件订购单上签字，并交付订货款。

一般4S店的参考库存量的比例应为：A类备件占库存量的70%，B类备件占库存量的25%，C类备件占库存量的5%。

4. 订货计划制定

备件计划员根据上述分析负责制订备件需求计划（订单），该订单用于向汽车生产企业备件部门订购备件，该订单的品种和数量具有约束性。备件计划员负责预测和制订备件计划、跟踪订单完成情况、统计备件在运输量及到货情况。备件经理负责对预测订货计划进行审核批准、对备件库存结构予以优化、对备件库房的备件满足率进行考核。

（1）备件订货价格确定

不论是对零件供应中心、经销商，还是对最终用户，价格都是一个非常受关心的话题。合理、稳定的价格体系无论对利润还是对客户满意度（CS）都有重要的影响，因此汽车生产企业都对备件价格作出专门规定。

DNP（Dealer Net Price）：经销商净价，是指零件供应中心销售给经销商的包含运保费的价格。

SRP（Suggested Retail Price）：建议零售价，是指汽车生产企业建议经销商卖给最终用户的价格。

DNP计算方法：DNP=SRP×（1-折扣率）。

新开业经销商的前两个季度的折扣率为15%。

为了规范化管理，汽车生产企业的零件部门往往会有对经销商的考评制度，经销店上个季度的得分将决定其在本季度的折扣率。

对安装了经销商管理系统的经销商来说，可通过网络直接从北京的服务器上下载或读取DNP、SRP价格。当价格有变动时，汽车生产企业会及时更新系统上的价格。

(2) 备件订货数量计算

SOQ = SSQ-OQ-OO+B/O

SOQ：建议订货数量

SSQ：标准库存量

OQ：现有库存量

OO：在途库存量

B/O：追加订货量，客观地反映了库存的不足

订货数量计算例题：

经销店 A 对于某零件前 6 个月的销量记录如下：

月份	第 N-月	第 N-4 月	第 N-3 月	第 N-2 月	第 N-1 月	第 N 月
需求数量	28	32	30	28	36	26

该店订货周期是 1 天，到货周期通常是 1 天，S/S for L/T 是 0.5 个月，该零件的目标供应率是 100%，在途数量是 1 个，现有库存是 1 个，B/O 是 1 个，求：建议订货数量是多少？

例题答案：

MAD=前六个月需求总和/6 =（28+32+30+28+36+26）/6 = 30

S/S for demand=（36×100% −30）/30=0.20

SSQ=MAD×(L/T+O/C+S/S)= 30 ×(1/30+1/30+0.20+0.5)= 23

SOQ=SSQ-O/H-O/O+B/O = 23-1-1+1 = 22

二、备件订货渠道与方式

1. 选择备件供应商

特约经销商必须从汽车生产企业备件部门或者汽车生产企业的地区备件中心订货，以保证备件质量，地区备件中心（Facing Parts Depot）具体包括北京 FPD、天津 FPD、上海 FPD、哈尔滨 FPD、西安 FPD、成都 FPD、广州 FPD。

2. 选择供货方式

要选择正确的供货方式，应该注意以下事项：

① 对于需求量大的备件，应尽量选择定点供应直达供货的方式。

② 尽量采用签订合同直达供货方式，减少中间环节，加速备件周转。

③ 对需求量少的备件，宜采取临时采购方式，减少库存积压。

④ 采购形式采取现货与期货相结合的方式。现货购买灵活性大，能适应需要的变化情况，有利于加速资金周转；对需求量较大，消耗规律明显的备件，采取期货形式，签订期货合同，有利于供应单位及时组织供货。

3. 订货类型

（1）常规订货（MS）

特约 4S 服务中心每周订购的用于补充其正常库存的定时订单，用常规订单形式向汽车生产企业备件部门以电子邮件形式发送。

（2）紧急订货（VA）

特约 4S 服务中心在紧急情况下，为了满足维修工作的需要进行紧急订货。汽车生产企

业备件部门根据特约 4S 服务中心的要求负责备件的发送。每月订购次数不限,但每次订购的品种不得超过 20 种。用紧急订单的形式订购备件,汽车生产企业备件部门往往需向特约 4S 服务中心加收一定的手续费用和急运费。

(3) 定时订货

定时订单包括所有的液体、轮胎、蓄电池、冷媒和保险杠的备件订单,汽车生产企业备件部门会定时地向特约 4S 服务中心发送。

(4) 特殊订货

特殊订单包括各款发动机总成、车身、散热器框架等。用特殊订单的形式向汽车生产企业备件部门订货,费用由特约 4S 服务中心先行支付,运输的快慢按常规程序办理。

特殊订货往往采取看板管理,如图 4-4。

图 4-4 特殊订货的看板管理

特约经销商在订制车身和前围时需在订单上注明相应的车身编码并提供原车上 17 位编码的钢印铁片,主机厂售后服务部在收到铁片后开始订制,如预订车身还需在订单上注明原车身的车型、配置(有否带 CD 架、有否带天窗、车门外是否带饰板等)、出厂年份、颜色。

单元四 备件的库房管理

一、备件的入库管理

汽车备件入库是物资存储活动的开始,也是仓库业务管理的重要阶段,这一阶段主要包括到货接运、备件验收和办理入库。

1. 到货接运

到货接运时要对照货物运单，做到交接手续清楚、证件资料齐全，为验收工作创造条件。材料进库首先在进货待查区放置准备验收，避免将已发生损失或差错的备件带入仓库。

2. 备件验收

备件验收是按照一定的程序和手续对备件的数量和质量进行检查，以验证它是否符合订货合同的一项工作。备件到库后首先要在待检区进行开箱验收工作，并检查备件清单是否与货物的品名、型号、数量相符。随时填写验收记录，不合格品由备件主管进行处理，及时填写来货记录。备件验收的程序如下：

（1）验收准备

准备验收凭证及有关订货资料，确定存货地点，准备装卸设备、工具及人力。

（2）核对资料

入库的汽车备件资料包括：入库通知单，供货单位提供的质量证明书、发货明细表、装箱单，承运单位提供的运货单及必要的证件。

（3）实物检验

填写开箱验收单，检验备件质量和数目。汽车备件进仓实行质检员、仓管员、采购员联合作业，对备件质量、数量进行严格检查，把好汽车备件进仓质量关。汽车备件验收依据主要是进货发票，另外进货合同、运货单、装箱单等都可以作为车辆备件验收的参考依据。汽车备件验收内容主要是备件的品种、数量和质量。

① 品种验收：根据进货发票，逐项验收汽车备件品种、规格、型号等，检查是否有货单和货物不相符情况；易碎件、液体类物品，应检查有无破碎、渗漏情况。

② 点验数量：对照发票，先点收大件，再检查备件包装及其标识是否与发票相符。一般对整箱整件，先点件数后抽查细数；零星散装备件点细数；贵重备件逐一点数；原包装备件有异议的，应开箱开包点验。

③ 质量验收：质量验收方法，一是仪器验收，二是感观验收。其主要是检验汽车备件证件是否齐全，如有无合格证、保修证、标签或使用说明等；汽车备件是否符合质量要求，如有无变质、水湿、污染、机械损伤等。

④ 进口备件的辨认：特约经销商经常要订购一些进口备件，因此备件管理人员必须了解并熟悉国外汽配市场中的配套件（OEM Parts）、纯正件（Genuine Parts）、专厂件（Replacement Parts）的商标、包装、标记及相应的检测方法和数据。

• 外部包装：一般原装进口备件的外部包装多为7层胶合板或选材较好、做工精细、封装牢固的木板箱，纸箱则质地细密、不易弯曲变形、封签完好；外表印有用英文注明的产品名称、零件编号、数量、产品商标、生产国别、公司名称，有的则在外包装箱上贴有反映上述数据的产品标签。

• 内部包装：国外产品的内部包装（指每个备件的单个小包装盒），一般都用印有该公司商标图案的专用包装盒。

• 产品标签：国外汽车厂商如日本的日产、日野、三菱等汽车公司的正品件都有"纯正部品"的标签，一般印有本公司商标、中英文的纯正部品，以及中英文的公司名称、英文或日文备件名称编号（一般为图号）及长方形或正方形标签；而配套件、专厂件的备件的标签无纯正部品字样，但一般有用英文标明适用的发动机型或车型、备件名称、数量及规格、公司名称、生产国别,同时标签形状不限于长方形或正方形。

- 包装封签:进口备件目前大多用印有本公司商标或检验合格字样的专用封签封口。例如,德国 ZP 公司的齿轮、同步器等备件的小包装盒的封签,日本大同金属公司的曲轴轴承的小包装盒的封签,日产公司的纯正件的小包装盒的封签等,但也有一些公司的备件小包装盒直接用标签作为小包装盒的封签,一举两得。
- 内包装纸:德国奔驰汽车公司生产的金属备件一般用带防锈油的网状包装布进行包裹,而日本的日产、三菱、日野、五十铃等汽车公司的纯正件的内包装纸均印有本公司标志,并用一面带有防潮塑料薄膜的专用包装纸包裹备件。
- 外观质量:从日本、德国等地进口的纯正件、配套件及专厂件,做工精细,铸铁或铸铝零件表面光滑、精密无毛刺、油漆均匀光亮,而假冒产品则铸造件粗糙、喷漆不均匀、无光泽,真假两个备件在一起对比有明显差别。
- 产品标记:原装进口汽车备件,一般都在备件上铸有或刻有本公司的商标和名称标记。例如,日本自动车工业株式会社生产的活塞,则在活塞内表面铸有凸出的 IZUMI 字样;日本活塞环株式会社(NPR)的活塞环在开口平面上,一边刻有 N,另一边刻有 1NK7、2NK7、3NK7、4NK7 字样。
- 备件编号:备件编号也是签订合同和备件验收的重要内容。各大专业生产厂都有本厂生产的备件与汽车厂备件编号的对应关系资料,备件编号一般都刻印或铸造在备件上(如德国奔驰纯正件)或标明在产品的标牌上,而假冒备件一般无刻印或铸造的备件编号。在备件验收时,应根据合同要求的备件编号或对应资料进行认真核对。

3. 办理入库

经过验收,对于质量完好、数量准确的汽车备件,要及时填写和传递《汽车备件验收入库单》,同时办理备件入库。对于在验收中发现问题的,如数量、品种、规格错误,包装标签与实物不符,备件受污受损,质量不符合要求等,均应做好记录,判明责任,联系供应商解决。对于外包装破损的邮件由运输及押运人员在场的情况下打开包装,检查货物数量及损坏情况;如果开箱后发现装箱单与实物不符或货物损坏应当场写明情况,请运输人员或押运人员签字后,向领导汇报,由有关部门处理。

二、备件库存管理

备件库存管理是备件管理十分重要的一个环节,对备件的及时供应、成本控制有着重要影响,直接关系到维修作业的及时性。

1. 仓库设置与要求

(1)对仓库的基本设施要求

① 备件仓库应有足够的面积和高度,保证多层货架的安装以及进货及发货通道的畅通。仓库面积应该根据备件周转量的大小和企业业务量的多少确定,库房面积一般应在 $200 \sim 500 \ m^2$。

② 备件仓库地面应能承受 $0.5 \ t/m^2$ 重压,表面涂以树脂漆,以防清扫时起灰尘。

③ 配备专用的备件搬运工具,配备一定数量的货架、货筐等,配备必要的通风、照明及防火设备器材。

④ 宜采用可调式货架,便于调整和节约空间;货架颜色宜统一,一般中型货架和专用货架必须采用钢质材料,小货架不限,但必须保证安全耐用。

⑤ 配件仓库应有足够的通风、防盗设施，保证光线明亮、充足、分布均匀，避免潮湿、高温或阳光直射。

（2）仓库布置的原则

① 仓库各工作区域应有明显的标牌，如收发货区、索赔区、车间领料出货口、备货区、危险品库房等，如图4-5所示。

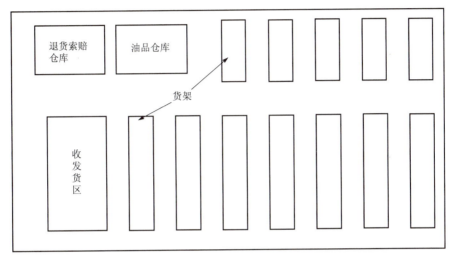

图4-5　仓库各工作区域

② 有效利用有限的空间，根据库房大小及库存量，按大、中、小型及长型进行分类放置，以便于节省空间；用纸盒来保存中、小型备件，用适当尺寸的货架及纸盒，将不常用的备件放在一起保管；留出用于新车型备件的空间，无用备件要及时报废。

③ 货架的摆放要整齐划一，仓库的每一过道要有明显的标志，货架应标有位置码，货位要有备件号和备件名称。

④ 防止出库时发生错误，应将备件号完全相同的备件放在同一纸盒内；不要将备件放在过道上或货架的顶上；备件号接近、备件外观接近的备件不宜紧挨存放。

⑤ 为避免备件锈蚀及磕碰，必须保持完好的原包装；易燃、易爆物品应与其他备件严格分开管理，对于易燃、易爆物品要重点保管，如空调制冷液、安全气囊本体、清洗剂、润滑液等，存放时要考虑防火、通风等问题，库房内应有明显的防火标志。

⑥ 必须设置索赔仓库，存放索赔零件。索赔件的保管和运输由备件部负责，索赔员参与管理。

（3）仓库管理规定

① 仓库管理人员要努力学习业务技能，提高管理水平，必须熟悉备件仓库的汽车备件品种信息，能熟练操作计算机，掌握库存物资质量和存放位置，能够快速准确地进行发货及各种出库操作。

② 库存汽车备件和材料应根据其性质和类别分别存放，汽车备件根据其维修用量、换件频率摆放，例如维修用量小、换件频率低的备件放置在离收发区较远的区域，放置在货架的最高层。备件摆放做到库容整齐、堆放整齐、货架整齐、标签整齐如图4-6

所示。

③ 仓库管理要达到库容清洁、物资清洁、货架清洁、料区清洁。仓库内禁止吸烟，须放置灭火器，并定期检查和更换。

④ 对库存汽车材料和备件要根据季节气候勤检查、勤盘点、定期保养，及时掌握库存量变动情况，避免积压、浪费和丢失，保持账、卡、物相符；对塑料、橡胶制品的备件要做到定期核查和调位。

⑤ 库存汽车材料和备件要做到账机（指计算机）、账物相符，严禁相同品名不同规格和产地的备件混放在一起。

⑥ 库内不允许有账外物品；非仓库人员不得随便入内，仓库内不得摆放私人物品；索赔件必须单独存放。

⑦ 备件发放要有利于生产、方便维修人员，做到深入现场，满足工人的合理要求。

⑧ 危险品库管理要达到无渗漏、无锈蚀、无油污、无事故隐患。

图 4-6　库存备件摆放

⑨ 严禁发出有质量问题的备件，因日常管理、保养不到位及工作失误造成物资报废或亏损的，应视其损失程度追究赔偿责任。

⑩ 索赔备件应该整齐地摆放在货架上，必须挂有标签，标签上注明零件名称、索赔车辆牌照号码、零件更换下来的日期。索赔零件要定期检查，按汽车生产企业备件部门的相关规定及时运回汽车生产企业备件部门。

2. 库内备件管理

对库内汽车备件管理，主要包括汽车备件的卡、账管理和库存盘点管理。现代汽车备件管理主要靠计算机管理，各大汽车厂都有自己的零备件管理软件供给4S店。大多数软件适用于国际汽车零备件贸易，对于不同的4S店在软件中则有更详细的内容设置。

（1）卡、账管理

卡、账管理就是根据各仓库的业务需要制定汽车备件卡、汽车备件保管账，利用备件卡和保管账对库内备件加以管理。汽车备件卡常见的有两种形式：

保管卡片：多栏式保管卡适用于同一种汽车备件分别存放在好几个位置时使用的卡片。

货垛卡片：汽车备件储存必须根据其性能、数量、包装质量、形状等要求，以及仓库条件、季节变化等因素，采用适当方式整齐稳固地堆存，称为货垛，根据货垛设计卡片。

（2）库存盘点管理

为了掌握库存汽车备件的变化情况，避免备件的短缺丢失或超储积压，必须对库存零备件进行盘点。盘点的内容是查明实际库存量与账卡上的数字是否相符，检查收发有无差错，查明有无超储积压、损坏、变质等。对于盘点出的问题，应组织复查、分析原因、及时处理。盘点方式有永续盘点、循环盘点、定期盘点和重点盘点等。永续盘点是指保管员每天对有收发动态的汽车备件盘点一次，以便及时发现问题，防止收发差错；循环盘点是指保管员对自己所管物资分轻重缓急,做出月盘点计划,按计划逐日盘点;定期盘点是指在月、季、年度组织清仓盘点小组,全面进行盘点清查,并造出库存清册;重点盘点是指根据季节变化或工作需要,为某种特定目的而对仓库物资进行的盘点和检查。

对库内备件管理还应注意以下问题:

① 合理损耗。对容易挥发、潮解、溶化、散发、风化的物资,允许有一定的储耗。凡在合理储耗标准以内的,由保管员填报《合理储耗单》,经批准后,即可转财务部门核销。

储耗的计算一般一个季度进行一次,计算公式如下:

合理储耗量=保管期平均库存量×合理储耗率

实际储耗量=账存数量-实存数量

储耗率=(保管期内实际储耗量/保管期内平均库存量)×100%

实际储耗量超过合理储耗部分作盘亏处理,凡因人为因素造成物资丢失或损坏,不得计入储耗内。由于被盗、火灾、水灾、地震等原因及仓库有关人员失职,使备件数量和质量受到损失者,应作为事故向有关部门报告。

② 盈亏报告。在盘点中发生盘盈或盘亏时,应反复落实、查明原因、明确责任,由保管员填写《库存物资盘盈盘亏报告单》,经仓库负责人审签后,按规定处理。

在盘点过程中,还应清查有无本企业多余或暂时不用的汽车备件,以便及时把这些备件调剂给其他需用单位。

③ 报废削价。由于保管不善,造成霉烂、变质、锈蚀等备件;在收发、保管过程中已损坏,并已失去部分或全部使用价值的备件;因技术淘汰需要报废的备件,等等。经有关方面鉴定,确认不能使用的备件,由保管员填制《物资报废单》报经审批。

由于上述原因需要削价处理的,经技术鉴定,由保管员填制《汽车备件削价报告单》,按规定报主管审批。

 案例

王先生的花冠轿车,加速时车辆发抖。到维修站检查确定是第3缸点火器线圈损坏,但维修站没有备件,经联系后,维修站的接待员告诉杨先生,备件大约3天才能到货。杨先生住的地方离维修站有200多千米,他很不情愿,但也很无奈。3天后,杨先生接到电话,说点火线圈到货。他告诉对方,明天去更换。次日,当杨先生开着他的病车跑了200多千米到了维修站。业务接待员很抱歉地对他说:"我们真是万分抱歉,昨天一辆花冠车,也是点火线圈故障。由于备件人员不知道这是给您预备的,将备件发给了那位车主。"杨先生的愤怒是可想而知的。虽然业务接待员连连道歉,杨先生还是用高嗓门、拍桌子等方式发泄了他的不满。他开着他的病车往回走的时候,发现车况越来越差,这更增加了他对这家维修站的不满,他发誓再也不到这家维修站修车了。

三、汽车备件发货管理

仓库发货必须有正式的单据为凭,所以第一步就是审核汽车备件出库单据,主要审核汽车备件调拨单或提货单,查对其名称有无错误,必要的印鉴是否齐全和相符,备件品名、规格、等级、牌号、数量等有无错填,填写字迹是否清楚,有无涂改痕迹,提货单据是否超过了规定的提货有效日期。如发现问题,应立即退回,不许含混不清地先行发货。

1. 凭单记账

出库凭单经审核无误，仓库记账员即可根据凭单所列各项对照登入汽车备件保管账，并将汽车备件存放的货区库房、货位，以及发货后应有的结存数量等批注在汽车备件出库凭证上，交保管员查对配货。

2. 据单配货

备件管理员根据出库凭证所列的项目核实，并进行配货。属于自提出库的汽车备件，备件管理员需要将货配齐，经过复核后，再逐项点付给要货人，当面交接，以清责任；属于送货的汽车备件，如整件出库的，应按分工规定，由保管员或包装员在包装上刷写或粘贴各项发运必要的标志，然后集中待运；必须拆装取零拼箱的，保管员则从零货架提取或拆箱取零（箱内余数要点清），发交包装场所编配装箱。

随着微机的发展，汽车备件的管理也越来越多地采用了微机管理，即汽车零部件仓库条码管理系统。该系统主体是建立在IT基础上，是结合客户具体的业务流程、整合无线条码设备的系统，运用条形码自动识别技术，在仓库无线作业环境下，适时记录并跟踪产成品入库、出库，以及销售整个过程的物流信息，为产成品销售管理及客户服务提供支持，进一步提高企业整个仓库管理及销售的质量和效率。

货物入库时，首先由条码采集终端记录外包箱上的条码信息，选择对应采购信息和仓库及货位信息；然后批量地把数据传输到条码管理系统中，系统会自动增加相应库存信息，并记录相应的产品名称、描述、生产和采购日期；零部件入库上架作业过程中，系统均与采集终端进行自动校对和传入，实现自动化作业流程控制，如自动生成拣货单并下载到终端、自动比对拣货数量、自动传送拣货信息到后台系统。自动化的作业流程可以极大限度地提高入库工作效率。

作为仓库管理重要的一步工作环节，每到一定时间都要进行盘库作业，以确保库存准确无误，防止资产流失。借助于条码管理系统，盘库作业将变得非常轻松。条码数据采集终端一个主要功能就是进行盘点作业，所以又称"盘点机"。盘点管理时，系统会产生盘点单，可以根据仓库规模的大小，选择是全仓位盘点还是分仓位盘点。不但可以准确地计算出理论库存和实际库存的差距，还可以精确定位到出现差错产品的条码，继而可以有效追踪到单品和相关责任单位。

复习思考题

1. 如何做好汽车备件的入库管理？
2. 备件仓库布置有哪些原则？
3. 选择备件供应商应该考虑哪些方面？

模块五 索赔管理

△ 汽车售后服务管理（第3版）

🚗 学习导入

一辆出租公司的捷达车（底盘号：20004781；发动机号：ATK206863），购车日期是2012年1月18日，按规定7 500 km内进行了首次保养。在2012年7月24日行驶58 900 km时，因右后减震器漏油而提出索赔的要求。这辆车能正常索赔吗？如果能进行索赔，请完成相关索赔信息的填写工作。

🚗 学习目标

1. 了解整车和备件的质量担保要求。
2. 熟悉汽车索赔条例、汽车索赔原则、备件索赔原则。
3. 掌握零件索赔流程及《索赔登记卡》的填写内容。
4. 熟悉索赔件的管理要求。
5. 了解外出服务管理规定。
6. 了解汽车生产企业对经销商索赔管理的要求。

单元一　汽车产品的质量担保

众所周知，所有的商品都有质保期，也称为商品的质量担保期。汽车也一样，所有的汽车生产企业一般都会给出行驶时间和行驶里程两个质量担保期的限定条件，而且还要以先达到者为准。为了保护家用汽车产品消费者的合法权益，明确家用汽车产品修理、更换、退货（以下简称三包）责任，根据有关法律法规，国家质检总局网站于2013年1月15日发布了《家用汽车产品修理、更换、退货责任规定》（以下简称《规定》），明确了家用汽车产品修理、更换、退货（以下简称"三包"）责任由销售者依法承担。同时明确了生产者、销售者和修理者的义务。该《规定》自2013年10月1日起施行。

《规定》明确了在我国境内生产、销售的家用汽车产品，"三包"责任由销售者依法承担。销售者依照规定承担"三包"责任后，属于生产者的责任或者属于其他经营者的责任的，销售者有权向生产者、其他经营者追偿。鼓励家用汽车产品经营者作出更有利于维护消费者合法权益的严于本《规定》的"三包"责任承诺，承诺一经作出，应当依法履行。家用汽车产品经营者不得故意拖延或者无正当理由拒绝消费者提出的符合《规定》的"三包"责任要求。

《规定》明确了"三包"责任。家用汽车产品包修期限不低于3年或者行驶里程6万km，以先到者为准；家用汽车产品"三包"有效期限不低于2年或者行驶里程5万km，以先到者为准。家用汽车产品包修期和"三包"有效期自销售者开具购车发票之日起计算；以下5种质量问题可退换车：

① 从销售者开具购车发票60天内或者行驶里程3 000 km之内，出现转向系统失效、制动系统失效、车身开裂、燃油泄漏。

② 在"三包"有效期内，严重的安全性能故障累计做2次修理仍然没有排除故障，或出现新的严重安全性能故障。

③ 在"三包"有效期内，发动机变速器累计更换2次，或它们的同一主要零件累计更换2次仍然不能正常使用。

④ 在"三包"有效期内，转向系统、制动系统、悬架系统、前后桥、车身当中的同一主要零件累计更换2次仍然不能正常使用。

⑤ 在"三包"有效期内，因产品质量问题修理时间累计超过35日的，或者因同一产品质量问题累计修理超过5次的，消费者可以凭三包凭证、购车发票，由销售者负责更换。

《规定》指出，生产者应当严格执行出厂检验制度，未经检验合格的家用汽车产品，不得出厂销售；销售者应当建立并执行进货检查验收制度，验明家用汽车产品合格证等相关证明和其他标志。销售者销售家用汽车产品，应当符合向消费者交付合格的家用汽车产品及发票等要求；修理者应当建立并执行修理记录存档制度。书面修理记录应当一式两份，一份存档，一份提供给消费者。

《规定》对退换的车辆还作了如下规定：

(1) 退换车按二手车销售

汽车三包实施后，一旦消费者退换车成功，商家是否能将退换后的车修复后再卖？

对此，质检总局相关负责人解释：对于"三包退换车"，可以在修复之后按二手车销售。再次销售时应当向购买者明示该车为"三包退换车"，并且应当说清退换的原因。其三包责任可以由双方协商后在购车合同中确定。

(2) 退换车信息"三包"网站可查

在美国，消费者退换的瑕疵车被称为"柠檬车"，再次出售时所有权证书上必须标记"柠檬法买回"标记，而且流通过程永远带有这一标记。

中国汽车"三包"后产生的"柠檬车"，会不会逐渐隐藏身份信息当作普通二手车售卖？

国家质检总局缺陷产品管理中心主任陈玉忠表示，"三包"信息的公开透明，是保护消费者的最佳途径。目前，正在建立的汽车三包备案信息管理系统，车企需要备案的信息有生产者基本信息、车型信息、约定的销售和修理网点信息、产品使用说明书、三包凭证、维修保养手册、车辆识别代号（VIN）编制规则等。

更重要的是，各级质监部门、消费者权益保护组织参与处理的汽车"三包"争议信息、仲裁和诉讼信息，汽车产品更换、退货信息，汽车产品质量担保相关统计信息等，也将在备案信息系统中发布，消费者可以通过汽车"三包"网查询，这样退换车的真实身份将难以被隐藏。

2013年8月9日，中国汽车三包网已投入试运行，向消费者提供汽车"三包"政策法规和知识查询的同时，会陆续发布汽车厂商的"三包"备案信息。

此外，关于退换车产生的税费问题，国家税务总局已发布《关于车辆购置税税收政策及征收管理有关问题的补充通知》，因质量问题退车的，已缴税款每满1年扣减10%计算退税额，未满1年的按已缴税款全额退税。下面以北京市为例说明汽车"三包"服务退换车流程，见图5-1。

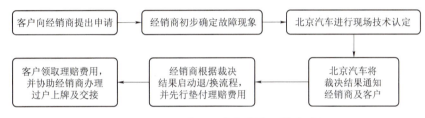

图5-1 北京汽车"三包"服务退换车流程

一、整车的质量担保要求

① 从本公司正常售出的家用产品新车的包修期限为3年或行驶里程10万km，以先到者为准；三包有效期为2年或者行驶里程5万km，以先到者为准。

② 整车的质量担保期是从汽车购买之日算起，汽车购买日以购车发票上的日期为起始时间；

③ 三包凭证须经经销商正确填写相关信息并签章后生效。

④ 对于出租营运用途的新购汽车的质量担保期为12个月或者10万km（以先达到者为准）。

⑤ 除了出租营运用途外的所有其他用途的新购汽车，质量担保期为三年或者10万公里（以先达到者为准）。

⑥ 在质量担保期内，如果用户变更了所购买的轿车的用途，所购买的轿车仍然享受原来的质量担保期，质量担保的期限和里程不作变更。

⑦ 如果处于质量担保期内的汽车出现了质量问题，由相应品牌经销商予以免费修理。质量担保期内，生产质量问题经本公司确认技术上无法修理时，予以更换车辆。如用户购买车辆符合国家《家用汽车产品修理、更换、退货责任规定》所规定的条件，则车辆质量担保期限以及质量担保内容和范围按该规定执行。

二、汽车备件的质量担保要求

汽车备件的质量担保期从经销商购买并在经销商处安装之日算起：原装备件的质量担保期为12个月或者10万km（以先达到者为准）。各个汽车生产企业还会根据车辆的实际情况作出特殊的规定。下面我们以捷达车为例，了解一下汽车特殊件和易损件的质量担保期（以先达到者为准）。

（1）捷达车特殊件的质量担保期（不同品牌规定不同）

控制臂球头销	12 个月/6 万 km
前后减振器	12 个月/6 万 km
等速万向节	12 个月/6 万 km
喇叭	12 个月/6 万 km
蓄电池	12 个月/10 万 km
氧传感器	12 个月/7 万 km
防尘套（横拉杆、万向节）	12 个月/6 万 km
三元催化转换器	24 个月/5 万 km

（2）捷达车易损件的质量担保期（不同品牌规定不同）

灯泡	6 个月/5 000 km
轮胎	6 个月/5 000 km
火花塞	6 个月/5 000 km
全车玻璃件	6 个月/5 000 km
前制动摩擦衬片、后制动蹄片	6 个月/5 000 km
风窗雨刮片	1 个月/行驶里程超过 1 000 km

小知识：汽车召回

汽车召回（RECALL）是按照《缺陷汽车产品召回管理规定》要求的程序，由缺陷汽车产品制造商进行的消除其产品可能引起人身伤害、财产损失的缺陷的过程，包括制造商以有效方式通知销售商、修理商、车主等有关方面关于缺陷的具体情况及消除缺陷的方法等事项，并由制造商组织销售商、修理商等通过修理、更换、收回等具体措施有效消除其汽车产品缺陷的过程（缺陷是指由于设计、制造等方面的原因而在某一批次、型号或类别的汽车产品中普遍存在的具有同一性的缺陷，具体包括汽车产品存在危及人身、财产安全的不合理危险，以及不符合有关汽车安全的国家标准、行业标准两种情形）。

世界上最早的汽车召回制度起源于20世纪60年代的美国。现在英国、德国、法国、日本、韩国、加拿大、澳大利亚、中国等很多国家都实行了汽车召回制度。在美国、日本以及欧洲国家，无论是轿车、客车还是一些专业车辆，当产品被发现存在缺陷时很多厂家都会采取主动召回的方式，避免消费者受到缺陷车辆的影响。

我国于2004年3月12日发布了《缺陷汽车产品召回管理规定》，并于2004年10月1日起开始正式实施。《缺陷汽车产品召回管理规定》由国家质量监督检验检疫总局、国家发展和改革委员会、商务部、海关总署联合制定并发布。在国内，从2006年3月15日到现在的几年时间里，几乎每隔一段时间就有一次来自汽车生产企业的召回公告，到现在为止，我国召回汽车的总量已经超过了150万辆。汽车召回的程序如图5-2所示。

对于汽车消费者来说早已经意识到，包括汽车在内的产品由于新技术、新材料、新工艺的不断应用，即使经过科学严谨的试验，在使用中也可能暴露出产品的设计缺陷和质量隐患。汽车召回制度的颁布为缺陷汽车的处理提供了规则和程序，同时也明确了汽车生产企业与客户的权益和责任。汽车生产企业一旦发现自己生产的产品有缺陷，坦诚、负责地召回，是向消费者展示企业对消费者负责的态度，是提升品牌形象的机会。

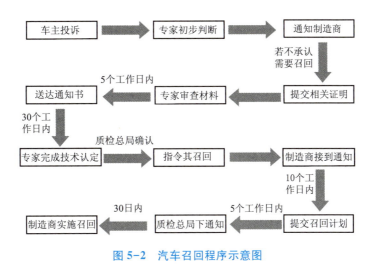

图 5-2 汽车召回程序示意图

单元二 索赔管理与索赔员岗位

对于一位汽车客户来说，购买了某个汽车生产企业的产品，就意味着他购买了这个汽车生产企业的售后服务，汽车生产企业为客户提供的索赔服务也是其中的一种。每个汽车生产企业经销商索赔员的言行体现了汽车生产企业售后服务的品牌形象，也关系到汽车生产企业的产品声誉。

一、经销商索赔员的工作内容

① 7 500 km 免费保养。

② 处理索赔业务。（说明：经销商索赔员在管理工作中，如果遇到了突发的批量索赔，需要将信息通报给经销商的技术经理，由技术经理确认故障问题，并在索赔网络系统中填报《车辆信息反馈单》。）

③ 索赔件管理。

二、经销商索赔员的岗位要求

① 接受过汽车生产企业的技术基础培训、索赔培训，经过汽车生产企业的售后服务部门批准才能从事索赔业务。

② 认真检查索赔车辆，严格执行质量担保条例及有关规定。

③ 坚持索赔原则，秉公办事，讲究效率，保证质量，廉洁服务。

④ 严格按照产品的技术规范要求对产品质量进行检查、测试和分析，准确判断故障原因，正确填报《索赔申请单》。

⑤ 了解掌握在使用、维修、保养中出现的问题。重大、疑难、特殊质量问题要在规定时间内向汽车生产企业反馈。

⑥ 向客户宣传汽车生产企业的产品及维修、保养和正确使用的常识。

三、汽车生产企业对经销商索赔工作的要求

① 索赔业务量每年在 2 000 台次（不同的品牌有不同的规定）以上的经销商，必须设 2

名索赔员。

② 对每月申报《索赔申请单》错误率高于30%（不同品牌的经销商有不同的规定）的经销商，在对其索赔员重新培训后，才可以办理索赔业务。

③ 为了使各个经销商索赔工作能够顺利开展，各个经销商的服务总监应该优先考虑索赔员参加技术培训。

④ 判定是否给用户办理索赔，只能由取得索赔员业务培训证书的索赔员或者由取得索赔员业务证书的服务顾问、服务经理、服务总监进行鉴定。凡是违反上述规定，汽车生产企业将会对经销商采取相应的惩罚措施。例如：将发现的此次索赔费用由经销商自行承担，停止该经销商索赔业务3个月，并在全国服务网对该经销商进行通报批评等等。

⑤ 索赔员一经培训，2年内不得更换。

四、经销商索赔员的培训程序

① 要求经销商索赔培训要提前一至两个月提出培训申请。

② 汽车生产企业的索赔组接到经销商培训申请后，进行资格审核。

③ 审核合格后需根据各经销商所提出的索赔培训申请统一制订培训计划并安排培训时间，通知经销商安排索赔员按时参加培训。

④ 培训合格后的索赔员，汽车生产企业的售后服务部门将发给培训证书。

单元三　索赔条例

汽车索赔就是汽车生产企业对所生产的汽车产品为客户提供的一种质量担保形式，在质量担保期内，由于产品质量问题导致的车辆故障，由汽车生产企业委托经销商为客户提供的车辆维修服务或者整车退换服务。

索赔管理是汽车售后服务管理中很重要的一部分，经销商可以利用索赔这项售后服务措施满足客户的合理要求，维护汽车生产企业的产品形象和提高经销商的服务满意度。

在质量担保期内，客户在规定的使用条件下使用车辆，由于车辆制造、装配及材料质量等原因所造成的各类故障或零部件的损坏，经过特许经销商检验并确认后均由汽车生产企业提供无偿维修或更换相应零件的费用（包括工时费和材料费），这就是索赔。

索赔的意义：一是使客户对汽车生产企业的产品满意；二是使客户对汽车生产企业的特许经销商的售后服务满意。这两个因素是维护公司和产品信誉以及促销的决定因素，其中，客户对售后服务是否满意最为重要。因为，如果客户对售后服务仅仅有一次不完全满意，那么无疑就会失去这个客户。相反，如果售后服务能够赢得客户的信任，使客户满意，那么就能够继续推销经销商的产品和服务。

索赔是售后服务部门的有力工具，可以用它来满足客户的合理要求。每个汽车生产企业的特许经销商都有义务贯彻这个制度，要始终积极地进行质量担保而不要把它视为负担，因为执行质量担保也是经销商吸引客户的重要手段。

大多数客户可以理解，尽管在生产制造过程中生产者足够认真，检验手段足够完善，但还可能出现质量缺陷。重要的是这些质量缺陷能够通过售后服务部门利用技术手段和优质的服务迅速正确地得到解决。汽车生产企业为客户提供的质量担保正是要展示这种能力，在客户和经销商之间建立一种紧密的联系并使之不断地巩固和加强。

各大汽车生产企业在产品文件上规定的质量担保期的基础上，还会提出一系列的条件来限制一些不合理的索赔要求。不同的汽车生产企业或者是相同的汽车生产企业在不同的时期制定的索赔条例可能都会有不同，但大的原则不会发生变化。下面是某汽车生产企业所制定的索赔条例和原则。

一、索赔条例

索赔也是汽车生产企业为消费者提供的一种质量担保，但由于以下原因造成的损坏不在客户向汽车生产企业索赔的范围之内：

① 由于汽车正常行驶而造成的零部件的正常磨损。

② 由于客户不遵守《使用说明书》及《保养手册》上的相关规定使用汽车，或超负荷使用轿车（如用作赛车），或驾驶习惯不当给汽车零部件造成的损坏（如捷达车的倒挡齿轮的损坏，都是由于驾驶者的操作不当造成的，一汽-大众汽车有限公司不为客户提供索赔服务）。

③ 车辆装上未经汽车生产企业许可使用的零部件，或车辆未经生产企业许可改装过，汽车生产企业有权拒绝客户的索赔要求。

④ 车辆在非汽车生产企业授权的特许经销商处保养、维修过。

⑤ 因为发生过交通事故造成汽车的损坏。

⑥ 由于经销商本身操作不当造成的损伤，经销商应承担责任并进行必要的修复。

⑦ 汽车生产企业的售后服务网络必须使用汽车生产企业备件部门提供的原装机油（带有专用包装桶），否则不给予首保费用及办理发动机及相关备件的索赔。

二、索赔原则

① 索赔期间的间接损失（车辆租用费、食宿费、营业损失等）汽车生产企业不予赔偿。

② 索赔包括根据技术要求对汽车进行的修复或更换，更换下来的零部件归汽车生产企业所有。

③ 经销商从汽车生产企业的备件部门订购的备件在未装车之前发生故障，可以向汽车生产企业的备件部门提出索赔。

④ 关于常规保养，汽车生产企业或客户已经支付给经销商费用，经销商有责任为客户的车辆做好每一项保养工作。如果客户车辆在经销商保养后，对保养项目提出索赔要求，应由经销商自行解决。

⑤ 严禁索赔虚假申报，若发生此种情况，责任由经销商承担。

⑥ 严禁使用非原厂备件办理索赔，若发生此种情况，责任由经销商承担。

⑦ 空气滤清器、机油滤清器、燃油滤清器不予索赔。

⑧ 对于汽车使用维护过程中需要进行的调整项目，各汽车生产企业不单独为客户办理索赔项目，具体的调整项目如下：发动机 CO 值调整；发动机正时齿带、压缩机皮带张紧度调整；轮胎动平衡检查调整；发动机控制单元基本设定；发动机燃油消耗测定；需要使用检测仪器进行的检测调整；车轮定位参数的调整（前束、外倾）；大灯光束调整；汽车行驶超过首保里程，如果空调系统需要加注 R134a 的情况。

三、备件索赔原则

① 从客户在经销商处购买零件并在经销商处更换之日起（日期以发票为准），如果所购买的备件在1年内且汽车行驶里程不超过10万km（这是一汽-大众汽车有限公司的规定，对于不同的汽车生产企业可能规定会略有不同），出现质量问题，客户有权向汽车生产企业的特许经销商提出索赔（特殊件和易损件按相关规定执行）。

② 关于备件索赔的有关规定说明：

- 对于蓄电池的索赔：有的汽车生产企业对于在中转库存储的车辆，需要检查商品车的出厂日期，如果蓄电池发生故障的日期距离出厂日期超过1年的商品车，只有蓄电池断格故障经销商才可以向汽车生产企业提出索赔申请，对于蓄电池电量不足的情况，经销商不能向汽车生产企业提出索赔申请。
- 对于传动轴总成、空调系统及后桥总成的索赔，汽车生产企业原则上不予受理。如果有特殊原因需要索赔，经销商必须做出对索赔原因的书面说明，并传真至售后服务部门的相关负责人，审核批准后，才能办理传动轴总成、空调系统及后桥总成的索赔。

单元四　索赔程序

客户在汽车生产企业规定的质量担保期内，因为产品质量问题向经销商提出索赔的时候，经销商按照汽车生产企业的规定必须遵循一定的流程完成客户的索赔工作。一般汽车生产企业的索赔流程如图5-3所示。

一、零件索赔流程

1. 客户向经销商索赔

① 客户在使用车辆的过程中，发现车辆出现故障或者存在缺陷，应当向汽车生产企业的特许经销商（以下简称经销商）提出索赔要求。

② 经销商的服务顾问查看客户的《行车证》《保养手册》，验车校对发动机号、底盘号及行驶里程，对故障车辆进行鉴定。在质量担保期内，符合质量担保条例的车辆给予索赔，维修工时费、材料费不与客户结算。

③ 经销商的服务顾问询问并确定车辆的故障部位、原因；初步确定是不是符合"索赔原则"，如果判断符合"索赔原则"，由服务顾问开具《任务委托书》，客户签名，第一联《任务委托书》由客户保存；如果判断不符合"索赔原则"，则由服务顾问向客户说明原因，经客户同意后开具《任务委托书》，进行正常的维修处理。

④ 对于索赔车辆，服务顾问派工并将《任务委托书》的第二联交给维修技师。维修技师依照《任务委托书》的要求对索赔车辆进行拆修检查，确定损坏的零部件。

⑤ 经销商的索赔员对待索赔件进行真假件的鉴定，根据"索赔原则"判断是否符合索赔条件，如果不符合索赔条件则交给服务顾问处理。

⑥ 如果确定客户车辆符合"索赔原则"，经销商确认同意为客户索赔，还要视索赔件金额的大小执行不同的索赔程序。不同的汽车生产企业对索赔件的管理不同，所以对索赔件金额的限定值也不同。有的汽车生产企业规定索赔金额在5 000元以下的，由经销商索赔员依照

索赔原则处理；索赔件价值超过 5 000 元以上，经销商要请示售后服务部门的现场服务代表，并在索赔软件管理系统中录入《车辆故障信息报告》，现场服务代表网上批准后，经销商才可以为客户办理索赔业务。

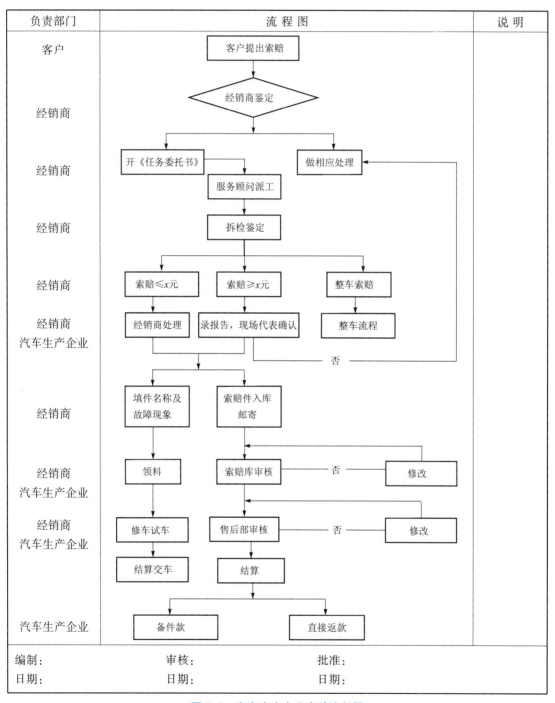

图 5-3 汽车生产企业索赔流程图

⑦ 对于经过索赔员或者是汽车生产企业的现场服务代表确认可以索赔的车辆，索赔员

在《任务委托书》上签字,并且要在《任务委托书》上填写索赔件的名称及故障现象。具体程序如下:

- 索赔员对完成索赔的车辆填写《索赔登记卡》并录入索赔软件管理系统(要求距修理日期20日内),维修技师将索赔件交给索赔员,索赔员验收索赔件后在《任务委托书》上填写《索赔申请单》(图5-4)号,负责粘贴条形码并对索赔件进行管理,将索赔内容录入索赔软件管理系统,同时还要将《索赔申请单》上传到索赔软件管理系统。索赔件每月都要按汽车生产企业的规定按时返回到指定地点(先网上录入再返件)。

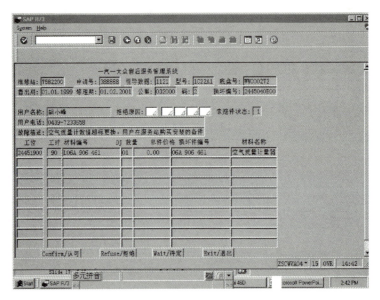

图 5-4 《索赔申请单》

- 索赔员将《索赔申请单》录入索赔软件管理系统时,《索赔申请单》的索赔件状态为"*1",汽车生产企业索赔库管理员对经销商邮寄过来的索赔件对照《索赔申请单》进行审核,如果索赔件的状态与《索赔申请单》上的内容相符合,则《索赔申请单》上的索赔件状态为"*2",若索赔件的状态与《索赔申请单》上的内容不相符合,则《索赔申请单》上的索赔件状态为"*0";如果索赔件未到,则《索赔申请单》上的索赔件状态仍然为"*1";对于索赔修理确认合格的索赔件状态为"*3";售后服务部索赔员对索赔件状态为"*2""*3"的《索赔申请单》分别进行审核,合格的《索赔申请单》状态变为"*2",错误的拒绝,《索赔申请单》的状态变为"*0";

- 由经销商索赔员对索赔件状态为"*0"或者《索赔申请单》状态为"*0"的《索赔申请单》进行修改,修改期限为20天。

⑧ 备件管理员依照《任务委托书》的内容打印领料单,维修技师领料、装车、试车,将车钥匙及《任务委托书》的第二联交给服务顾问,服务顾问再交给结算员。

⑨ 结算员依照索赔《任务委托书》的内容打印结算单,共两联、客户签名,第一联客户留存,第二联及索赔《任务委托书》的第二联交给索赔员存档。

2. 经销商向汽车生产企业索赔

① 索赔软件管理系统每月分4次将确认的《索赔申请单》转入索赔结算库,经销商

根据索赔软件管理系统中"经销商月结算"信息开具增值税发票,并将发票按要求录入索赔软件管理系统(请在发票备注栏填写经销商代码),每月按规定为经销商进行索赔结算。

② 发票经过汽车生产企业的财务人员审核无误后,汽车生产企业的财务部门通过索赔软件管理系统直接将索赔款转为备件款,如果经销商有特殊需求,可以写书面申请直接返款。

3. 汽车生产企业向零部件生产企业索赔

① 汽车生产企业的售后服务部门把审核后的《索赔申请单》按协作厂分类,并打印《售后服务外协件索赔单》。

② 通知财务部将索赔款从协作厂货款中扣除。

③ 通知协作厂,在规定时间内取回索赔件,如果没按规定领取,将做销毁处理。

二、整车索赔流程

① 客户提出整车索赔的要求后,经销商服务总监填写《整车索赔申请表》(表5-1),报汽车生产企业的区域负责人员。

② 汽车生产企业的现场服务代表初步判断是否符合整车索赔原则,技术经理进行技术鉴定并向售后产品责任部及现场服务代表反馈鉴定结果。

③ 经销商将汽车生产企业区域负责人批复的《整车索赔申请表》和情况说明报给售后产品责任部门。

④ 产品责任部门负责上报各级领导审批并将审批结果反馈给区域相关人员,由现场服务代表和经销商共同为客户办理相关手续。更换整车原则上应该在客户原来购车的经销商处进行,特殊情况可在区域现场服务代表指定的经销商处进行。经销商向客户收取折旧费用(按《整车索赔申请表》中汽车生产企业审批标注的数目)。

表5-1 《整车索赔申请表》

经销商代码:				编号:	
客户单位				联系人	
地址				电话	
车型		底盘号		发动机号	
领证日期		里程数		变速器号	
故障现象:					
检查分析结果(必要时提供数据、图示和照片): 鉴定人:　　　电话:　　　公章:　　　日期:					
售后服务部门处理意见: 处理人:　　　　　科长:　　　　　日期:					

续表

售后服务部处理意见：				
		部长：	日期：	
主管总经理意见：				
		总经理：	日期：	
提车各部门程序				
售后服务：		储运部门：		经销商：
经办人： 日期：	经办人： 日期：	底盘号		
		发动机号		
		颜色		
		经办人：		
		日期：		

⑤ 经销商凭《整车索赔申请表》到区域商品车中转库提车，同时将旧车发送到区域商品车中转库；区域的相关人员将《整车索赔申请表》转给订单管理部门和财务部门，由财务部门负责在经销商的购车款中扣除车辆折旧费用。

⑥ 经销商负责与客户办理车辆的交接手续。经销商负责支付换车过程中发生的相关费用，准备相关材料，经过区域现场服务代表确认后，传给售后的产品责任部门；客户将原来的购车发票退还经销商，同时经销商为客户开具新购车发票。

三、《索赔登记卡》的填写

为了使各个经销商的索赔申请及时被认可，索赔款迅速转为备件款，并及时准确地将索赔件的质量信息反馈给汽车生产企业的质保和产品等相关部门进行质量分析，指导零部件生产企业改进设计或生产工艺，提高产品质量，经销商必须按要求准确填写《索赔登记卡》（各个汽车生产企业会有不同，但作用和内容大致相同）中的每一个数据，切勿遗漏。

下面以一汽-大众汽车有限公司的《索赔登记卡》为例，逐项解释需要填写的内容（《索赔登记卡》模板见表5-2）。

1. 服务站编码

对于一汽-大众汽车有限公司的经销商来说，他的编码由7位数字组成，由售后服务部门提供。其中 汽-大众汽车有限公司编号为左起3位数字758（1、2、3位）；地区编号为2位数字（4、5位）；经销商编号为2位数字（6、7位）。

2. 《索赔申请单》编号

由6位数字组成，前2位代表年份，后4位代表序号；每年年底，售后服务部门都会以文件的形式规定下一年度的《索赔申请单》编号形式。

表 5-2 《索赔登记卡》模板

| 一汽-大众 PAW-VOLK3WAGBN | 索 赔 登 记 卡 | 一汽 VW |

服务站编号 7 5 8 ☐☐☐☐
申请单编号 ☐☐☐☐☐☐☐☐
任务委托书 ☐☐☐☐☐☐☐☐☐☐☐☐☐
索赔类别 国产-A ☐ 进口-C ☐ CAP-S ☐
引导数据 ☐☐☐☐
型　　号 ☐☐☐
RA 标记 ☐
车辆类别 ☐
底 盘 号 ☐☐☐☐☐☐☐☐☐☐
发动机号 ☐☐☐☐☐☐☐☐☐
售出日期 ☐☐☐☐☐☐
修理日期 ☐☐☐☐☐☐
公 里 数 ☐☐☐☐☐☐
损坏编号 ☐☐☐☐☐☐☐☐☐
客户姓名＿＿＿＿　客户电话＿＿＿＿
故障描述＿＿＿＿＿＿＿＿＿＿＿＿＿
＿＿＿＿＿＿＿＿＿＿＿＿＿＿＿＿＿
＿＿＿＿＿＿＿＿＿＿＿＿＿＿＿＿＿

工位 ☐☐☐☐ / ☐☐☐☐

服务站索赔业务专用章

材料编号 （多行方框） 数量 （方框）

损坏件 （多行方框）

3. 任务委托书

由 13 位数字组成，前 2 位数字代表修理类别，后 11 位分别代表年、月、流水号。此项应注意：

① 修理类别的表示形式：0—首保，1—索赔，2—保养，3—小修，4—大修，5—事故车，6—返工。

② 年、月、流水号的表示形式：当前年 4 位、当前月 2 位、流水号 5 位。

③ 例如，对于 2004 年的第一个索赔申请，它的索赔《任务委托书》可以表示为：1-20040100001。

4. 索赔类别

用一个大写字母表示（由索赔件的来源决定）（国产厂家 A、进口厂家 C、一汽-大众的自制件为 S）；对于超出 1 年发生的进口件索赔，索赔类别为"S"，厂家代码为"CAP"。

5. 引导数据

由 4 位数字组成，代表各类质量担保形式的可能性。每一位数字都有一定的代表作用，各位数字代表的含义如下：

① 第一位数字代表保用车型，用 3 个数字对不同的车型加以区分：1—大众轿车；2—大众载重车；4—奥迪轿车。

② 第二位数字代表记账形式：1—贷方凭证；2—额外支付款额；3—客户全付款额。

③ 第三位数字代表保用内容，用 8 个数字分别代表不同的保用内容：1—整车；2—新部件；3—修复件；4—工业用发动机；5—油漆；6—锈蚀；7—返修；8—库存部件。

④ 第四位数字代表合同方式，用 4 个数字加以区分：1—保用；2—保用期外优惠待遇（根据保用期外优惠待遇有关规定）；3—保用期外优惠待遇（征得有关人员同意）；4—保用期外优惠待遇询问书。

一汽-大众汽车有限公司大众品牌现有车型最常用的引导数据如表 5-3 所示。

表 5-3　一汽-大众现有车型最常用引导数据

车　　型	原车索赔/优惠索赔	备件索赔/行动索赔
大众车型	1111/1112	1121/11X1

6. 型号

由 6 位数字或字母组成，详细说明如下：

① 第一位、第二位代表车型，例如，Jetta——1G；宝来——1J；开迪——2K；迈腾——9X；速腾——9L；高尔夫——2J；进口迈腾——3C。

② 第三位代表车身类型。

③ 第四位数字代表车辆的装备。

④ 第五位用字母代表发动机的分类：M 代表汽油机；D 代表柴油机。

⑤ 第六位用字母代表传动器的分类：用 A 代表 01M 自动变速器；用 S 代表 5 挡手动变速器。

7. RA 标记

用 1 位数字表示，对索赔件的修理种类加以区分。对损坏部件进行修复，填写"1"，对损坏部件进行更换，填写"2"。此项应注意：

① 对于外出服务、运费、油漆、修复、充 R134a 及各种油（液）类的补充等 RA 标记必须为"1"。

② 为了保证见件索赔的严密性，凡是发生材料费用而没有旧件返回的索赔，像蓄电池、玻璃等的更换，RA 标记为"2"。具体做法为将条形码附在索赔件挂签上，与《索赔件验收清单》一起放在索赔件包装箱内寄到汽车生产企业的售后服务部指定地点。

8. 车辆类别

用 1 个字母表示，代码符号代表的含义是：T—出租车，W—商品车，B—公务用车，P—个人用车。

9. 底盘号

填写底盘号码的后 8 位。

10. 售出日期

对于整车也就是购车日期，以购车发票上的日期为准（一台车只填写一个日期）；共 6 位，日、月、年份各 2 位。例如，购车日期为 2004 年 1 月 20 日，则该日期应填写"200104"。备件索赔的售出日期填写备件购买、安装日期。

11. 修理日期

由 6 位数字组成，日、月、年份各 2 位。

12. 里程数

车辆修理时的行驶里程，靠右侧填写。

13. 损坏编号

损坏编号必须填写 10 位数，具体编号详见《故障代码》。

14. 客户姓名、电话

详细准确地填写客户姓名、电话，公务用车请填写单位名称、电话。

15. 故障描述

详细准确地填写故障现象及原因，语言要简练。

16. 工位

用 8 位数字表示，工位必须按照相应的《工位工时定额》进行填写。

单元五　索赔件的管理

一、经销商索赔件库管理规定

① 汽车生产企业的特许经销商的索赔件库为独立库房（独立区间），不得与其他厂家产品混放。

② 索赔件应分区、分类存放，国产、进口件分开存放。

③ 索赔件库存放的索赔件应为近 1 个月以内的索赔件。

④ 索赔件必须粘贴或拴挂相应的条形码。

⑤ 索赔件库货架上应粘贴相应的分类、分组标签。

二、索赔件的管理

1. 索赔件条形码

索赔件要粘贴或拴挂条形码，方便"见件索赔"，条形码如图 5-5 所示。

图 5-5　索赔件条形码

2. 索赔件操作规范

（1）索赔件条形码粘贴要求

对于有平整表面的索赔件，条形码可以直接粘贴在索赔件平面的空白处。为便于条形码扫描，还要注意以下要求：

① 条形码不能粘贴在索赔件的外包装盒上。

② 条形码不能粘贴在索赔件有油污或灰尘的面上。

③ 条形码不能折着或弯曲粘贴在索赔件上。

④ 条形码不能粘贴在索赔件上有文字、数字、字母和图形处。

适合这种要求的索赔件有：门锁、电脑、轮辋、收放机、发动机、变速器、保险杠、仪表台、蓄电池（条形码不能粘贴在上面；必须粘贴在侧面）、后桥、制动摩擦片、制动盘、制动鼓、空调等。

（2）条形码拴挂要求

对于不能直接粘贴条形码的索赔件，需要先将条形码粘贴在索赔挂签上，再将索赔挂签牢固地拴挂在索赔件上。索赔挂签拴挂位置选择：

① 索赔件上有小孔处。
② 拴挂在闭环处、柱型的凹处。
③ 在索赔件上用胶带、绳、铁丝人为制成闭环来拴挂索赔挂签。

（3）多个索赔件的捆绑要求

一张《索赔申请单》对应有2件或2件以上索赔件时，索赔件必须都捆绑在一起，而且要保证扫描人员能直接看到厂家代码、厂家标识、生产日期等标记。对于轻、软、钝的索赔件可以使用绳或胶带捆绑，对于重、硬、锐的索赔件必须用铁丝捆绑。

（4）索赔件清洗要求

① 存有机油、汽油、冷却液等液体的索赔件必须将残液倒放干净。适合这种要求的索赔件有：发动机、变速器、汽油箱、汽油泵、水箱、冷却液罐、动力转向机、转向助力泵、转向助力油罐、制动分泵等。

② 索赔件粘有油污、泥土等污物，必须清洗干净。适合这种要求的索赔件有：发动机总成及散件、变速器总成及散件、汽油箱、减振器、内、外等速万向节及护套、转向机、消音器等。

3. 索赔件返件方法

① 各经销商将贴好条形码或拴挂好条形码挂签的索赔件，分类装箱（不同车型零件单独装箱并贴好标签、有"原包装"的索赔件单独装箱），并附有《经销商索赔件验收清单》，装箱单一式三份，中心库、中转库、经销商各一份；要求用中铁快运的方式，如距离较近的也可用其他方式运送，但必须有专人负责。

② 蓄电池、玻璃件的特殊说明：非铁路运输必须送到；如通过铁路运输可不返回，销毁处理须征得售后服务部有关人员同意。

③ 索赔件返件原包装说明：备件原包装的，按备件包装标准独立包装索赔件，同时按要求拴挂索赔件挂签，用胶带封好包装盒，粘牢即可；原装备件无包装的索赔件，直接按要求拴挂索赔件挂签即可；有塑料堵的备件，拆下后必须堵到索赔件上，防止索赔件漏油；对于空气流量计、电子控制单元（发动机、自动变速器、ABS、安全气囊）、节流阀体及氧传感器，索赔件返件时需附上打印出来的故障诊断结果，同时将底盘号打印（或手写）上去。

4. 索赔件运费的结算方法

邮寄索赔件的运费采取实报实销的方法，服务站索赔员将运费发票复印件寄往售后服务部门索赔组，要求在运费发票复印件上填写"申请申请单编号"，以此作为结算依据；经销商索赔员将索赔件运费以《索赔申请单》的形式录入索赔软件管理系统。

5. 损坏件拒绝索赔的原因说明

- 01—假件。
- 02—《索赔申请单》厂家代码与损坏件不符。
- 03—《索赔申请单》与损坏件不符。
- 04—《索赔申请单》填报数量与损坏件不符。
- 05—损坏件缺损。
- 06—非正常损坏件。
- 07—经私自改装件。

- 08—损坏件号不符。
- 09—里程数不符。
- 10—生产日期不符。
- 11—特殊件超期索赔。
- 12—待鉴定是否索赔。
- 13—损坏件未清洗。
- 14—条形码粘贴不合格。

注意：若拒绝原因为"02"项，可以修改《索赔申请单》。

单元六　客户索赔的案例处理

一、零件的索赔案例

1. 案例描述

车主赵女士于 2013 年 3 月购入某品牌轿车，洗车后发现前照灯灯罩内有水珠凝结。赵女士通过与 4S 店技术人员电话咨询，了解到前照灯灯罩内凝结的水珠是由于洗车时进了水，只要打开大灯照射（加热），使灯罩内水雾蒸发就可以使灯罩内的水珠消失。赵女士按照 4S 店的指导解决了问题；最近由于南方阴雨天多，灯罩内又发现了凝结的水珠，赵女士心里十分郁闷，便去 4S 店询问有没有根本的解决办法，如果没有办法就要求更换前照灯。

2. 事件分析

所谓起雾是由于灯具内部空气中包含的水分随温度升高而增加，当温度下降，水雾随之凝聚，附着在配光镜上的现象。我们从导致大灯内部温度上升因素、产生雾气的情形、凝结水珠/水雾原因方面分析。前照灯的基本构造如图 5-6 所示。

（1）会导致大灯内部温度上升的 3 种因素

① 外部环境影响，如暴晒、外部高温等。

② 机舱温度影响，大灯在机舱内前方，发动机运转时，机舱内各部件产生的热量都会传导给大灯。

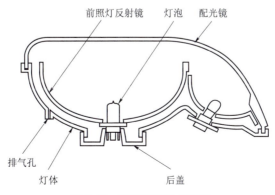

图 5-6　前照灯的基本构造

③ 大灯本身工作产生的热量。

（2）受机舱内布置和外界环境影响，两侧大灯起雾量的区别

① 易产生雾气的几种情形。

- 洗车之后。
- 潮湿或阴雨天气，灭灯熄火之后。
- 冷热变化剧烈（如冬季会产生霜花，也属正常）。

② 而所谓进水则是指因某些原因导致灯具的密封性遭到破坏，造成水分侵入前照灯内部，附着在配光镜上的现象。

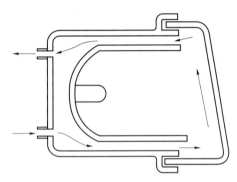

图 5-7 前照灯与外界空气的交流过程

（3）半封闭型前照灯的特点

① 灯泡更换方便。

② 热量变化需要空气的交流、平衡。

（4）凝结水珠/水雾的原因

对于满足密封性要求的非封闭式前大灯，当灯内压力与外界压力不一致时，会有空气交流（图 5-7）。当灯内温度高于外界温度且外界湿度较大时，待大灯冷却后会在灯罩内有少量的冷凝水珠/水雾存在。所以，有时前大灯灯罩内有凝结水珠/水雾属于正常现象。

3. 事件处理

对于赵女士抱怨的前照灯进水\起雾要求索赔的情况，4S 店按如下步骤进行了判定。

（1）确认故障

① 进水：在大灯的发光面上有大量凝结的水珠，甚至已经向下流淌。发光面定义如图 5-8 所示。

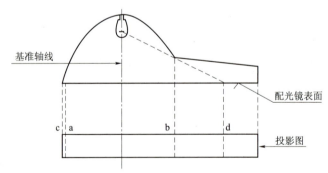

发光面边缘是 a 和 b，透光面边缘是 c 和 d。

图 5-8 发光面定义

② 起雾：由于大灯内外温差，随空气进入大灯内部的水汽凝结在灯罩内表面上，呈雾状。

说明：即使形成水珠，如果不在大灯的发光面上，也按照雾气进行判定。

（2）判定为进水的大灯检查流程

① 检查大灯是否存在因事故导致的撞击、开裂。

② 检查是否有私自拆卸、更换非标灯泡、缺件、破损等情况。

③ 检查后盖、线束、通风管是否齐全，是否存在变形、松动。

④ 对于后盖，通风管缺失的大灯，使用吹干机吹干灯内的水汽，补上缺件后，做好标记继续使用。

⑤ 对于后盖、线束、通风管变形，大灯松动，变形的更换，松动的拧紧，并将灯内的水汽烘干之后，做好标记继续使用。

4S店的维修技师经过检查后，证明上述5钟情况均不存在，而大灯依然存在进水情况，所以判定应该为客户办理索赔更换，索赔时需要随索赔标签附上故障件图片，随损伤件一起返回。解决此问题的流程图如图5-9所示。

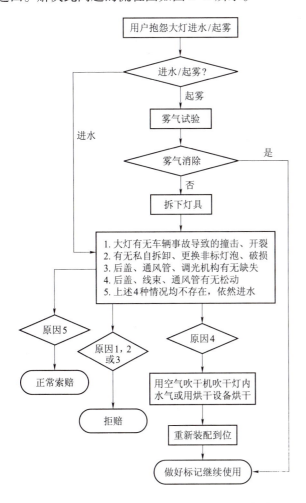

向客户说明雾气产生的原理，告知用户，雾气不是故障

即使形成水珠，如果不在大灯的发光面上，也按雾气进行判定

未拆下灯具之前须仔细检查，是否后盖松动、安装不到位等原因造成。

用户正常使用，一般7天或1 000 km之后雾气就会消失

为了彻底尽快消除雾气，最好烘干，温度70 ℃~80 ℃，时间为1~1.5 h。（须取开灯具后盖，敞开易挥发）

除雾处理过的灯具，如在30天后仍然结露、水雾气严重，无法消除（点灯后灯具有可能还会雾气反复，但逐渐减少，这是正常现象，发生雾气的灯具有时会流下水迹、斑点，但不会影响照度），再次检查灯具未发现私自拆卸、换非标灯泡、缺件、破损等情况，才能给予赔付，缺陷灯具按规定退回，以便分析。

图5-9 解决问题流程图

4. 事件点评

① 索赔是提高品牌形象和客户满意度的一种方式，但在处理客户提出的索赔要求时，一定要有理有据。

② 同样的索赔申请，可能会有不同的处理结果。处理时一定根据汽车生产企业的产品结构、技术要求、材料工艺特性等多方面考虑，得出正确的处理结果。

③ 在处理过程中，如遇到和客户的意见不统一时，耐心向客户解释。

④ 要避免因索赔处理不当而影响售后服务的客户满意度。

二、整车退换案例

1. 案例描述

张先生于 2012 年 1 月购买某品牌轿车，同年 6 月车辆行驶约 10 000 km 时车辆右侧 A 柱出现异响。在 4S 店进行 10 000 km 保养时对异响进行了维修，问题没得到解决，同时左侧 A 柱也出现异响。后在 4S 店数次维修，但均没有任何起色，轿车的生产企业也没有给他任何答复，所提出的要对维修方案有一个书面保证的要求也被 4S 店断然拒绝。张先生对此事无法认同，并希望能通过媒体的力量帮他获得一个合理的解决方案。

2. 事件处理

在接到张先生的投诉申请之后，工作人员即刻便与其取得了联系，就此事做了进一步的沟通与了解。张先生因为异响问题没有解决而且多次去 4S 店检查维修，令其花费了诸多的燃油费及交通费，耽误了大量的时间和精力。4S 店方面目前给他的维修方案就是将整个中控台全部拆除，在大梁和加强板的位置上打胶，但对维修之后的成果没有保证，也就是异响问题能不能因此彻底修复不知道，如修不好也没有进一步的方案。对此，张先生无法接受，他认为，如果再修不好，4S 店就应该对自己出售的商品负责，车辆应该退换。

4S 店售后服务部门负责人表示，客户所描述的情况基本属实，目前 4S 店方面的方案是先对车辆进行修理，如果依然无法修复的就申请厂家的技术援助，看厂家有没有进一步的答复，至于客户提出的书面保证的要求，则无法满足。

汽车生产企业的客服中心方面，还是千篇一律地记录并反馈给有关部门处理。

3. 事件分析

一般来说，车辆的故障大致可以分为 3 大类。

① 人为损坏及外力（包括雷击等）因素造成的故障。

② 零件达到疲劳值或使用年限的老化。

③ 产品质量缺陷（包括设计缺陷、装配缺陷及材料本身的质量缺陷）。

就车主张先生的车辆来而言，从买车到现在总计只有 5 个多月的时间，同时也没有发生任何撞击事故，所有的保养及检修也都是在 4S 店完成，在车主报修该故障之前，4S 店方面也没有对 A 柱相关的部位进行过拆装。那么很明显，车辆的故障是属于产品本身的质量缺陷，在车辆投入市场流通环节之前这个缺陷就已经存在了。作为汽车生产企业，具有不可推卸的责任，在多次维修不好的情况下应该为张先生换车。

4. 事件点评

① 对于 4S 店来说，虽然 A 柱异响的问题是主机厂的原因造成的，但和车主直接发生关系的还是 4S 店，如果认为是主机厂的问题，也应该由 4S 店出面和主机厂协商解决方案。而在这之前，4S 店必须给消费者一个保障：可以和车主协商，先行对车辆进行修理，但对之后的维修成果必须有一个合理的保证，如还不能修复的就应该退换车，同时对车主就此问题而产生的损失（包括燃油费、交通费等）予以补偿。

② 此事件的处理结果直接影响了品牌形象，影响了客户的满意度。

复习思考题

1. 什么是索赔?
2. 通过对汽车召回知识的自学,说明汽车索赔和汽车召回的区别。
3. 汽车生产企业拒绝经销商索赔件索赔的原因有哪些?
4. 根据下面所给的内容完成《索赔登记卡》相关内容的填写。

❖ 用户名称:刘立萍(个人)
❖ 任务委托书号:1-20040100002
❖ 用户电话:13601181235
❖ 故障描述:水泵漏水更换水泵并加防冻液
❖ 底盘号:13050102
❖ 发动机号:ATK234450
❖ 型号:豪华2V电喷(GiX)
❖ 购车日期:16.08.2002
❖ 修理日期:03.01.2004
❖ 公里:32000
❖ 材料编号:L06A 121 011 E
❖   　　　　LG　012 A8D A1
❖ 损坏件编号:L06A 121 011 E
　　　　　　　LG　012 A8D A1
❖ 厂家代码:7SV

模块六 经销商内部管理

△ 汽车售后服务管理（第3版）

 学习导入

去年 8 月份，家住石家庄的张先生开着自己的车去 4S 店做 30 000 km 的保养及怠速不稳的维修。经过服务顾问接车制单后车辆送交维修车间修理。张先生被带到休息室等候，在等候的过程中，张先生通过视频观看他的车辆的维修过程。他发现维修技师离开维修工位后推来一台仪器，和车辆连接后开始了工作。从这个事例中分析 4S 店对专用工具都需要进行哪些方面的管理。

学习目标

1. 了解人员招聘流程和绩效考核的指标。
2. 熟悉专用工具和设备的管理规定。
3. 熟悉资料借阅的管理规定。
4. 熟悉培训流程及规定。
5. 了解培训的分类。
6. 熟悉经销商内部的网络管理系统。

单元一 人力资源管理

现代企业的竞争归根结底是人才的竞争，人力资源是构筑企业核心竞争力的基石。企业能否培养、激励、吸引人才，使之形成共同的目标、扮演不同的角色、履行各自的职责并且能够采取共同的行动准则等，是企业取得成功的关键。各个品牌的 4S 店进行人力资源管理时通常会遵循以下几个方面的原则：

- 协调员工的价值观，使之符合企业的发展战略。
- 员工的职业发展与企业的发展相吻合。
- 充分考虑员工的价值体现和个人认同。
- 建立完善的业务流程及岗位职责，使企业的经营状况与员工的个人工作相联系。

- 建立完善的考核考评体系，使员工的工作表现体现在员工的个人业绩中。

各个4S店应根据自身的品牌特点和销售服务的实际情况，配合汽车生产企业不同的发展阶段，不断调整并优化人力资源配置。始终保持4S店的竞争力，确保4S店长久稳定发展。

一、员工招聘

1. 员工招聘准备工作

① 确认招聘需求。
② 制订招聘岗位的职责说明书。
③ 制定招聘岗位的薪酬制度。

2. 招聘流程（图6-1）

3. 人员选拔流程（图6-2）

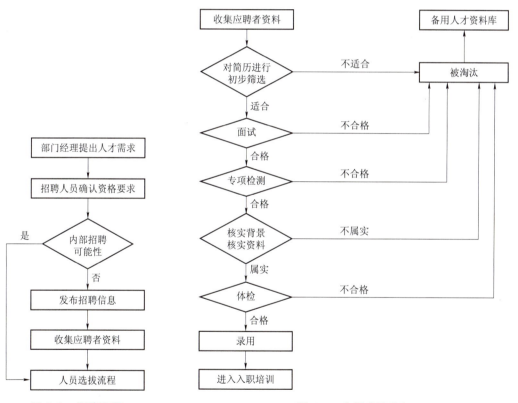

图6-1 招聘流程　　　　图6-2 人员选拔流程

二、绩效考核

1. 绩效考核的目的

① 使每个员工的工作目标与4S店的发展目标相一致。
② 激励员工不断学习，提高员工的基本素质和工作技能。
③ 创造一个公平竞争的环境，不断培养、发现人才。
④ 发现员工改善的机会，并帮助员工达成个人目标。

2. 绩效考核的原则

① 公平、公正、公开的原则。
② 反馈、修订并最终达成一致的原则。
③ 定期考核、制度化考核的原则。
④ 考核目标在一定时期内保持稳定的原则。
⑤ 绩效考核目标符合绩效目标，符合"SMART"原则。

S—Specific 具体。
M—Measurable 可度量。
A—Attainable 可实现。
R—Realistic 现实性。
T—Time bound 时限。

3. 绩效考核的指标分类

① 基本职责考核：主要适用于维修技师、备件仓库管理员、出纳员等操作类岗位。
② 关键业绩指标考核：主要适用于服务顾问等销售类岗位。
③ 工作目标考核：主要适用于服务经理、业务经理等岗位。
④ 日常工作评价：主要适用于工作内容较复杂、沟通协调能力要求较高的岗位。

4. 绩效考核关键指标（KPI）

（1）部门考核关键指标
① 业务部门考核关键指标。
- 综合维修质量。
- 综合顾客满意度。
- 顾客投诉/抱怨的预防及处理。
- 经营目标的达成。

② 维修车间考核关键指标。
- 维修车间的一次性修复率。
- 维修车间的客户满意度。
- 维修车间的工作效率（时间效率）。

③ 配件部门考核关键指标。
- 配件准确率。
- 配件周转率。
- 配件满足率。
- 配件部门的客户满意度。

（2）重要岗位考核关键指标
① 服务顾问考核关键指标。
- 服务顾问接待台次。
- 服务顾问营业额。
- 服务顾问实现的客单价。
- 服务顾问的顾客满意度。
- 服务顾问的故障诊断能力。

- 服务顾问的综合协调能力。

② 维修技师考核关键指标。
- 一次修复率（返修率）——考核工作质量。
- 维修操作时间——考核工作效率。
- 正确诊断故障能力——考核工作技能。
- 自我管理能力——综合素质评价。

5. 员工绩效考核的基本步骤（图6-3）

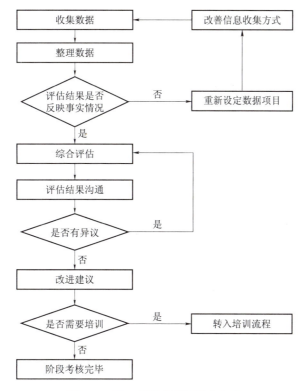

图6-3 员工绩效考核的基本步骤

（1）数据收集
① 每个服务顾问的接待台次。
② 每个维修班组的承修台次。
③ 每个服务顾问的营业额。
④ 每个维修班组的营业额。
⑤ 顾客投诉/抱怨台次。
⑥ 返工台次。
⑦ 顾客满意度。
⑧ 质量跟踪结果。
（2）数据整理
① 客单价。
② 返工率。

③ 各个岗位的顾客满意度。
④ 配件周转率。
⑤ 配件满足率。
⑥ 顾客投诉/抱怨率。
⑦ 经营目标达成率。
⑧ 各岗位的客户满意度。

（3）综合评估

① 工作职责完成情况评估。
② 关键指标完成情况评估。
③ 自我管理实施状况评估。
④ 协调工作状况评估。

（4）沟通及改进

① 核实。
② 确认。
③ 自我完善。

6. 业务部门关键指标（KPI）考核表

（1）部门关键指标考核表（表6-1，供参考）

表6-1　部门关键指标考核表

序号	关键指标	绩效考核标准	分值	自评	评审
1	总接待台次	以最高值作为参考基准			
2	平均客单价	以上季度平均值为基准			
3	总体满意度	以最高值作为参考基准			
4	总投诉/抱怨	每出现1次扣____分			
5					
6					
7					
8					
奖	当期奖分	优良记录（最高____分）			
扣	当期扣分	不良记录（最高____分）			
记	最终积分				

（2）服务顾问人员关键指标考核表（表6-2，供参考）

表6-2　服务顾问人员关键指标考核表

序号	关键指标	绩效考核标准	分值	自评	评审
1	接待台次	以最强、最高为基准			
2	客单价	上季度平均为基准			

续表

序号	关键指标	绩效考核标准	分值	自评	评审
3	满意度	以总体满意度为基准			
4	部门总评	以部门历史最高为基准			
5	投诉/抱怨	每出现1次扣____分			
6					
7					
奖	当期奖分	优良记录（最高____分）			
扣	当期扣分	不良记录（最高____分）			
记	最终积分				

7. 车间生产绩效考核关键指标

（1）部门绩效考核关键指标（表6-3，供参考）

表6-3 部门绩效考核关键指标

序号	关键指标	绩效考核标准	分值	自评	评审
1	总承修台次	以历史最高为基准			
2	平均客单价	上季度平均为基准			
3	总返工率	以历史最优基准			
4	满意度	以历史最优为基准			
5	投诉/抱怨	每出现1次扣____分			
6					
7					
奖	当期奖分	优良记录（最高____分）			
扣	当期扣分	不良记录（最高____分）			
记	最终积分				

（2）维修技师绩效考核关键指标（表6-4，供参考）

表6-4 维修技师绩效考核关键指标

序号	关键指标	绩效考核标准	分值	自评	评审
1	承修台次	以最强、最高为基准			
2	客单价	上季度平均为基准			
3	返工率	以部门平均为基准			
4	满意度	以部门满意度为基准			
5	部门总评	以部门历史最高为基准			

续表

序号	关键指标	绩效考核标准	分值	自评	评审
6	投诉/抱怨	每出现1次扣____分			
7					
奖	当期奖分	优良记录（最高____分）			
扣	当期扣分	不良记录（最高____分）			
记	最终积分				

8. 备件供应绩效考核关键指标（表6-5，供参考）

表6-5　备件供应绩效考核关键指标

序号	关键指标	绩效考核标准	分值	自评	评审
1	配件满足率	以最强、最高为基准			
2	配件周转率	上季度平均为基准			
3	供应及时、准确	以部门平均为基准			
4	客户满意度	以部门满意度为基准			
5	投诉/抱怨	每出现1次扣____分			
6					
7					
奖	当期奖分	优良记录（最高____分）			
扣	当期扣分	不良记录（最高____分）			
记	最终积分				

9. 优良记录与不良记录的界定

优良记录是指员工在实际工作中，因阶段性工作表现优秀，业绩显著，或单项工作完成出色，或克难制胜、率先垂范，或具有创新思维和独特见解，并取得重大成果和良好效果，对公司全局或局部工作作出了突出贡献。

不良记录是指员工在实际工作中，未能全面履行岗位职责，出现工作失误或失职，或在规定时间内不能完成工作任务，或工作被动滞后，产生不良影响和后果，或违反公司规章制度，甚至出现违法行为，或不服从、不及时执行公司决议和决策，或制造矛盾、寻衅闹事、吵架打斗，或泄露公司机密，或有损于公司形象、声誉、利益等。

10. 考核等级的评定标准

可以参考五等分法，共划分为5个等级，即A、B、C、D、E。

① A级—优秀：指全面履行岗位职责，圆满完成各项任务，业绩卓越，具有创新思维并取得显著成效，对公司全局工作作出了重大而突出的贡献，考核期内无不良记录。

② B级—良好：全面履行岗位职责，圆满完成各项任务，业绩比较显著，具有一定的创新思维并取得明显成效，对公司全局工作作出了积极的贡献，考核期内无不良记录。

③ C级—普通：对本职工作能够尽职尽责，按时完成各项任务，团结协作，考核期内

不良记录不超过 1 次且无重大不良记录，或优良记录与不良记录的次数及后果相均衡。

④ D 级—差：考核期内不能全面履行岗位职责，不能按时完成各项任务，甚至出现重大工作失误或失责事件，或产生 2~3 次不良记录。

⑤ E 级—极差：指考核期内不能全面履行岗位职责，甚至出现重大工作失误或失职事件，不能按时完成工作任务，无优良记录，产生 3 次以上不良记录。

三、员工薪酬

1. 员工薪酬设计原则

① 员工的薪酬体系必须符合公司的战略规划和发展阶段。
② 员工的薪酬应具备市场竞争力。
③ 员工薪酬体系应具备激励性。
④ 员工薪酬体系应有助于提高员工的忠诚度。

2. 员工薪酬体系规划

① 工作评价：是员工薪酬体系的起点。
② 员工薪酬调查分析：调查当地消费水平，调查同行员工薪酬状况。
③ 员工薪酬结构设计：便于对员工的薪酬进行系统管理。
④ 薪酬管理体系：建立薪酬评价标准，建立薪酬调整系统。

3. 员工薪酬主要结构

（1）保健因素（底薪）
① 基本工资。
② 岗位工资。
③ 社会保障保险。
④ 特殊津贴。

（2）激励因素（绩效奖金）
① 业务提成。
② 关键绩效指标（KPI）奖励。
③ 特殊奖金。
④ 综合奖金。

（3）底薪与绩效奖金的比例

底薪与绩效奖金应维持一个合理的比例。底薪过高、绩效奖金过低则员工积极性不高，不利于激励员工；底薪过低、绩效奖金过高，则不利员工队伍的稳定，并容易造成员工急功近利的心态，对于公司的长期稳定发展不利。

（4）绩效奖金的核算

绩效奖金应该与关键指标的考核相挂钩，对应绩效考核的不同级别，设置不同的奖金系数，得出员工的奖金。绩效考核如表 6-6 所示。

表 6-6　绩效考核

绩效考核等级	奖金系数（设定）	业务提成	绩效奖金=系数×业务提成
A 级			
B 级			

续表

绩效考核等级	奖金系数（设定）	业务提成	绩效奖金＝系数×业务提成
C级			
D级			
E级			

单元二　培训管理

销售渠道是汽车生产企业的重要资源，而一批训练有素的经销商队伍更是企业的宝贵财富，打造一批高素质的经销商队伍靠的是不断地培训。汽车生产企业的销售公司，应把对经销商的培训工作纳入长期的规划中，并对培训工作进行有效的管理。通过系统性地制订培训计划，定期或不定期开展各种内容、类型、不同层次的培训，来提高经销商的经营管理以及技术服务水平，从而更好地贯彻企业的服务宗旨和为客户服务，同时也能提高经销商自身的经济效益，达到彼此双赢的目的。

一、培训项目

汽车生产企业对服务网络的培训项目有很多，根据售后服务工作的职能，通常可分为技术类培训、管理类培训、索赔类培训、备件类培训和计算机业务培训五类。

1. 技术类培训

根据各经销商参加培训的人员素质和技术水平的不同，技术类培训又可分成不同的级别，如初级、高级、专家级等。

（1）初级技术类培训

初级技术类培训适合刚刚进入汽车售后服务的维修检测人员学习，通常进行汽车维修保养方面的基础培训和汽车电气方面的基础培训。维修保养方面的基础培训一般进行汽车产品结构配置、技术参数、使用要求、拆装注意事项、维护保养知识、售前检查（如PDI）等内容的培训；电气系统方面一般安排基本测试、调整、电路常识、电路图读解、专用仪器使用等内容的培训。培训内容虽然分成机械和电气两方面，但参加培训的维修人员不一定要分成两方面人员。因为随着科技的发展，汽车先进技术的采用不断增加，零部件的机电一体化特征非常明显，只懂得机械或只懂得电气这种单一的技术，已经无法适应汽车售后服务的需求，所以对维修检测人员的综合素质要求越来越高，维修人员必须同时具有机械和电器方面的维修技能。

（2）高级技术类培训

高级技术类培训一般根据汽车的结构特点按部分系统进行。发动机部分一般安排如下内容：汽油发动机、柴油发动机各系统结构、原理、拆装、调整、常见故障排除、检测等。底盘部分一般安排变速器、ABS等其他总成的结构、原理、拆装、调整、常见故障排除、检测等。电器部分可安排电子舒适系统（如电加热座椅）、空调等系统的结构、原理、拆装、调整、常见故障排除、检测等。车身修复可安排钣金和油漆两方面，钣金可安排车身结构、焊接原理、车身校正系统使用等知识的培训；油漆可安排车辆表面处理、喷涂常见的缺陷及原因、微调技术、驳口喷涂工艺等。此外，高级技术类培训还包括汽车生产企业的新车型、新技术等方面的专题培训。

高级技术类培训较适合经销商的技术经理（技术总监）和内部培训员参加。经培训后，要求他们回到本单位，举办内部培训班，把学到的知识迅速传播，起到以点带面的作用，从而提高整个经销商的技术水平。

（3）专家级技术类培训

专家级技术类培训主要侧重于交流、总结多发故障及疑难故障的分析与排除方法、深入解析系统原理，为服务网络提供技术经验，为汽车生产企业的售后服务部门编写《典型故障案例》提供素材和依据。此类培训应选择有一定技术实力和影响力的经销商派技术经理（总监）或内部培训员或资深维修人员参加。

2. 管理类培训

安排管理类培训的目的主要是提高经销商的管理水平。根据经销商的具体情况一般可安排管理模式、客户沟通和服务营销三个方面内容的培训。管理模式方面主要安排核心流程，如售后服务工作流程、维修服务工作流程等。客户沟通方面可安排客户关系技巧、客户抱怨与冲突的解决技巧、电话回访的技巧等。服务营销的培训可侧重服务理念、时间控制模式、小组工作模式、经营分析等。管理类培训适合从事服务管理的服务经理、接待人员及客户服务人员等参加。

3. 索赔培训

索赔工作是售后服务管理中的一项重要工作。它的物流线既涉及客户、经销商，又涉及汽车生产企业，乃至供应商，而它的责任线涉及更广，所以经销商的基础索赔工作十分重要。由于执行基础索赔工作的是经销商处的索赔人员，所以必须加强对索赔人员的培训。

索赔培训一般可安排索赔工作流程、索赔管理条例、索赔件管理以及《索赔申请单》的填写、在网录入、时时上传、修改《索赔申请单》等项目。由于现在的索赔结算都是在网络上进行的，因此参加培训的人员应具备一定的计算机基础和对索赔件损伤原因的分析能力，即需要有一定的维修基础知识。

参加索赔培训的人员一般为经销商的索赔员和服务经理，并且此类人员的培训必须在开展过渡服务前完成，以免影响售后服务工作的正常开展。

4. 计算机业务培训

在现代社会，信息成了主要战略资源。经销商和企业的一切信息沟通都离不开计算机系统，因此必须做好计算机业务培训。对经销商的计算机业务培训主要根据汽车生产企业与经销商共同应用的物流、信息管理系统和汽车生产企业要求经销商为加强自身管理而采用计算机管理系统进行的，计算机培训一般包括企业应用的 ERP 系统（大众公司是 R3 系统），该系统包括人员管理、信息管理、车辆信息反馈，以及经销商内部管理软件、内部管理软件安装、调试、使用、维护等。4S 店的索赔员和服务经理等必须经过该项培训。

5. 备件培训

为保证备件订货业务的顺利进行，汽车生产企业的售后服务部门要对经销商的备件订货和管理人员进行培训。备件培训的内容主要根据汽车生产企业与经销商之间的备件业务而制订，一般包括业务培训和网络订货两方面。备件业务培训可安排汽车生产企业的备件体系、备件订货及管理系统、备件管理条例及备件的图册（PDM 图）或电子目录系统等内容，还可增加一些市场营销方面的相关知识。由于目前大多数汽车生产企业与经销商之间采取网络订货的方式，所以计算机网络订货培训可安排电子目录使用、在备件网络系统上建立订单及发送、订货跟踪等内容。备件培训适合经销商的备件经理及备件计划员参加。

二、培训流程及规定

1. 培训管理流程

汽车生产企业的培训部门对经销商的培训一般按照以下管理程序进行，如图 6-4 所示。

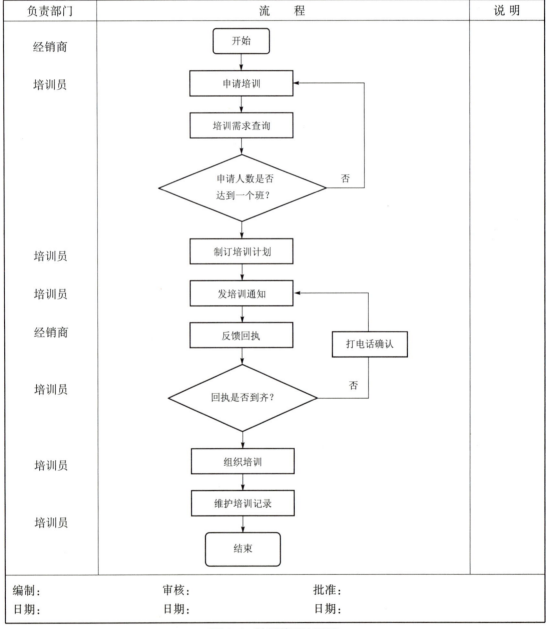

图 6-4　培训管理流程图

2. 培训有关规定

（1）培训方式

① 有计划的定期培训：企业为了强化销售渠道，提高服务网络人员的素质和服务水平，有计划的定期组织一些必要的培训，如技术培训中的初级培训和专家级培训，新车型、新项目培训等。汽车生产企业的售后服务部门根据经销商的实际情况和销售方案统一制订培训计划，按期进行培训。经销商一般不必另行申报，只须留意网络的培训通知。不具备上网条件的经销商，一般以电话或传真方式通知。经销商接到通知后，应根据通知要求，适当安排人员，并按照要求的项目，及时回复回执。

② 应经销商要求的不定期培训：经销商可根据本企业的实际情况，申报所要求培训的内容，将有关意向反馈到汽车生产企业的售后服务部门，售后服务部门根据情况适时安排培训。

③ 其他方式：汽车生产企业的售后服务部门可根据培训内容的难易程度，以及要求培训的人员数量，灵活地采取其他培训方式。如果要求培训的内容比较容易学习，且要求培训的人员较少，则可以采取下发自学手册，自行学习的方式。若要求动手能力很强，或课堂培训不易学习，或学习资料较少的培训，可组织互相学习的方式，由售后服务部门的培训员组织，找服务网络中做得比较好的经销商作为老师的助手，按照老师的安排，辅导培训学员。这种培训一般要求时间稍长，但针对性强，培训效果非常好，培训后的学员实际操作水平会迅速提高。

（2）培训的联系方式

经销商在与汽车生产企业签订了《售后服务意向性协议》后，就可以通过网络系统了解培训信息，准确及时地通过网络申报培训、查询培训通知及回复回执。若有特殊原因未连通网络，可通过电话传真与相关业务部门联系，确定培训事宜。经销商应在过渡服务或开业前完成各项培训，以免影响正常的售后服务工作。

（3）经销商内部培训

为了较快提高服务网络人员的素质，经销商必须建立内部培训机制。经销商的技术经理或者内部培训员负责组织经销商内部的培训工作，包括按照汽车生产企业的有关要求组织培训，下载和发放培训资料，以及培训后相应的考核管理等。内部培训工作一定要做到有计划，并有效实施计划，及时总结培训过程中的不足。每次培训后，必须建立培训档案记录，以备查询。汽车生产企业的销售及售后服务部门将按照要求，检查内部培训的情况，并将内部培训工作纳入对经销商的考核。

（4）考核经销商申请参加并经汽车生产企业确认的各类培训

若无特殊理由无故不参加，第一次将给予警告，第二次给予通报批评，第三次交由服务网络考核部门处理。

每次培训结束后，学员都要经过培训部门考核，对成绩合格者发给培训记录册或培训合格证书，并录入培训信息库。对于技术培训，每次培训结束后，参加培训的学员需要对所在经销商（服务人员）的其他员工开展培训，将此次培训所学到的知识点与其他员工共享，起到以点带面的作用，并应尽快地将《经销商（服务）内部培训信息反馈单》回传到售后服务部门，如果没有反馈单将不能发放培训记录册或培训合格证书。

经过培训的人员脱离服务网时，经销商必须以书面的形式通知售后服务部门，同时经销商应收回该员工的培训记录册。

单元三 专用工具、设备、资料的管理

通常所说的汽车专用工具及设备是指根据某一汽车的结构特点而专门用来维修该汽车的设备或工具。其主要由汽车生产企业指定的厂商负责生产和供货,并随着车型的发展而有所新增或改变。这类设备与工具是其他车型的设备与工具所不能取代的。

专用工具及设备的主要用途有以下3点:

① 用于特殊零部件或者总成的拆装。
② 用于总成或车辆性能的检测、调整。
③ 方便工人的操作,保证维修的质量和效率。

一、专用工具及设备管理

1. 专用工具及设备管理规定

① 各个经销商应该在与汽车生产企业签订《意向性协议》后的规定时间内订购汽车保养及维修所必需的专用工具、检测仪器及设备,各品牌汽车生产企业的经销商维修设备及工具配备标准见表6-7(此表仅供参考)。

表6-7 各品牌汽车生产企业的经销商维修设备及工具配备标准(仅供参考)

序号	设备工具名称	配备数量	配备要求	备 注
一、通用设备工具				
(一)一般设备工具				
1	双柱举升机	8	必备	公用
2	活塞式空压机	2	必备	公用
3	工具小车	8	必备	个人
4	虎钳	3	必备	公用
5	手电钻(10 mm)	1	必备	公用
6	液压机(≥15 t)	1	必备	公用
7	测量工具(套)	1	必备	公用,含计量器具
8	轮式液压千斤顶(≥2 t)	3	必备	公用
9	支撑架(≥2 t)	6	必备	公用
10	液压小吊车(≥1 t)	1	必备	公用
11	台式砂轮机	1	必备	公用
12	台钻(16 mm)	1	必备	公用
13	总成部件拆装举升器(500 kg)	1	必备	公用

续表

序号	设备工具名称	配备数量	配备要求	备 注
(二)机电维修设备工具				
14	机电维修班级常用工具（套）	2	必备	公用，含计量器具
15	个人常用机电维修工具（套）	6	必备	个人，含计量器具
16	数字式万用表（带温度测量）	3	必备	公用，含计量器具
17	带气压表充气嘴	2	必备	公用，含计量器具
18	正时枪	2	必备	公用，含计量器具
19	转速表	1	必备	公用，含计量器具
20	汽油车气缸压力表	1	必备	公用，含计量器具
21	废油收集器	2	必备	公用
22	尾气排放气体分析仪	1	必备	公用，含计量器具
23	冷却系统检测仪	1	必备	公用
24	显示仪表测量仪	1	必备	公用
25	密度计	2	必备	公用
26	蓄电池充电机	1	必备	公用
27	蓄电池检测仪	1	必备	公用
28	电喷喷油嘴清洗机	1	必备	公用
29	R134a制冷剂加注机	1	必备	公用
30	制冷剂测漏仪	1	必备	公用
31	轮胎拆装机	1	必备	公用
32	车轮动平衡机	1	必备	公用
(三)钣金设备工具				
33	钣金工常用工具（套）	2	必备	个人
34	砂轮打磨机	2	必备	个人
35	车身修理夹钳（套）	1	必备	公用
36	玻璃胶枪	1	必备	公用
37	惰性气体保护焊机	1	必备	公用
38	气（电）动锯	1	必备	公用

续表

序号	设备工具名称	配备数量	配备要求	备注
（四）油漆设备工具				
39	油漆喷枪	2	必备	个人
40	刮灰板	2	必备	个人
41	磨灰胶托	2	必备	公用
42	红外线干燥器	1	必备	公用
43	抛光机	1	必备	公用
44	烤漆房	1	必备	公用
二、专用工具及专用设备				
注：根据具体车型配备			必备	公用

② 各经销商在开展过渡服务开业前必须已经订购规定的专用工具和设备，否则不予受理过渡及开业事宜。

③ 所有经销商需要的专用工具清单及其资料，应主动与汽车生产企业的售后服务部联系，经销商如果以各种理由不订购专用工具和设备，将按经销商自动取消协议处理。

④ 经销商如有条件开展其他产品（如自动变速器等）的服务工作，则必须在原有的专用工具、设备基础上增订相应车型所需要增添的专用工具、设备，否则将不授权经销商开展此类产品的售后服务工作。

2. 专用工具及设备订购的规定

① 经销商在与汽车生产企业签订售后服务《意向性协议》之后，要在规定的时间内将《服务站专用工具、设备信息反馈表》以传真或特快专递方式发给汽车生产企业的售后服务部门；并在规定时间内填写订购表，订购一套完整的专用工具、检测仪器及设备。

② 经销商如果因特殊原因不能按规定时间订购专用工具、设备，应及时向汽车生产企业的售后服务部门以书面形式说明原因并提出延迟的申请。

③ 汽车生产企业的售后服务部门根据各个经销商反馈的订货时间，安排订购专用工具及设备。

④ 汽车生产企业的售后服务部门准备齐全专用工具、仪器、设备后，立即通知各个地区的经销商汇款。

⑤ 各地区的经销商接到通知后必须在 2 周内按通知上的账号及款额汇出专用工具、设备款。汇款后将电汇底联传真给汽车生产企业的售后服务部门。

⑥ 汽车生产企业的售后服务部门接到经销商电汇底联后将在 2 天之内通知发货及开具发票、结清货款及运费，并按经销商汇款额多退少补。

3. 专用工具及设备的到货清点

① 经销商在收到专用工具、设备后，应派专人在 1 周内按订单进行认真清点。

② 清点后将清点时间及结果签字并加盖公章后反馈给汽车生产企业的售后服务部门。

③ 经销商订购的工具、设备的质量担保期为 1 年，以经销商所反馈的清点结果上的日

期起开始计算。

④ 若存在缺件或有缺陷工具则在反馈清点结果的同时将相应信息反馈给汽车生产企业的售后服务部门。

⑤ 汽车生产企业的售后服务部门将调查确认是否属实，若属实则必须负责落实缺件及有缺陷工具的补发或更换等事宜。

⑥ 经销商必须在收到货物后立即清点，并在清点后立即将清点结果反馈给汽车生产企业的售后服务部门，如因清点结果反馈不及时而影响质量担保的实施，后果由经销商负责。

4. 专用工具及设备的管理规定

（1）专用工具及管理规定

① 建档、造册（包括：名称、型号、数量、价格、购买日期、保养周期、保管人）。

② 专人负责保管维护，专用工具要专室存放。

③ 对专用工具严格执行借用制度，使用前后认真填写登记表（表6-8）。

④ 对设备严格按安全操作规程使用（新进员工须经设备安全使用规定培训后方可上岗），重要设备的使用须指定人员；设备按规定摆放，未经许可不得随意移动。

⑤ 专用工具一律不外借，未经主管领导批准，专用工具一律不得在厂外使用。

⑥ 借用的专用工具须当日归还，未经主管领导批准，一律不得过夜。

⑦ 建立专用工具使用说明、图册，以方便正确、有效使用。

⑧ 专用工具及设备必须按养护规定认真保养（表6-9）。

- 每日清洁。
- 每周清洁、润滑、调整。
- 每月进行安全性能检查。

⑨ 每月对专用工具及设备的数量、状况进行盘点。

⑩ 正常损坏的专用工具，须上报主管领导，并及时更新、补充；丢失及恶意损坏的视情况赔偿。

表6-8　专用工具借用登记表

序号	工具名称	数量	借用时间	借用人签字	归还时间	保管人签字

表 6-9　设备养护记录表

设备编号：　　　　　　　　　设备名称：

序号	养护日期	养护措施	完好状况	建议	养护人签字

5. 补订专用工具

经销商在使用过程中可能会出现专用工具的丢失及损坏。经销商丢失及损坏的专用工具必须及时补订。经销商应将所需补订的专用工具、设备的订货号及名称反馈给汽车生产企业的售后服务部门。汽车生产企业的售后服务部门根据经销商所反馈的补订专用工具、设备信息、定期汇总后安排订货。到货和汇款发货等工作程序与订购专用工具相同。补订专用工具及设备的清单一样要遵守到货清点的制度。

二、资料管理

汽车生产企业为保证售后服务工作的正常开展，必须对经销商实施有效的管理，而实施工具是通过下发各种资料来实现的。汽车生产企业为经销商提供维修技术、管理等的文件资料或光盘，以便经销商的服务人员学习和查阅，或者提供作为处理问题的依据，如《索赔员工作手册》等，或者提供管理的标准和方法及其努力方向，如《售后服务管理手册》等，或者提供有利于经销商的服务人员提高自身业务水平的书籍，如《自学手册》《典型案例分析》等，从而提高工作人员的技术水平和管理水平，为客户提供更加快速和满意的服务。

1. 资料的发放管理规定

（1）资料的发放

经销商与汽车生产企业签订意向性合作协议后，就可以到汽车生产企业的售后服务部门领取资料。如果随着新技术和新车型的增加，售后服务部门将随时为各个经销商邮寄补发新增加的资料。资料发放一般为2份。一份作为维修服务人员借用，一份存档备查。

（2）资料的管理

经销商应对资料实行严格的管理，建立独立的资料室或在工具间内设立资料专柜，由专人负责管理。参加了汽车生产企业培训的人员要做好经销商内部的培训工作，同时经销商应收回每期发放的资料,统一保管,以备其他员工学习和查阅。资料管理人员对管理类资料和技术类资料应分别存放。所有资料应进行编码,并建立资料明细。技术文件类的资料其配置及状态应齐备、完好、可随时借阅,并且应具有能阅读光盘版技术资料的设备。维修技术资料应得到应有的利用,技术经理应每季度抽查1~2项维修项目进行考核,维修人员应会查阅维修技术资料,并按维修资料要求进行维修。维修技术资料应放在固定位置由技术经理指定专人管理,建立资料目录及借阅档案。

管理人员对资料的借用应认真登记,并实行损坏、丢失赔偿制度,责任落实到人。经销商必须保证资料配备齐全。如资料经长期使用,破损严重,经销商应向售后服务科申请更新。申请更新时应写出书面材料,由经销商负责人签字并加盖经销商业务专用章,再经汽车生产企业的售后服务部门驻当地现场代表审核签字后,传真给售后服务部门,售后服务部门审核通过后将为其免费更新。如果因经销商管理不善,导致资料破损或丢失,应及时向售后服务部门申请补领,申请补领时应写出书面材料,由经销商负责人签字并加盖业务专用章后传真给售后服务部门。售后服务部门审核通过后将为其补发,但将收取资料成本费,并另加收100%的成本费作为罚金。

单元四　信息管理与网络管理

由于市场瞬息万变,企业要生存、发展,就要与时俱进,适应市场的变化,所以企业要不断地进行市场营销调研和预测。在工业社会里,战略资源主要是资本,而在现代社会里,信息成了主要战略资源,因此及时掌握信息成了企业具有较强的应变能力,能及时作出正确决策的重要优势。各大汽车生产企业的"4S店"的提法即整车销售、备件销售、维修服务、信息反馈就突出了信息反馈的作用,可见信息管理对企业和经销商的重要性。来自全国各地的经销商(有的是代表最终消费者)的产品质量信息、售后服务信息和市场营销信息是汽车生产企业新产品开发、设计、改进产品质量、制定销售服务政策的重要依据之一。同时,汽车生产企业为其特约经销商提供新产品、新技术、销售服务管理及市场开拓等各方面的信息,能有效促进其特约经销商技术水平、管理水平的提高,最终达到双赢的目的。当然,信息的内容不单指汽车生产企业与经销商两者之间的信息,还包括宏观环境方面的信息。

一、信息管理

1. 信息来源

信息的来源主要有以下几个途径:

① 直接客户、经销商、汽车生产企业内部有关单位。

② 政府机关的经营决策部门。

③ 有关交通、汽车、能源的科研部门。

④ 当地交通管理部门等。

2. 信息分类及传递方式

下面主要针对汽车生产企业对经销商信息管理要求入手,了解微观环境内汽车生产企业和经销商之间的信息管理。

(1) 信息分类

经销商与汽车生产企业之间沟通的信息分为：文件、函电；经销商基础信息；人员信息；《经销商运营月报》；服务营销信息；车辆信息反馈；技术服务手册（TSH）；电子服务信息系统（ELSA）；其他信息等。

(2) 信息传递的方式

经销商与汽车生产企业之间可以通过内部网络系统进行信息反馈，对于特殊情况无法连通内部网络系统或特殊原因暂时无法通过 Internet 网络来反馈的信息，则通过传真、邮件等其他方式反馈信息。

3. 信息管理

(1) 文件、函电的管理

汽车生产企业对经销商的管理，经常通过发放文件、业务通知及其他信函等方式进行。对于汽车生产企业给经销商所发的通知或文件全部在内部网络的售后服务通知单列表中；其他的通知或业务信函等通过内部网络的信箱发送。

各个汽车生产企业发放的文件、业务通知都具有相应的编号，如：

售后服务科文件　　　　××××年销售服务部（服）字第××号

售后服务科业务通知　　××××年售后服务第××号

备件科文件　　　　　　××××年销售服务部（备）字第××号

备件科业务通知　　　　××××年备件第××号

对于能通过网络传递信息的经销商每天必须查看售后服务通知单列表和收件箱，并按规定进行信息的存档和传递。对于特殊情况无法连通内部网络系统或无法通过网络来反馈信息的经销商则通过传真、邮件等其他方式接收文件、函电信息。

(2) 基础信息管理

经销商基础信息包括：财务名称、地址；中文名称、地址、邮编；传真；24 h 服务电话；经理电话；经销商状态（1. 新签协议；2. 过渡服务；3. 开业）；现场服务代表；是否通过质量体系认证；经销商类别；是否使用销售公司规定管理软件；内部网络系统是否联网；签约日期；开业日期等。

经销商的基础信息不许任意变更，如特殊情况要进行变更必须经过汽车生产企业的售后服务部门签字确认后反馈给相应部门处理（财务地址、财务名称反馈给财务部门；24 h 服务电话、传真、站长电话、E-mail 地址、经销商名称、地址、邮编等反馈给售后服务部门）。

(3) 人员信息管理

经销商的所有人员信息包括人员编号、姓名、职务、电话、手机、出生日期、性别、工作日期等，必须录入内部网络系统。当人员信息发生变化时，要及时在系统中维护。人员编号经销商自行定义，一经录入内部网络系统则不能更改，且经销商应让本人熟知自己的人员编号，方便在其他场合使用。

(4) 《经销商运营月报》管理

《经销商运营月报》包括下列信息：维修台次、备件营业额、工时收入、维修备件收入、索赔数据等。所有已开展过渡服务的经销商和已经开业的经销商从开展服务后的下个月开始，每月完整、准确地填报《经销商运营月报》。经销商对经营状况进行分析，配合售后服务人员结合《经销商运营月报》中反映出来的问题进行整改，以便及时改进自己的服务并提升售后服务能力；同时经销商还要配合售后服务人员对月报数据进行走访和调研。《经销商运营月报》的内容见图6-5。

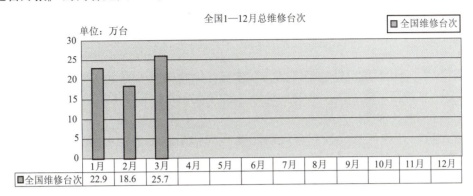

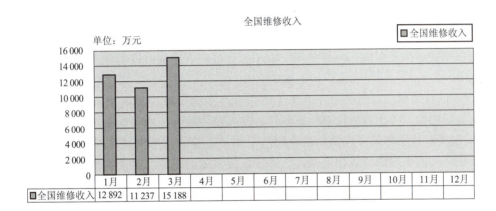

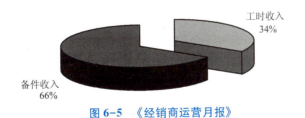

图6-5 《经销商运营月报》

(5) 服务营销信息管理

各种服务营销活动如冬季服务行动、夏季服务行动、3.15消费者权益活动、厂庆活动、军车服务活动等的总结，以及年终经销商的工作总结等都应按照相应的服务活动的要求反馈信息。经销商有义务和责任把当前活动的信息反馈给汽车生产企业的主管部门。汽车生产企业的相关部门有权对经销商信息反馈的及时性、反馈质量等进行监督，并纳入经销商的考核内容。

(6) 车辆信息反馈管理

①《车辆信息反馈单》：售后车辆信息反馈是经销商与汽车生产企业之间进行技术支

持、车辆信息反馈等的主要沟通渠道。当经销商需要技术支持或进行车辆信息反馈时必须在系统中录入或传真《车辆信息反馈单》。

经销商应定期（每周）将批量投放的车辆信息汇总、整理，通过内部网络系统中的《车辆信息反馈单》反馈给技术支持人员，要求的信息必须填全。特殊情况允许使用传真等其他手段。

② 新产品、新项目的反馈：新产品、新项目首批投放地区的经销商应及时、准确地做好售后质量信息快捷反馈工作，反馈方式为通过内部网络系统的《质量信息快速单》反馈给售后服务部门的技术支持人员。

③ 重大问题处理信息反馈：重大问题处理完毕后，经销商应将总结报告按时通过（R3）信箱或电子邮件方式（特殊情况可以填写《重大问题报告》以传真形式）反馈给售后服务部门的技术支持人员。经销商负责整理并提供维修信息、典型维修案例等方面的技术信息。

④ 技术疑难问题信息反馈：经销商维修人员在解决技术疑难问题后，应及时报告给技术经理，技术经理应对故障现象、故障分析、故障排除及建议等内容进行整理，并以典型故障排除报告样式将信息以内部网络信箱、电子邮件或传真方式反馈给汽车生产企业的售后服务部门。

⑤ 重点信息的跟踪：经销商在汽车生产企业反馈的信息中有重点跟踪的信息时，一定要进行认真的跟踪，并把跟踪信息的详细过程在系统中录入。

⑥ 信息反馈总体要求：经销商在收到汽车生产企业的技术支持信息后一定要进行经销商反馈，把经销商实施情况等信息录入，以便形成信息的闭环。经销商传递给汽车生产企业的车辆信息要求反馈内容齐全、清晰、翔实、完整、及时。经销商应对车辆信息反馈的准确性、及时性、完整性负责。按照汽车生产企业要求的格式将技术疑难问题、典型维修案例等反馈给售后服务部门的技术支持人员，同时经销商的技术经理对经销商反馈的信息进行确认并负责对其进行解释。将信息反馈表进行归档管理，以方便查询。

（7）技术服务手册管理

对于已经联网的经销商，技术服务手册由汽车生产企业通过内部网络系统以信息等方式下发，并根据新产品情况在电子信息系统中及时把技术服务手册的内容更新。经销商应及时按相应的规定处理。对于不具备条件的经销商，采取其他方式发放技术服务手册。

① 技术服务手册下载：应由经销商的技术经理（或委托专人）及时将内部网络系统中的技术服务手册活页下载，建立文件下载记录（下载日期、下载人、接收人）。

② 技术服务手册的汇总：经销商的技术经理（或技术总监）将所有下载的技术服务手册活页汇总存放。建立专门的技术服务手册下载文件夹，编写好目录，以供有关人员进行查阅。技术经理应认真学习所有的技术服务手册下载活页内容，融会贯通，达到理论与实践相结合，并达到指导他人学习的程度。

③ 技术服务手册的培训：技术经理在收到技术服务手册的新内容5日内，针对技术服务手册活页中的内容，对相关维修人员进行培训，并将相关技术服务手册活页副本下发到相应维修人员手中，并做好下发记录；10日内，技术经理按照技术服务手册活页中内容，对相关维修人员进行考核，做好考核记录并存档。

④ 技术服务手册的保密：技术服务手册属内部使用的保密技术信息，禁止外传他人

(技术服务手册以外的其他技术文件保密工作依照规定另行执行)。

(8) 电子服务信息系统（ELSA）

电子服务信息系统包括：各部分的维修手册、工位工时定额、索赔员工作手册、服务组织管理资料、故障代码、自学手册、技术服务手册、电路图、仪器使用说明、服务款项管理、保养表格、要点信息，等等。比较先进的企业以光盘的形式下发，经销商应注意保存、保密，并配备计算机合理使用。目前国内大部分汽车生产企业仍以印刷资料的形式下发。以光盘的形式下发的优点是节约资金，便于更新，而缺点是可靠性差，不利于传阅。现在，有许多维修站从事具体维修服务的维修技师还没有条件经常使用计算机。

(9) 其他信息管理

对于培训方面的信息管理、索赔方面的信息管理、备件方面的信息管理等，不同的汽车生产企业有不同的规定，经销商一定要按照厂家关于此方面的规定进行管理。另外，经销商对于一些突发事件、市场信息、产品性能、产品质量信息、客户信息等的信息反馈要通过信箱或传真等方式反馈给汽车生产企业的现场服务代表。

4. 信息存档及处理

(1) 信息的存档

经销商应设置信息员对信息进行管理。设置档案室，要有文件柜、文件盒、文件夹，对文件资料实行分类定置管理，并有档案目录。对于通过内部网络系统等收到的电子信息，应及时处理，并对电子信息进行存档。经销商应在 C 盘或 D 盘下建立文件夹对已在计算机存档的信息进行定期备份，以免由于其他原因造成信息丢失，并对收到的信息和反馈给汽车生产企业的信息资料进行存档。经销商在充分利用各种信息的同时，要保证信息的安全，对于因管理不善而造成信息的泄密，给汽车生产企业和经销商造成的损失，由经销商承担全部责任。各种电子版信息的光盘、软盘等要同文件信息一样妥善保存。对存储、使用信息的计算机要设置口令，并保证口令不被他人盗取，防止信息被他人窃取、破坏。

(2) 信息处理

信息的采集要快速、准确、翔实，反馈时要使用标准专业术语，内容完整、条理清晰、有逻辑性，必要时可附图片或照片，对于非电子版的信息要求字迹工整。信息的反馈要做到全程跟踪，以保证信息的连续性、完整性，同时信息的处理也要及时。

5. 对经销商信息管理考核

汽车生产企业的售后服务部门的技术支持人员定期（每季度）对经销商反馈的信息进行整理汇总、考评，并将结果作为经销商信息管理考核的参考。

二、网络管理

汽车售后服务过程中的网络管理主要包括两方面的内容：一方面是针对经销商的内部业务的计算机网络管理系统；另一方面是针对经销商和汽车生产企业之间的售后服务业务往来的计算机网络管理系统。

经销商和汽车生产企业之间的计算机网络管理系统是汽车生产企业内部网络系统中的一部分。它们是两个互相独立的计算机管理系统，但为了传递信息的方便，进行软件开发时要求两个系统之间相容度要特别好，即彼此的有些基础数据库、有些表格内容及一些数据统计相同或能互相支持。在售后服务工作中，引入计算机网络管理系统，有效地提高了彼此的工作效率和管理水平以及整体的竞争力，是现代汽车营销及售后服务理念中共赢原则的一种体现。

1. 经销商内部计算机网络管理系统

汽车生产企业为使经销商的内部管理规范化、统一化、高效化，提高整个销售渠道的形象和市场竞争能力，要求其经销商配置经销商内部计算机网络管理系统。目前，一汽-大众的特约经销商要求应用长春一汽启明信息技术有限公司开发的经销商内部业务管理计算机系统；一汽轿车股份有限公司应用的是浙江绍兴卓越公司开发的系统；奇瑞汽车应用的也是浙江绍兴卓越公司开发的系统；二汽神龙公司应用的是深圳元征公司开发的系统等。各个公司应用的计算机网络管理系统虽然不同，但系统的基本功能却相差不大，相应的硬件配置要求也大致相同。下面以一汽-大众汽车有限公司要求的经销商内部计算机网络管理系统为例加以说明。

（1）计算机综合管理系统

① 经销商使用《经销商内部管理软件》的要求：对于未开业的经销商，在开业前必须统一使用此系统；对于已经开业的经销商，没有使用计算机综合管理系统的，建议使用此系统。该系统由安装人员到经销商处现场安装、现场培训。经销商申请安装时，需填写安装《经销商内部管理软件》申请表。经销商安装《经销商内部管理软件》时必须签订《技术服务合同》。

② 系统概要：此系统能帮助各汽车生产企业规范经销商管理，规范经销商的业务流程，提高经销商工作效率，使经销商实现现代维修服务管理。

（2）系统的特点及功能

① 系统特点：

- 支持多公司、多车型核算。
- 严密、灵活的权限设置，避免越权操作。
- 系统中各模块具有相对的独立性，可根据实际业务选择安装。
- 客户可根据业务的需要随机地组合菜单，做到"所见即可用"。
- 预设2个不可修改的超级客户，满足特殊客户需要。
- 代码文件特殊管理，保证系统中各类代码的完整性及延续性。
- 提供随时监控上机用户功能，确保系统安全可靠。
- 支持不同模块之间功能窗口的快速切换。

② 系统功能：

a. 修车服务管理：修车服务管理包括修车、服务、索赔等功能，规范了经销商的业务流程。从服务顾问接待客户到派工、领料、维修服务、结算全部实现计算机联网管理，能够大大提高经销商的管理水平和工作效率，并提供丰富详细的各种统计查询，满足经销商的各种业务需求。经销商的需求主要有以下几个方面：

- 修车服务管理的初始参数可自行设置，满足各类经销商的不同需要。
- 多种委托单录入方式，提高服务顾问的工作效率及数据的准确性。
- 与应收模块有机结合，直接面向客户，实时结算，方便灵活。
- 修车档案与整车档案高度统一，实现销售与服务一条龙管理。
- 完善的修车服务功能，提供预约及跟踪服务，实现预约维修。

- 各类查询统计均支持对历史情况进行操作。
- 系统设置自定义查询、自定义排序等功能，操作灵活方便。
- 工时、工位、省市代码等基础文件可随时从内部网络下载。
- 修车档案、整车档案、服务月报等可定期上传。
- 索赔管理与 R3 紧密相连，同时提供索赔件管理的完整功能。

b. 整车及备件管理：整车及备件管理是将整车、备件的采购管理、销售管理、库存管理有机地结合。在保证销售和修车领料的同时最大限度地控制库存占用，降低成本。这部分模块实时与修车管理、客户服务、存货核算、应收账、应付账等模块进行信息沟通，数据共享，从而提高工作效率并且使物流、资金流和信息流达到高度的统一。这种统一主要体现在以下几个方面：

- 从潜在客户信息到客户订单、执行销售、最终形成客户车辆档案，实现了从客户关系管理到销售管理的完整过程。
- 整车及备件的采购、销售、入出库、盘盈盘亏均能自动生成相应的会计凭证。
- 整车及备件主文件能从 R3 下载，从而保持与一汽-大众汽车有限公司的产品信息同步。
- 采购订货能按"电子目录"订货，结果能直接发送到一汽-大众汽车有限公司的 R3 系统。
- 采购入库能直接从 R3 下载一汽-大众汽车有限公司的发货单。
- 备件按"定置定位"管理，也可灵活调换更改库位。
- 领料出库可处理正常领料、领料及代销品（一进一出）。
- 备件销售结算能做欠账、挂账处理。
- 可按库号或备件号进行盘点。
- 支持备件的借/还处理。
- 具有详细的查询和报表统计功能。

③ 财务管理：财务管理除具有一般财务软件的功能外，还与整车管理、备件管理、修车服务管理之间建立接口，由物流带动资金流，销售、采购、库存、修车等凭证可以自动生成，把财务人员从冗长乏味的人工记账中解脱出来，并随时提供公司财务状况的准确信息。

- 多套账管理，最多可以设置 99 套账。
- 会计科目 1~7 级，最大长度 15 位。
- 凭证分组，客户可以对会计凭证进行分组管理。
- 设置转账科目，实现自动转账。
- 实行严格的财务分工，会计科目实行授权管理。
- 查询条件可以任意组合，查询结果随时打印。
- 客户可以根据需要自行定义资产负债表及损益表。
- 与物流实时衔接，根据各类发票及入出库单据，自动生成凭证。
- 支持预收款、预付款处理。
- 支持其他应收款、其他应付款处理。
- 支持应收及应付票据处理。

- 支持返利处理。
- 支持索赔款处理。
- 自定义账龄区间，自动计提坏账。
- 自动生成暂估及反冲会计凭证。

2. 售后服务的 ERP 系统

汽车生产企业对其经销商要在全国乃至世界范围内进行多方面的统一管理和各项信息交流以及资金结算等业务，如果没有一个实用可靠的计算机网络管理系统，那么实现上述业务将是一件相当复杂的事情。如果汽车生产企业和经销商都安装了针对汽车生产企业的较先进的内部网络系统，那么双方就可以快捷方便地进行各项业务。售后服务管理的 ERP 系统是企业整个 ERP 系统中的一部分，所以经销商安装了售后服务 ERP 系统有利于双方的工作，大大提高了工作效率和整体竞争力。

（1）售后服务 ERP 系统的业务范围

售后服务联网系统主要管理以下几个方面：经销商基础信息管理；索赔业务管理；备件订货业务；办公自动化等。经销商基础信息管理包括企业基础信息、人员管理、培训管理、技术支持、专用工具订购、《经销商运营月报》等。索赔业务管理包括首保、索赔业务处理、索赔款查询、索赔件管理等。备件订货业务包括电子目录、订货清单、订货费用等项目。办公自动化管理包括收发电子邮件等。

（2）售后服务 ERP 系统的接入方式

该系统的接入有两种方式。一种是单点拨号方式，即使用长途电话线远程登录到汽车生产企业的 ERP 系统，费用高；另一种是 Internet 方式，即利用 Internet 登录到汽车生产企业的 ERP 系统，费用较经济。

（3）售后服务 ERP 系统的有关人员要求

各经销商的相关人员必须参加《ERP 系统基础信息管理培训》，索赔员及备件订货员必须参加汽车生产企业的索赔及备件培训，培训合格后才能上岗进行相应的业务操作。IT 信息员必须参加相应培训。要求所有经销商必须使用 ERP 系统录入经销商人员信息、培训申请、办理索赔及备件业务等。经销商可专机专用，也可作为《经销商内部管理软件》的一台工作站使用，但机器应由专人负责，使用 ERP 系统的业务员不能随意将密码、口令告诉其他人。如果因为密码、口令泄露而给汽车生产企业造成的损失由经销商承担。

3. 售后服务 ERP 系统的购买方法

目前，各大汽车生产企业已经使用 ERP 系统处理索赔业务及备件订货业务，为了增加 ERP 系统的安全性及保密性，汽车生产企业一般都斥巨资，在企业安装安全认证系统。

为真正发挥 ERP 系统的作用，汽车生产企业与所有特约经销商采用统一软、硬件平台，并统一由汽车生产企业负责安装及维护。双方采取互惠互利的原则，汽车生产企业为经销商提供硬件、应用软件产品、技术咨询服务、客户许可和权限，经销商为汽车生产企业提供的硬件设施、软件产品、服务、许可和权限支付相应的费用。双方签订协议，经销商付款后，即可实施售后服务联网系统的安装。安装时，经销商必须具备一定的安装条件，如具备稳定的电源，需要有 4 个电源插口；2 根具有 BJ11 插头的电话线，一根是国内长途，用于直接拨号上网，登录到汽车生产企业，一根是市内电话，用于出现故障时，汽车生产企业管理员远程登录解决问题。2 根电话线，不需要实时占用，只要设置在计算机附近即可，需要时可及时插到 Modem 口即可。汽车生产企业应为经销商提供在使用应用软件产品过程中遇到的技术支持服务和使用培训服务，包括设备安装、联网调试、人员的技术培训、电话咨询、远程诊断、经销商计算机送修和现场服务等，还必须为经销商设置客户权限和访问许可，即该客户在系统内可以接触到的业务范畴及其相应的浏览、创建、修改和存储权等。

  经销商在运行 ERP 系统时，如出现系统故障，可以咨询汽车生产企业管理安装调试的管理服务部门。如经销商在运行 ERP 系统时，出现业务上的问题，可以咨询企业的相关业务部门，如销售服务部、售后服务科或备件科等。

复习思考题

1. 汽车生产企业对经销商的培训有哪些分类？各有哪些培训内容？
2. 汽车生产企业对经销商的人员培训都有哪些方式？
3. 信息来源有哪些途径？
4. 说明员工绩效考核的步骤。

模块七 客户满意度管理

△ 汽车售后服务管理（第3版）

 学习导入

一位捷达车的用户，车辆行驶 35 000 km 时，感觉车辆怠速不稳，于是和 4S 店预约做保养并维修。到 4S 店后，维修技师按标准流程操作为客户进行了保养和怠速不稳故障的处理。过了两天，客户电话抱怨怠速不稳问题还存在，于是 4S 店的售后服务人员与客户约定返修时间。你认为 4S 店应该如何提高一次维修率进而提高客户满意度？

 学习目标

1. 了解客户服务体系的内容。
2. 掌握提高客户满意度的流程。
3. 理解一次修复率对客户满意度的影响。
4. 了解提高客户感受的方式。
5. 了解提高服务意识的措施。
6. 了解汽车生产企业为客户提供的关怀措施。

单元一 客户服务体系概述

真正的客户服务是汽车生产企业根据客户的喜好为客户提供的优质服务，客户服务的最终目的是为了达到客户的欣喜，使客户感到受重视，从而把这种欣喜铭刻于心，成为汽车生产企业的忠诚客户。客户服务既要有客户服务体系作指导，也要有客户服务组织作支撑，只有两者完美地结合起来，才能实现追求"客户欣喜"的目的。

汽车生产企业的客户服务体系是从客户的实际需求出发，为客户提供真正有价值的服务，帮助客户更好地使用汽车产品。客户服务体系的宗旨是"客户第一"，体现"良好的客服形象、良好的技术、良好的客户关系、良好的品牌"的核心服务理念，这就要求汽车生产企业和经销商共同通过最专业的服务队伍，及时和全方位地关注客户的每一个服务需求，并通过为客户提供广泛、全面和快捷的服务，使客户体验到无处不在的满意和可信赖的贴心感受。

客户服务体系是指在一系列服务组织与管理措施的基础上，形成的服务策略所体现出的服务价值定位及服务品牌定位，是以客户为对象的整个服务过程的组织构成和制度构成。有效的客户服务体系是保证客户满意的必要条件，它能够增加客户满意度、培育客户忠诚度，为企业赢得良好的口碑，有利于树立良好的企业形象。完善的客户服务体系包括客户服务品牌、客户服务产品、客户服务活动、客户服务管理系统等内容。

一、客户服务品牌

客户服务品牌是服务组织与管理的核心，一般包括客户服务承诺和客户服务特色两部分。客户服务承诺又可分为时间承诺、费用承诺和质量承诺。不同的客户服务品牌是以特色服务承诺为支撑的，例如一汽-大众汽车有限公司通过实施客户体验欣喜之旅的制胜战略，在"九个一"服务承诺的基础上，树立严谨就是关爱的服务品牌形象。表7-1列出了部分汽车生产企业的服务品牌。

表7-1 部分汽车生产企业的服务品牌

生产厂家	上海通用	北京现代	一汽丰田	广州本田	东风本田
服务品牌	别克关怀	真心伴全程	安心、安全、爱用	三个喜悦	钻石关怀
时间承诺	快速保养通道	及时			时间安心
费用承诺	备件、工时价格透明	诚信			费用安心
质量承诺		准确	爱用（安心、安全）	购买的喜悦 销售的喜悦、创造的喜悦	质量安心、修后安心
特色服务	一对一顾问式服务				紧急时安心

二、客户服务产品

客户服务产品是指企业在服务营销过程中推出的、形式和内容都比较固定的、能满足客户需求和欲望的活动。通常通过原装备件、专业服务等手段保证客户忠诚度。服务产品的推出，更好地满足了消费者的需求，提升了客户满意度，同时还可以方便进行宣传、通过品牌化运作更有利于提高客户的感受。常见的服务产品有：延时服务、听诊服务、菜单式保养、自助式保养、爱车养护课堂、双人快修服务、老客户顾问式接待、一对一客户式服务、服务代步车、宣传资料的提供、24 h紧急救援超值服务等。

三、客户服务活动

客户服务活动是指为宣传和推销客户服务产品，保持和促进经销商与客户的良好沟通，而进行的形式多样化的客户服务营销活动。常见的客户服务活动有：春、夏、秋、冬服务节、技能竞赛、远程巡回服务、出租车免费检测、车主俱乐部、客户恳谈会等形式。汽车生产企业推广的客户服务活动是经销商网络服务组织与管理的重要手段，已经受到各个品牌的高度重视。部分汽车生产企业服务活动如表7-2所示。

表 7-2 部分汽车生产企业服务活动

服务活动	内容方式	典型厂家	厂家利益	经销商利益	客户利益
免费检测	每季度 1 次	上海通用、北京现代、一汽丰田、广州本田	吸引客户回流，提高厂家对客户负责的形象	加强与客户沟通，提高配件附件精品销量	发现车辆潜在问题，及时解决
备件配送	赠送零部件或精品	东风日产、上海通用	吸引客户回流，提高厂家对客户负责的形象	加强与客户沟通	免费加装
配件打包	零件打折服务优惠套餐	上海通用	促进厂家配件销售、吸引客户回厂	促进备件销售	以较低价格购买备件
赠送礼品	服务营销礼品	上海通用	促进备件销售	促进备件销售	得到服务的喜悦

客户服务体系（客户服务品牌、客户服务产品和客户服务活动）确立后，要经过品牌化运作，准确地将客户服务理念贯彻给经销商，进而有效地传递给客户。客户服务体系的品牌化运作包括：

① 设计独立的服务产品和服务标志，方便于服务产品的宣传和识别。
② 制订服务产品和服务活动的具体操作流程和标准。
③ 将服务承诺、服务产品和服务活动的介绍以标识系统的形式摆放在经销商服务接待大厅的显著位置，让客户在第一时间感受到经销商的服务意识。
④ 印制一系列的服务宣传手册、宣传画册，指导客户加强对客户服务体系的理解和认识。
⑤ 加强经销商的培训与指导，保证客户服务体系的有效实施。
⑥ 建立详细客观的考核标准，将客户服务产品和客户服务活动纳入考核体系，以推进经销商内部对服务体系标准的贯彻和执行。

四、客户服务组织

1. 客户关系管理（CRM）系统

在市场越发成熟、竞争日益激烈的今天，客户的需求与期望逐渐与国际接轨，这就要求我国经销商企业的管理与国际接轨，其中客户关系管理系统化、程序化，是更好实现客户满意度的基本要求和技术保障。

（1）汽车生产企业中客户关系管理（CRM）系统的定义

简单地说，汽车生产企业中的客户关系管理（Customer Relationship Management，CRM）系统是指由汽车销售与服务企业和 IT 公司联合开发的一套集服务管理、销售管理、营销管理和知识管理于一体的程序化的客户关系管理系统。汽车生产企业中的 CRM 系统是针对汽车经销商的客户关系管理系统，一般包括客户管理、客户关怀、客户跟踪、维修回访、维修预约、销售投诉、服务投诉、各种提醒等业务模块。

（2）汽车生产企业中 CRM 系统的作用

汽车生产企业中 CRM 系统作为销售和服务的工具，提高了经销商的管理水平。通过

CRM 系统的使用，使经销商通过对客户统一化、标准化、专业化、个性化的服务，打造企业品牌，提升客户满意度，并起到有效地吸引与保留客户的作用。

（3）经销商层面 CRM 系统的功能

经销商 CRM 系统使用人包括总经理、销售与服务总监/经理、销售顾问、客服总监、回访员、客户关系专员、信息专员和服务顾问（用于电话预约或者维修后的回访）。以上使用者按职位分配不同的权限，按权限登录检索相应的内容，并使用 DS-CRM 系统进行日常工作；总经理需不定期登录 DS-CRM 系统查看相关数据及检查。具体功能如下：

① 销售顾问通过预置权限，登录 CRM 系统，准确、及时、完整地将各类信息录入到 DS-CRM 系统，并根据实际情况做更新维护，对客户开展相应的客户关怀活动。CRM 系统通常包括以下模块：销售机会（留档客户）录入、未留档客户录入、销售机会信息维护、客户信息维护、联系人信息维护、活动计划制订实施、生日提醒、销售回访等。

② 销售总监通过预置权限，登录 CRM 系统，进行相关的管理工作，同时检查、监督销售顾问的 CRM 系统使用情况及真实工作情况。CRM 系统通常包括以下模块：销售总监权限管理、销售过程管理、信息维护、客户资源分配、试乘试驾设置、决策分析工具使用、监督指导销售顾问系统使用情况等。

③ 客服部门通过预置权限，登录 CRM 系统进行回访、预约、客户关怀等工作来提升客户满意度及品牌形象。CRM 系统通常包括以下模块：销售回访、维修回访、预约、提醒服务等。例如：

- CRM 有拨号功能。当您找到客户资料时，可以直接在软件上向客户拨打电话。
- CRM 有日期提醒功能。它可以提醒客户的生日或交易日等重要日期的到来。
- CRM 有客户历史记录功能。您可以在每次交易或联系的时候输入有关资料，以方便日后查询。
- CRM 可和 Outlook 结合，可以建立邮件群发的功能。

正是 CRM 系统具有了这些简单的处理功能，才能使企业对客户准确地了解，从而能更好地开发客户资源。

④ 客服总监通过预置权限，登录 CRM 系统做相关管理工作，同时检查、监督下属的 DS-CRM 系统使用情况及真实工作情况。CRM 系统通常包括以下模块：回访模板、投诉建议处理、字典维护、录音检索使用、决策分析工具使用等。

⑤ 总经理通过预置权限，登录 CRM 系统进行相应管理决策，同时检查员工的系统使用及工作情况。CRM 系统通常包括以下模块：决策分析工具使用、销售总监漏斗使用、CRM 签到检查。

（4）CRM 系统的使用与维护

① 经销商管理层要制定 CRM 系统使用的规章及考核制度，积极督促及监督工作人员使用 CRM 系统。

② 经销商各 CRM 系统使用人员需积极主动学习 DS-CRM 系统的相关知识，管理层要根据实际情况为员工安排相应的 DS-CRM 培训，主动提升整个团队的 DS-CRM 系统应用能力与水平。

③ 为了保证 DS-CRM 系统的正常使用，当使用人员发现 DS-CRM 系统出现故障时，有责任第一时间通知网络管理员，以便及时消除故障。

2. 客户服务中心

客户服务中心是客户关系管理系统的枢纽，建立完整的客户服务中心，是提高客户满意度的有效手段和必要的保障。同时，客户服务中心担负着客户档案的建立和维护及特殊客户关系公关的作用。

客户服务中心是为了高效处理客户的投诉，缓解或者减少客户的抱怨，提高客户满意度而产生和发展起来的。客户服务中心既是汽车生产企业对经销商处理客户投诉进行监督管理的有效手段，也是为客户提供优质服务的措施之一。

汽车生产企业一般建立本部的客户服务中心、区域的客户服务中心，甚至有的还建立国际的客户服务中心，直接接待客户咨询、投诉或需求，一般设有专门的客户服务部门，24 h 免费服务电话及完备的呼入呼出制度。随着客户数量的增加，汽车生产企业为了提高服务质量，客户服务部门近年来发展越来越壮大，如被国家评为先进客户服务部门的一汽-大众汽车有限公司的客户服务中心呼入呼出员工就有 100 人左右。

汽车生产企业与经销商全力合作，使客户服务中心发挥最大的作用，其主要体现在以下几个方面：

① 客户服务中心负责耐心安抚客户的抱怨情绪，将客户的抱怨信息反馈给经销商及汽车生产企业的相关部门，监督、督促处理进程，及时向客户回复问题的处理结果。

② 加快客户投诉处理速度，减小客户抱怨。

③ 客户服务中心收到客户投诉后，联系经销商了解客户车辆及投诉的详细信息，经销商要如实反馈并积极配合投诉的处理。

④ 对于经销商不能及时解决的投诉问题，经销商服务总监必须联系区域售后服务经理，并将最终解决方案在 24 h 内反馈给客户服务中心，如果没有最终的解决方案也要将处理进程反馈给客户服务中心。

⑤ 经销商处理的疑难投诉或者已经升级到消协等相关部门的投诉，或者投诉客户身份特殊（如记者、律师）等情况时，经销商需要及时请示区域售后服务经理的意见，同时通知客户服务中心做好预警工作。

⑥ 经销商必须配合客户服务中心共同处理客户投诉，并确保回复的口径一致。

3. 客户满意度调研（CSS）系统

近年来客户满意度调研在国内外都受到了普遍重视，特别是服务性行业的客户满意度调研已经成为企业发现问题、改进服务质量的重要手段之一。

国内汽车生产企业的客户满意度调研是在最近几年才迅速发展起来的，并且已经引起了越来越多企业的重视。各个汽车生产企业通过客户满意度调研了解客户的需求、企业存在的问题以及与竞争对手之间的差异，从而有针对性地改进服务工作。

当前的各大汽车生产企业实行的客户满意度管理模式是通过逐级开展客户满意度调研，对各个经销商进行考核，指出各个经销商的缺点并限期整改，在下一轮的客户满意度调研中得到提升来实现的。客户满意度管理基本上是按照"调研—考核—整改—使客户满意—再调研"的闭环系统进行的。

（1）客户满意度调研的分类

目前客户满意度调研公司有很多，按照他们服务对象的不同可以将客户满意度调研分成 3 类。

① 国内大的汽车生产企业直属调研部门的客户满意度调研。有的大型汽车生产企业具有自己的客户满意度调研部门，每年对下属各子公司进行客户满意度调研，有利于集团公司领导了解掌握各品牌子公司的发展状态。

② 国际知名的跨国调研机构的客户满意度调研。例如 J. D. Power 调研公司，独立实施全世界各品牌综合调研与评价，发布具有权威性的调研结果，并有针对性地有偿地为企业提供调研报告与解决措施。

J. D. Power 中国汽车售后服务满意度研究 SM（CSI）评测的是购车日期为 12 至 48 个月的车主对于授权经销商服务部门维修或保养服务的满意度。这个购车时间段通常是车辆保修期的重要组成部分。图 7-1 是 2018 年 7 月 31 日，J. D. Power2018 年中国售后服务满意度调研（CSI）公布的国内品牌汽车的售后服务满意度得分及排名。在豪华车细分市场中，奥迪（774 分）名列第 1 位；保时捷（767 分）和凯迪拉克（759 分）分列第 2 和第 3 位；在主流车细分市场中，长安福特（737 分）摘取第一位桂冠；大众（735 分）和北京现代（730 分）分别位列第二、第三；三个自主品牌闯进主流车细分市场前十榜单，分别是荣威（720 分）、吉利（719 分）和北汽绅宝（715 分）。

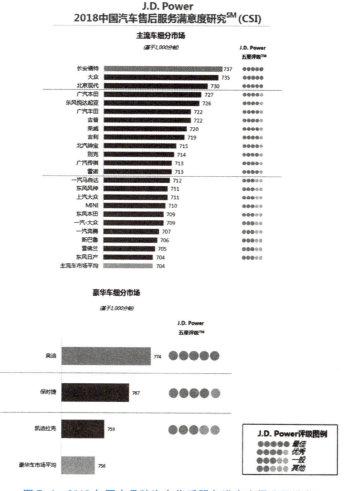

图 7-1　2018 年国内品牌汽车售后服务满意度得分及排名

截至 2018 年，J. D. Power 中国售后服务满意度调研已经进入第 18 个年头，在国内汽车业界最具权威性。这项研究通过五个衡量因子确定总体售后服务满意度，五个因子包括"服务起动""服务顾问""服务质量""经销商设施"和"服务后交车"如图 7-2 所示。汽车售后服务满意度得分采用 1 000 分制。该研究共调查了购车时间在 2013 年 11 月至 2017 年 5 月间的 46 430 位新车车主，测评 61 个乘用车品牌。数据收集工作于 2017 年 11 月至 2018 年 5 月间在中国 67 个主要城市进行。

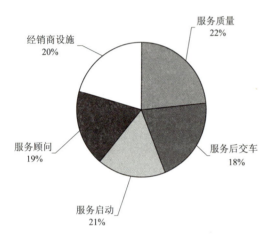

图 7-2　售后服务满意度关注指标及权重

调研发现，服务顾问利用平板电脑提供售后服务的车主满意度，比服务顾问未使用平板电脑的车主满意度高出 45 分。平板电脑的用途包括：记录车主个人信息、查看车辆保养/维修记录、列出问题的具体细节以及获得费用估价等。不仅如此，通过移动应用软件提示得知车辆保养/维修进度的车主，比那些通过经销商/服务顾问电话得知进度以及亲自等待保养/维修完成的车主对服务顾问的满意度更高。

尽管如此，经销商在提供友好数字化客户体验方面还存在不足。该研究显示，40% 受访者在使用微信/应用软件预约时遇到了问题，包括预约的条件不易达成（14%）、网站/应用软件不易使用（14%）和预约不到想要的时间（13%）。

J. D. Power 副总裁兼亚太区总经理乔杰（Jacob George）表示，"数字化在决定消费者体验和满意度方面的作用日益显著。数字化体验，不再只是'加分项'，而是'必需项'。经销商需要通过多种数字化渠道和触点更好地与客户互动。"

乔杰认为，"仅仅采用数字化技术不等于真正利用它们来改善消费者体验以及满足消费者期待。这也解释了为何迄今为止，虽然数字化体验的满意度相对较高，但只有很小一部分中国车主愿意尝试利用数字化渠道从经销商处寻求保养/维修服务。""在所有变化和趋势下，通过采集客户声音，也希望能从车辆本身直接获得客观数据，帮助主机厂做提升。"——这就是调研的意义所在。

③ 专业调研咨询公司的客户满意度调研。专门为某企业或集团进行有针对性的经销商客户满意度调研、数据分析处理，向相关部门或企业领导提供相应的解决方案。例如盖洛普调研咨询有限公司，借助经济学、心理学和管理科学方面的深入研究和独立调研，研究人员揭示出了如何培养高度忠诚的客户以及建立高度敬业的、有卓越才干的员工队伍，从而帮助广大企业稳步发展。采用灵活的咨询方案，依据汽车生产企业的愿景和战略来确定、开发和实施解决方案。

由于以上三类客户满意度调研的出发点与抽样范围以及关注点不尽相同，所以调研结果往往不同。一般的大型汽车生产企业这三者同时进行，以期待调研结果的互补性。将客观性较强的 J. D. Power 调研结果作为公司中长期发展目标和努力改进的方向；将针对性较强并加入企业运营要素的调研结果（自己委托的调研公司的调研结果）作为经销商网络运营效率及销售服务人员的绩效评价；企业集团内的调研数据通常可以作为以上两种评价的参考。

（2）客户满意度调研（Customer Satisfaction Survey，CSS）系统的作用

为了全面客观地了解客户的意见以及经销商网络运行状态，一般汽车生产企业都会通过委托调查公司（第三方）对品牌特许经销商的销售与服务活动进行客户满意度调查，并根据调查得分来评价经销商销售及服务水平，督促经销商改进工作中的不足之处，从而不断提高客户满意度。具体作用如下：

① 可以通过客户满意度调研来衡量各个品牌的产品或服务水平在整个汽车行业所处的位置。

② 可以将客户满意度调研作为汽车生产企业考核各个经销商服务水平的依据。

③ 可以通过开展客户满意度调研活动，让员工了解和关注客户满意度，强化员工的服务意识。

④ 可以通过客户满意度调研活动，找出差距，检验满意度，提升工作的效果，明确需要进一步改善的服务项目。

总之，如果认同产品或服务质量是重要的，而且认同客户的评价是重要的，那么各个汽车生产企业就需要进行客户满意度调研。

（3）客户满意度调研工作内容

汽车生产企业通常通过投标、中标的方式选择专业调研公司，委托第三方实施客观的客户满意度调研（CSS）活动，并在调研活动中，通过自身的 CRM 和客户服务中心承担一部分工作内容，必要时提供部分与企业发展、客户满意度紧密关联的调研内容，并在品牌经销商的积极配合下进行客户满意度调研工作。

① 汽车生产企业的售后服务部门一般完成以下工作内容：
- 确定 CSS 年度目标值（含各事业部），制定目标值的提升标准。
- 参与专业调研公司的招标。
- CSS 调研问卷的优化和确认。
- 确定 CSS 调研形式。
- 对 CSS 调研过程的科学性、有效性实施监控。
- 将调研报告下发到各个事业部，并协助进行问题的整改工作。

② 品牌经销商的工作内容：
- 提供有效的客户档案，制订可行性的整改措施，针对 CSS 报告弱项进行整改。
- 经销商内部必须建立完善的客户跟踪回访管理体系，并有效地开展客户跟踪回访工作。

③ CRM 客户服务中心的工作内容：对有效的客户档案进行汇总，上传给调查公司，负责有关客户档案信息的反馈。

④ 专业调研公司工作内容（第三方）：
- 负责采取电脑辅助电话采访的方法，根据 CSS 调查问卷对有效的客户档案进行调研。
- 负责对有效的调研结果进行统计并反馈给客户服务中心，按时提交调研报告。

（4）客户满意度调研 CSS 的工作流程

① 汽车生产企业在每年的年初制订调研的总体工作方案，方案内容主要包括：

- 经销商年度客户满意度调研的具体项目。
- 经销商年度 CSS 的目标值。
- 经销商年度 CSS 的频次，一般年度 CSS 报告期数为每年 4 期（每季度 1 期）。
- CSS 调研客户群只针对私家车客户。

② 汽车生产企业对 CSS 报告的应用：

- 汽车生产企业在收到专业调研公司提交的 CSS 报告的第二个工作日，通过网络将报告下发至各区域。
- 对经销商年度目标值考核以最后一期 CSS 报告为准。
- 为了保证年度目标值的完成，各区域将加强目标过程管理，对每一期报告及时采取措施。针对每家经销商 CSS 报告弱项与经销商面对面交流，审核、完善经销商整改计划并存档，每季度将整改措施报告传至汽车生产企业。
- 为了促进 CSS 工作稳健开展，各区域需要每月对经销商客户跟踪回访工作进行检查和指导；监督经销商落实整改计划。

③ 客户满意度调研 CSS 工作的相关规定：品牌经销商配合客户满意度调研 CSS 工作，自我完善自我提高。经销商需要定期提供客户档案，由于逾期不提供客户档案或提供档案数量不足造成达不到当月 CSS 访问样本量要求的，专业调研公司不再进行补访，由此造成的经济等方面的损失由经销商自行承担。为了保证调研工作能顺利有效地开展，经销商需要为专业调研公司提供如下方便条件：

- 为保证客户服务中心能正确提取客户档案，经销商必须及时维护所有车辆"客户种类"信息。
- CSS 调查所需的有效样本量至少为 30 个，为了保证能准确联系到客户，经销商必须及时维护客户电话。
- 经销商要及时从网络上查看 CSS 得分，依据每一期 CSS 报告制订整改计划，并认真落实。

（5）经销商的客户满意度调研系统介绍

近年来随着汽车市场的成熟与发展，客户的需求进一步提高，以及经销商服务意识的增强，经销商也都建立了客户服务部门，开展客户满意度调研工作。汽车经销商的客户服务部门能够每日更新客户满意度报告，并且通过系统能够很快地将客户的反馈上传给汽车生产企业的满意度调研系统。

由于这种调研一般是不付报酬的，所以经销商调研问卷往往比汽车生产企业的调研问卷简单，每个被访问的客户最多不超过 3 min，并且尽量集中在几个提高满意度的关键问题上。

客户到经销商报修或投诉后，在规定的时间内对客户进行电话跟踪回访工作，方便客户对工作进行评价。

随着经销商的客户满意度调研系统 CSS 的普及与发展，经销商的客户满意度得到了有效的提高，因此经销商的客户满意度调研系统 CSS 受到了汽车生产企业的重视与支持。大多数汽车生产企业将两者合一，生成一个 CSS 经销商模块。经销商实现了客户档案每天指定时间自动上传，《经销商经营月报》自动生成并上传。这样，曾经独立于汽车生产企业的经销商客户满意度调研系统 CSS 又大多消失了，只有那些多品牌经营的大经销商总部设有独立于各品牌汽车生产企业的客户满意度调研系统 CSS。

小知识：J. D. Power 介绍

J. D. Power 是世界知名的以客户之声（VOC）为基础的全球市场信息公司，每年在全球调研上千万的消费者，分析他们的观点、认知和期望，通过提供排名数据和调研亮点，帮助消费者做出更加理性的购买决定。

J. D. Power 总部在美国洛杉矶，创建于 1968 年，目前在全球共有 15 个办公室。J. D. Power 亚太公司在东京、新加坡、泰国和中国均设有公司，从事客户满意度调研，并为汽车、信息技术和金融行业提供咨询服务。J. D. Power 亚太公司于 1994 年进入中国，2000 年开展联合调研。J. D. Power 客户满意度和质量调研已经成为众多本土和国际品牌企业在华的标杆。

J. D. Power 将新车质量问题细分为八大类别：车身外观；驾车经历；配置、操控和仪表板；音响/娱乐/导航系统；座椅；空调系统（HVAC）；车身内装；发动机和变速系统。

单元二 提高客户满意度的流程

作为售后服务管理最核心的内容，客户满意度管理越来越受到各大汽车生产企业和经销商的重视。客户满意度管理是以客户感受为主线，以客户满意为关注焦点，借助客户满意度的测量分析与评价工具，不断地进行售后服务管理方面的改进和创新。提高客户满意度是增强汽车生产企业和经销商竞争实力的一种服务管理模式。

客户满意度（Consumer satisfactional research，CSR），也叫客户满意指数。那么什么是客户满意呢？一般来说，客户满意是指客户通过对一种产品的感受与他或她的期望值相比较，所形成的愉悦或者失望的感觉状态。如果客户的感受低于期望，顾客会不满意；如果客户的感受与期望相匹配，顾客就满意；如果客户的感受超过期望，顾客就会高度满意或者欣喜。

顾客如何形成他们的期望呢？顾客的期望来源于过去的经验、朋友和伙伴的言论、媒体的宣传、营销者和竞争者的信息及承诺。如果营销者将期望值定得太高，顾客很可能会失望；如果公司将期望值定得太低，又无法吸引顾客。由此可以看出，客户的满意度与客户对服务的期望值是紧密相联的。所以，正确地管理客户的期望对客户满意度管理显得尤为重要。

客户满意度是对服务性行业的顾客满意度调查系统的简称，是一个相对的概念，是客户期望值与最终获得值之间的匹配程度。客户满意度管理的最终目标是追求客户的忠诚度，一个顾客是否忠诚，往往取决于一些小的事件的累加。客户满意度与客户忠诚度通常有以下 4 种表现。

① 当客户满意度是"不满意"时，客户忠诚度为负值。客户不仅不会选择令他们感到过不满意的产品和服务，还会影响周围其他人选择这种产品或者服务。

② 当客户满意度为"一般"时，客户忠诚度为零。客户对产品或者服务没有任何特别的深刻体会。客户会在任何同类产品或者服务中进行尝试，直到找到真正让他信任的产品或

者服务为止。

③ 当客户满意度为"基本满意"时，虽然客户忠诚度为正值，但他们也具有很高的转换率，随时都有可能放弃目前让客户感到基本满意的产品或者是服务，转换到其他的品牌或者替代品。

④ 当客户满意度为"非常满意"时，客户会表现出高忠诚度和低转换率，这就是一汽-大众汽车有限公司一直在追求的"客户欣喜度"，它是客户满意度的最高境界。由于为客户提供了超出他们期望值的产品或者服务，客户会有欣喜的体验和感受，所以会表现出高的忠诚度。各大汽车生产企业和经销商通过这些高忠诚度的客户来实现经济效益和社会效益。

如何利用客户满意度管理真正提升客户的满意度，达到客户欣喜；如何解决客户满意度管理中出现的一系列问题，一直是各大汽车生产企业和经销商需要解决的难题。

我们已经知道了客户满意度对汽车生产企业的重要性，我们应该怎样做才能提高客户满意度呢？

一、重视"客户资源"的价值

在过去相当长的一段时间内，人们对"客户资源"的理解，往往停留在"客户档案"这个范围内。随着市场环境的变化以及竞争的日趋激烈，各个汽车生产企业对于"客户资源"的理解也越来越具体。各个汽车生产企业在充分认识到"客户资源"价值的同时，也越来越重视对于"客户资源"的有效管理和利用。通常采取以下方式进行客户资源的管理：

① 成立专业的客户关系管理部门，集中管理汽车生产企业的"客户档案"和"业务数据"。

② 重视各个渠道的客户请求和需求信息。

③ 重视营销机会的管理，使它有更高的成功率。

④ 把"客户资源"作为企业资产来管理，将它的"利用率"与业务部门的绩效考核结合起来等方法，以便更好地管理利用客户资源。

二、划分客户类型，为不同类型的客户提供不同方式的服务

应该对稀缺的经营资源进行优化配置，集中力量提升高价值客户的满意度。与此同时，也应该关注潜在的高价值客户，渐进式提高他们的满意度。从全部客户满意，到价值客户满意，再到高价值客户满意，最后到高价值客户关键因素满意，这应该是企业提升"客户满意度价值回报"的"流程"。

三、不断收集和研究客户需求

汽车生产企业要实现中长期的稳定成长和发展，必须要不断地收集和研究目标客户群的产品和服务需求，积极而有效地反馈并且还要融入自身的产品和营销策略中去。只有这样，才能在充分而激烈的竞争中，提高现有的客户满意度，赢得新客户。

四、和客户建立亲善关系

现在的客户越来越精明、越来越理性，他们通过网络和电视等媒体可以获得更多更详细的产品和服务信息，更加不能容忍被动的推销。客户希望与企业的关系超越简单的售买关系，因此各个汽车生产企业应该为客户提供个性化的服务，使客户在使用产品以及接受服务的过程中获得产品以外的良好的心理体验。服务人员在与客户的交往中，要善于听取客户的意见和建议，表现出对客户的尊重和理解，要让客户感觉到企业特别关心他们的需求。企业还应鼓励员工站在客户的角度思考应该提供什么样的服务，以及怎样提供服务。

五、积极地解决客户的抱怨

统计表明，对于不满意的客户中，有 6.5% 的客户会采取公开的抱怨方式，这些公开的抱怨会给公司带来这样那样的负面影响。如果这些抱怨处理不及时、不合理，就会有一些客户采取一些过激的方式，如不付账单、对客户服务人员蛮横无理，更严重的是四处诋毁该公司（通过网络影响若干个潜在客户），所以应当给客户提供抱怨的渠道，并认真对待客户的抱怨，在企业内部建立处理抱怨的规章制度和业务流程，如规定对客户抱怨的响应时间、处理方式和抱怨趋势分析等。

提高客户满意度，使其为企业创造更大的利润空间，应该是各个汽车生产行业都十分关心的问题。只要我们信任和尊重客户，真诚地视顾客为朋友，给顾客以"可靠的关怀"和"贴心的帮助"，我们就可能赢得客户的满意。

单元三 一次修复率（FFV）对客户满意度的影响

对于汽车生产企业的经销商来说，一次修复率（FFV）是指经销商在一段时间内，客户车辆首次进厂即得到满意的维修服务的车辆数 a 与进厂维修总量 b 的百分比：$FFV = a/b \times 100\%$。

返修就是指客户重复因为相同的原因到经销商处报修，它对客户满意度和售后服务质量有着显著的影响，返修率 $FNV = 1 - FFV$。

返修既包括由于维修技术原因而导致未能排除故障造成的，又包括整个服务接待过程不当引起客户抱怨，甚至可能是汽车生产企业某个环节造成客户返厂进行检测维修。因此，要想降低返修率提高一次修复率，需要在生产质量、服务技术及售后服务整个环节上进行优化和提高。

客户满意度与一次修复率（FFV）成正比，与返修率（FNV）成反比。

一、通过提高一次修复率（降低返修率 FNV）提高客户满意度

提高客户满意度和售后服务质量是售后服务工作的最高目标和追求，这里既涉及前面讲到的维护良好的客户关系问题，又涉及维修技术、车间管理等因素体现出的具体的服务质量问题。对于这些问题需要采取集中而且有针对性的方式，才能达到客户满意这一目标。

没有良好的客户关系可能不能实现客户满意，但客户关系维系再好，返修率居高不下，也不能实现客户满意，这是不争的事实。为了实现客户满意，必须降低返修率也就是提高一次修复率，进而提高客户满意度。图 7-3 是发生返修车辆的客户满意度变化趋势图。由图可知：一次修复的车辆，客户 78% 表示满意，而当出现返修后客户中仅有 42% 表示满意。其中差额的 36% 的客户因为车辆返修而表示不满意。若在本次返修的过程中再出现解决不了的问题而返修，那么就会产生更大比例的抱怨。

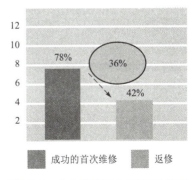

图 7-3 客户满意度与 FFV 的关系

一次返修就会导致客户满意度显著下降，更可怕的是返修往往会出现两次、甚至三次返修，或者同类原因得不到妥善解决，会造成返修在一段时间内的反复大量出现。因此，对于客户满意来说，需特别注意返修这个问题。显著并持久地降低返修率，就是提高客户满意度的有效途径。

提高客户满意度既是汽车生产企业关注的重点，也是特许经销商持续优化和改进的方向。从哪些环节入手才能降低返修率提高一次修复率呢？这就需要汽车生产厂家和特许经销商正确了解各自市场特点，对市场进行充分调研，还可以借助客户满意度调研 CSS 结果和销售与服务回访的样本数据，进行统计分析，然后有针对性地调整正在实施和将要实施的措施，以及在局部组织机构中更有力地实施这些措施，才能提高一次修复率，进而提高客户满意度，但这需要有一个持续优化与完善的过程，切不可急于求成。

二、提高一次修复率（降低返修率 FNV）的方法

一次修复分析的目的是运用一定的方法找出出现返修的原因，并给出相关的服务环节，制定可实施的措施来提高一次修复率。为了提高一次修复率，需要对返修进行分析。返修分析有两种方法：一是维修过程细节分析法；二是客户对话抽样调查法。这两种方法的侧重点不同，维修过程细节分析法，可详细研究是哪些原因造成返修，具体分析出合作配套厂、生产厂、经销商环节；客户对话抽样调查法，可以了解经销商范围哪些环节可以影响返修率，并了解各个经销商的潜在优化需求。但分析结果是否有效，与所选样本有很大关系。下面利用某汽车生产企业客户满意度调研 CSS 数据，对各经销商返修率及客户满意度的数据进行分析，可以得出经销商方面的返修原因（表7-3）。

表7-3 经销商方面的返修原因

序号	经销商方面的返修原因
1	制造商/进口商/国家售后服务中心方面的原因
1.1	无法使用技术问题解决方案
1.2	技术问题解决方案没有以目标为导向
1.3	文献资料不正确
1.4	引导型故障查询没有以目标为导向
1.5	原装零部件供应问题
1.6	缺少原装零部件
1.7	技术服务中心维修咨询没有以目标为导向
1.8	活动
2	经销商方面的原因
2.1	没有具体描述/了解客户保修内容
2.2	没有将保养内容完整/正确地传递给相关部门/人员
2.3	没有使用文献资料
2.4	没有使用技术问题解决方案
2.5	没有进行引导型故障查询
2.6	没有正确诊断出故障原因

续表

序号	经销商方面的返修原因
2.7	没有及时订购原装零部件
2.8	维修错误
2.9	维修站装备不足
2.10	保修内容不同
3	客户的感受（包括详细的注释）

返修的原因虽然千差万别，但从整体上可以分为汽车生产企业的原因和非汽车生产企业的原因两大类，其中汽车生产企业的原因又可分为协作配套的零件制造商、进口商、及汽车生产企业的区域、合作配套厂等原因，但这些与经销商销售服务环节及客户使用环节都无关，所以定义为汽车生产企业方面的原因。这就需要从汽车生产企业环节加以整改提高，而除此之外的原因可以从销售服务环节加以改善。

对于造成客户抱怨的车辆返修的具体原因如何界定呢？有的汽车生产企业和经销商各有一套客户满意度调研系统CSS，就会得出各自的结论，有时还是互相矛盾的。因此，数据的分析比较是一个比较重要的过程，可进一步甄别返修的真正原因。比较抽样过程是以底盘编号为基础的。对每个底盘编号在经销商和汽车生产企业的客户满意度调研CSS抽样调查进行比较，查看汽车生产企业与经销商的调查结果分类法是否一致。如果不一致，分析团队要重新分析细节以求找出真正的能影响返修的原因。这种情况下，分析团队最好直接与经销商或客户联系，弄清返修的真正原因，用来制定行之有效的解决措施。

当然，绝对的一致是不可能的。如果汽车生产企业与经销商分类法的一致性很高（>90%），那么可以认为双方调研结果的正确，并且可以作为制定解决方案的措施；如果一致性很低，则分析团队需弄清各种情况，直到统一为止。

单元四　提高客户感受与客户满意度

一、加强经销商网络服务组织与管理提升客户满意度

1. 宏观的经销商服务组织管理

经销商网络建设，一般是生产厂家提供统一的建筑标准；提供统一的形象建设标准及标识标准；贯彻先进的管理模式；免费提供技术培训、管理培训、索赔培训、备件培训及计算机业务培训；疑难维修技术支持；提供技术资料、管理资料；统一订购专用工具、仪器设备，指导通用工具订购；提供电子信息服务系统网络及经销商内部管理软件；提供原厂备件；免费提供产品宣传及服务宣传资料；授权开展售前整备、首保及索赔业务；指导经销商开展服务营销。

例如，一汽-大众汽车有限公司遍及全国的统一形象、统一标识的500余家经销商，曾经让德国奔驰总裁羡慕不已地说了一句心里话："中国的大众就是德国的奔驰。"这足以说

明经销商网络建设的重要性。这是一汽-大众始终贯彻德国大众的同一星球、同一品牌、同一标准的硕果，正是在这一工作方针的指导下，在全体经销商的共同努力下，一汽-大众汽车有限公司的网络服务功能日益完善，基础工作扎实稳健，服务盈利、抗风险能力日益加强。

经销商的服务组织与管理说大也大，说小也小。从小的方面来说，走进经销商展厅内只看一下卫生间，即可大致判断出服务水平；大的方面讲的是服务理念。各个经销商的服务组织与管理大的方面极其相似，但小的方面却各有不同。尽管核心流程是统一模式的，但激烈竞争导致经销商自觉地开展特色服务营销，使得经销商为缓解库存压力积极开展服务营销活动的意识越来越强烈。

2. 经销商服务组织的微观管理

（1）服务承诺的诞生

服务承诺是售后服务部门为体现客户关怀，落实服务标准的兑现，并通过经销商承诺的方法向客户公示的服务特色的一种表现形式。

例如，对于一汽-大众汽车有限公司的经销商来说，面对德国大众的售后服务核心流程，针对中国市场的复杂性与多样性，及客户需求的多层次性、复杂性，经销商的把握和理解程度都会有很大的差异，所以执行结果也不尽如人意。为了充分体现"严谨就是关爱"的售后服务理念，体现客户关怀，一汽-大众汽车有限公司根据客户满意度调研 CSS 中的弱项及服务核心流程的执行情况，制订了一套简单易行的提高客户满意度解决方案即"九个一"的服务承诺。通过"九个一"的服务承诺可使服务核心流程和客户满意度调研 CSS 的结果，在服务承诺方案中实现闭环的管理与控制，是客户满意的依据与保障。

体现"严谨就是关爱"服务品牌的"九个一"承诺如下：

- 将在 1 min 内接待客户。
- 给客户提供一个公开、透明的价格标准。
- 维修前，为客户提供一套完整的维修方案。
- 为客户提供一个舒适整洁的休息空间。
- 将按照约定在第一时间交付客户的爱车。
- 维修后，为客户解释在本店的一切消费内容。
- 每次来店将免费为客户洗车 1 次。
- 为客户提供原厂备件 1 年或 10 万 km 的质量担保（先达为准，易损件除外）。
- 为客户的爱车提供专业的每一天 24 h 救援服务保障。

以上内容可以看出，这 9 项内容并不复杂，不难做到，但恰恰是这些细节在客户满意度调研 CSS 中丢分较多。

（2）细节决定成败，落实是关键

一汽-大众汽车有限公司要求经销商将上述"九个一"承诺，以目视板的形式公示出来，确保客户直观、清晰地看见服务承诺。为兑现服务承诺，经销商根据实际情况制定相应的服务承诺细则，各经销商应按服务承诺细则的内容要求从软件、硬件上符合标准的要求，真正体现客户关怀。经销商管理人员不定期进行服务承诺的监督与检查。客户服务中心调查经销商服务承诺执行情况，根据调查结果，给予经销商相应的惩处。

二、加强客户关怀并提升客户满意度

汽车生产企业为了提高客户的满意度，会从多角度为客户提供客户关怀，还会从多方面为客户提供汽车贷款、汽车保险、汽车租赁、二手车评估等衍生服务。

1. 什么是客户关怀

从时间上看，客户关怀活动包含在售前、售中、售后的客户体验的全部过程中。售前的客户关怀会加速企业与客户之间关系的建立，为鼓励和促进客户购买产品或服务起到催化剂的作用；售中的客户关怀则与企业提供的产品或服务紧紧地联系在一起，包括订单的处理以及各种有关销售的细节，都要与客户的期望相吻合，满足客户的需求；售后的客户关怀活动则集中于高效地跟进和圆满地完成汽车的维修和保养的相关步骤，以及围绕着产品、客户，通过关怀、提醒或建议、追踪，最终达到汽车生产企业、经销商与客户的互动。汽车生产企业对产品、客户及其变化趋势有很好的把握效果，能为企业进一步的产品升级、客户拓展达到积累资料的目的。售后服务的跟进和为客户提供有效的关怀，可以大大增强客户对产品和企业（汽车生产企业和经销商）的忠诚度，使客户能够重复购买企业的产品和服务。

为了高效处理客户投诉，缓解客户抱怨，提高客户满意度，经销商都要配合汽车生产企业的售后服务部门和客户关怀部共同处理客户的投诉和抱怨，达到客户满意或者是欣喜的程度。

2. 客户关怀措施

不同的汽车生产企业根据自身产品的特点，制订自己的关怀策略。各个汽车生产企业应该区分不同规模、贡献、层次、地区甚至民族、性别，采取不同的策略，从关怀频度、关怀内容、关怀手段、关怀形式上制订计划，落实客户关怀措施。下面重点介绍汽车生产企业为客户提供的善意补偿款和优惠索赔措施。

（1）善意补偿款

① 善意补偿款的定义。

善意补偿款是汽车生产企业为了处理重大客户投诉而提供的相关费用。善意补偿款包括：赔偿客户损失及诉讼等发生的直接费用，但不包括连带费用。应急处理时，一般由汽车生产企业的技术团队现场确认后，由经销商第一时间为汽车生产企业垫付给客户，再由经销商向汽车生产企业申报。

② 善意补偿款支付流程。

- 经销商在垫付善意补偿款前与客户签订免责协议，协议通常是由经销商与客户间签订的。签订的协议需要有汽车生产企业的相关人员确认。
- 汽车生产企业的售后服务人员向经销商提供《善意补偿款申请表》，由经销商服务总监负责填写，在经销商鉴定结果中须标明支付金额，汽车生产企业的售后服务人员签字确认后，汽车生产企业的区域服务经理、总经理签字确认后将《善意补偿款申请表》反馈给产品责任部相关人员。
- 产品责任部相关人员负责将《善意补偿款申请表》上报领导审批。
- 《善意补偿款申请表》审批以后，产品责任部相关人员负责区域服务人员，并将《善意补偿款申请表》存档。
- 区域服务人员负责通知经销商服务总监准备相关材料（发票、结算单、判决书等）。
- 产品责任部负责进行善意补偿款的结算，这项费用由汽车生产企业承担。善意补偿

款不计入区域单车索赔费用。支付费用由售后服务部门以备件索赔的形式支付。

（2）优惠索赔

根据客户的特殊性，为客户办理优惠索赔，解决超过质量担保期的敏感客户（新闻媒体记者、VIP、大客户及挑剔客户等）的抱怨，提高客户满意度。

① 优惠索赔的范围。

敏感客户车辆在超过质量担保期发生的由于质量问题导致的车辆故障，汽车生产企业承担车辆的维修费用，但不包含任何其他额外的补偿。

② 优惠索赔的内容。

- 客户向经销商提出优惠索赔的请求。
- 经销商服务总监初审是否符合优惠索赔的条件并请示汽车生产企业的现场服务代表，经过现场服务代表核实并确认客户车辆状况，联系区域的现场技术经理进行技术确认。
- 现场技术经理鉴定是否属于质量问题，尽快将鉴定结果反馈给现场服务代表。
- 对于可办理优惠索赔的车辆，现场服务代表通知经销商的服务总监填写《优惠索赔审批表》，在经销商鉴定结果处标明索赔金额（汽车生产企业不承担连带责任）。
- 经过现场技术经理和现场服务代表签字确认后，由汽车生产企业售后服务部门的相关人员对优惠索赔进行技术审核，审核合格后交给索赔人员处理及存档。
- 对于审批合格的优惠索赔，现场技术经理负责将结果通知现场服务代表。
- 汽车生产企业的索赔人员依据《优惠索赔审批表》进行优惠索赔结算。这项费用由汽车生产企业承担。
- 自然灾害造成的车辆损坏，由经销商负责解决客户的抱怨。

总之，客户关怀管理真正体现了"以客户为中心""以营销为整体"的现代企业经营理念，是企业市场营销系统的重要组成部分，也是企业打造持续的市场竞争力、实现可持续发展的基本要求。

三、超越客户满意、实现客户欣喜方案的设计

尽管各个汽车生产企业的售后服务核心流程在国内都能得到更好地普及与发展，并且汽车生产企业的产品质量在不断提高，客户满意度分值也在上升，但通过国际客户满意度调研组织 J. D. Power 调研的结果却不理想，甚至下滑速度非常快。无论是公认的调研组织 J. D. Power 还是汽车生产企业自身的客户满意度 CSS 数据分析显示，客户满意度数值还在逐年提高。这就体现出了一方面竞争在加剧，竞争对手在提高；另一方面客户的需求在提高。因此，服务的组织管理方式必须创新，才能为客户带来高附加值客户满意。一汽-大众汽车有限公司在这方面做了许多探索，在新的竞争形势下改变服务组织现状，为客户提供更好的服务势在必行。

1. 客户欣喜方案设计

从上面的分析可以看出，客户需求提升的速度已经超过了服务发展的速度，传统的服务需要改进，单纯的客户满意已经不能满足于现在的市场发展要求，需要实现超越客户满意的境界。

为了进一步稳固在中国汽车市场上的地位，提高市场竞争力，一汽-大众汽车有限公司售后服务新的目标是为客户提供令人欣喜的售后服务体验。

如何才能创造欣喜呢？可以从以下方面着手：能够为客户传递品牌所赋予的历史、荣誉

和传统的信息；具备能够满足客户预期的人员、产品和服务；客户能够感觉到独一无二的、富有荣誉感的和强烈的心理满足感；销售和服务过程中体现出创意、创造性、独特性；高技术含量、高精确性、高品质；具备专业的、思路清晰的、具有吸引力的销售和服务人员；关注细节、家的感受、清晰透明的；将客户当作客人一样对待，只有尊敬和欢迎，从不施加压力；在接到客户来电时能够高效地进行解答和回应；满足客户需求，包括那些未明确表达的需求。

2. 客户欣喜方案内容

客户欣喜方案，也就是在现有核心流程的基础上，加入时代元素，营造客户想象之外的满意，力图超越满意创造欣喜。

（1）打造一流的客户体验服务流程

整合各行业世界一流客户服务标准，以"客户至上"的理念为指导优化现有的工作内容，并加入了各种新颖的工作形式。本土化改良德国特色的核心服务流程能够更准确地满足中国消费者的需求。

（2）欣喜之旅优化后的核心流程

经销商工作人员与客户的每一次接触都是创造客户欣喜的机会，客户感到欣喜是因为接受到意想不到创新的工作方式超出了他们的期望，这就需要经销商工作人员在细节上，表现与众不同让客户感觉到更出色。对比目前的表现和客户的期望值，只要超越客户的期望，即创造客户欣喜，同时能带来更多的忠实客户，而他们又会向朋友和家人推荐该服务品牌。具体流程如下。

① 服务前：经销商客户保留和集客活动（推陈出新，打动我心）。

② 服务开始：服务预约（预约安排，想我所想）、接待与预检（热情接待，预检我车）、服务需求确认及评估（需求分析，确认我意）。

③ 服务进程：车辆维修（专业细致，修我爱车）、客户关怀和信息交流（沟通信息，安慰我心）。

④ 服务交付：服务交车（高效周到，交还我车）。

⑤ 服务跟踪：致谢并确定客户欣喜措施（售后关怀，令我欣喜）。

单元五　提高服务意识与客户满意度

汽车生产企业为了保证提升客户满意度方案的顺利、有效实施，充分调动售后服务人员的工作热情，汽车生产企业会设计一整套的奖励激励措施，同时还对经销商开展现场辅导工作，提高经销商服务人员对提高客户满意度方案的理解和执行。

一、服务满意度的奖金激励

1. 服务满意度奖金激励的目的

① 通过经济利益的正向激励，促进改善返修率，提高客户满意度。由于服务顾问对返修率的影响最大，因此针对服务顾问设定客户满意度奖金。

② 有针对性地表扬和表彰少数最佳服务人员，并以实际情况证明可以实现质量提高目的，带动服务顾问全体综合服务能力的提高。

2. 服务满意度正向激励的总体条件和前提

对每个服务顾问服务质量指标的评定可信，以及最佳服务顾问的评定受到广泛认可，注意评定过程一定要透明清晰，并且可以有针对性地进行一段时间的跟踪评比，为力求达到客观真实，最低要求是每年每个售后服务企业抽样60次客户满意度对话。具体实施步骤如下。

（1）确定评定标准和评定期限

将评定中的受奖励人员数量限制在较低的范围，并找出一个相对简单的计算方法。生产厂家可按季度评定经销商平均满意度情况，并予以适当激励；同时经销商可以月为周期，评定服务顾问满意度情况，并颁发满意度优胜奖和满意度进步最快奖。

另外，要注重那些可以优化客户满意度与售后服务质量，降低返修率的有关的评定要素。这些评定要素及权重如下所示：

- 服务顾问评定标准的权重，可设定为返修率（50%）。
- 交车时对所做的工作加以说明（10%）。
- 深入了解客户的需求和愿望（10%）。
- 维修站工作正确（10%）。
- 客户联系指数（20%）。

计算方法学结构的推荐

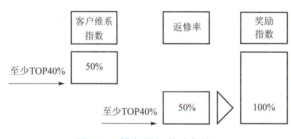

图 7-4 服务顾问激励条件

为保证将评定中的受奖励人员数量限制在较低的范围，可将表彰条件设定为图 7-4 所示的服务顾问激励条件，即

- 接车返修率<排名最前的 40% 的服务顾问。
- 客户满意度排名>最前的 40% 的服务顾问。

同时具备这两个条件，可以认为是经销商网络内有代表性的服务顾问，进入激励范围，进而达到树立样板，激发服务顾问群体的目的。

（2）确定奖励等级

① 确定整体激励预算：奖金分配计划与两个因素有关，即需要表彰的服务顾问的数量（一般比例为 30%）、最高奖金额度（月工资的 50%~150%）。

② 确定获奖服务顾问的数量：经销商要使每个售后服务顾问都能了解奖励激励措施的存在，因此至少排名前 30% 的售后服务顾问都应获得过奖励。

为了确保奖金确实能够颁发，应根据各地服务顾问月工资的实际水平确定奖金的数量。下限为月工资的 50%，上限为税前月工资的 150%，如图 7-5 所示的服务顾问激励奖金分配方案。

对于结构明显多样性的经销商，他们可能存在多品牌经营，不可避免存在复杂的跨品牌竞争，可以根据需求的不同进行奖励方案培训。在准备期就确定奖金的数量，以便能让员工对奖励制度有一个正确的理解。确定一个基准作为下限以及一个最大额度为上限，然后分配剩下的预算，使每一级的奖金都以一定比例上升（例如，奖励排名最前的 100 名售后服务顾问，可以在基准的基础上以 1.5% 的比率递增每一级的奖金）。

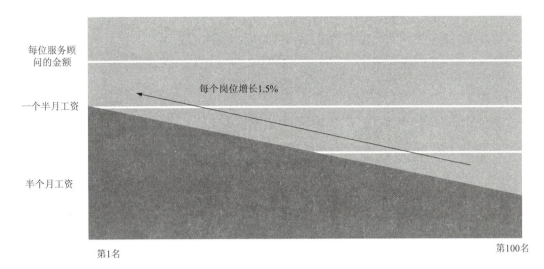

图 7-5　服务顾问激励奖金分配方案

③ 奖励扩展方案：为了能够在表彰最佳售后服务顾问的同时，还能嘉奖上一年进步最大的售后服务人员，也可以将评比由最佳（根据排名）转化为进步最大，以鼓励新入职或长期处于偏后的服务顾问的进步，但这种评比可以每年度 1 次。

(3) 注意激励方案客观合理，注重经常交流

汽车生产企业的售后服务部门，邀请最优秀的经销商的售后服务部门的主管，参加售后服务营销年会，并在这个一年一度的总结会中，进行相应表彰激励和经验交流。

另外，还可以定期交流服务顾问最新的排名，可包括全国排名、大区排名、小区排名，乃至经销商内部排名，让竞争与激励深入到每家经销商每个服务顾问的各个工作环节。必要时可定期举办区域性经验交流会，这样在物质激励的基础上强化精神激励的作用。

二、服务技术竞赛激励

这里的服务技术竞赛是广义的，既包括每年一度服务技术竞标赛，也包括日常工作考评中的服务技术竞赛。其目的都是通过竞赛的方式，正向激励少数经销商及其售后服务领域业绩突出的优胜者，树立标杆，促进经销商领导重视技术、尊重人才、提高服务意识，并激发服务技术人员钻研技术、用心服务，进而为客户创造欣喜。售后服务竞赛是一种综合的激励措施，具体分为以下两种形式。

① 第一种售后服务竞赛是有针对性地激励企业所有者、服务技师、服务顾问及备件工作人员努力工作，进而降低返修率，为客户创造欣喜。近年来各汽车生产企业普遍举行各种服务技术锦标赛，如德国大众每年都组织全球范围内服务与技术双杯竞赛。作为竞赛的一部分，各子公司都要组织经销商的服务顾问、技术精英以及备件业务人员，全员参与竞赛考核，如一汽-大众汽车有限公司、上海-大众汽车有限公司、大众（中国）汽车有限公司都会在这一轮预赛中选择成绩优异的选手，参加全国性统一的复赛，复赛中录取前 10%，参加本系统年度决赛，其中优胜者即可得到丰厚的奖金或实物奖励，还可获得参加德国的世界锦标赛总决赛及颁奖仪式的资格。

为激励服务技术人员提高服务技术能力，近年来奖励额度不断上升，如一汽-大众 2007 年国内技术锦标赛冠军个人及团队获得 15 万元现金奖励并获得免费参加德国总决赛及欧洲

8 国游的奖励，亚军个人获得 3 万元现金奖励，季军获得 1.5 万元现金奖励，亚军及季军团队获得国内四川省九寨沟黄龙免费旅游奖励；2008 年国内服务和技术优胜者各获得新宝来轿车一辆，二等奖 6 万元现金、三等奖 3 万元现金、参与奖 5 000 元现金的奖励。

不仅如此，在奖金发放细则上也实现着培养人才、用好人才、留住人才的售后服务长远战略。因此，个人获得奖励金额要分 3 年支付，每年需要经销商提供该员工在职证明和发票，这基本保证经销商培养出的人才 3 年内不会发生流失，也是实现更好地服务创造欣喜的基础。

② 第二种售后服务竞赛是指对经销商售后服务组织与管理水平，及整体运营质量定期进行综合性评价，并评出运行良好的经销商进行正向激励的一种常态性的服务组织与管理能力竞赛。例如，德国大众集团已在欧洲推行欧洲大众汽车售后服务质量奖（European Volkswagen Service Quality Award）。它根据 CSS 结果（或具有等同性的分析结果）奖励欧洲排名前 100 名的售后服务企业。实践证明，该措施对创造和实现客户欣喜起到了重要的作用。

三、企业现场辅导

1. 全面企业辅导

全面企业辅导是指来自第三方或主机厂资深培训师，随同经销商企业管理人员，深入企业售后服务组织与管理实践中，从售后服务核心流程的各个工作过程中发现缺点与不足，挖掘出创造客户超越满意的因素，再通过现场总结会的方式予以纠正或校准的全过程。这种辅导可及时发现经销商个性化的服务组织与管理方面的问题，一般可以以 1 年为周期循环进行，以达到持续改进的目的。

这种辅导方式特别适合于售后服务核心流程的实施度不足，而导致客户返修抱怨的经销商。但辅导周期要缩短，甚至应用一种新的引领式帮扶活动，即在新建的经销商服务网点开业初期，汽车生产企业派经验丰富的管理人员，实施一定时间的伴随服务，由指导下工作逐渐转为带领式工作，最后到引领式开展业务。

（1）全面企业辅导的目的

通过有效实施售后服务核心流程或识别并排除已有的售后服务核心流程中的薄弱环节，并且与经验丰富的售后服务核心流程专家进行交流，确保能够持续改善返修率。这是售后服务领域客户满意度能够整体提高的基础，也是原装零部件以及附件销售环节中补救功能不断提高的基础，所以此项工作是提高客户满意度和售后服务盈利能力的有效手段，也是实现客户超越满意的基石。例如，自 2006 年 5 月开始，在德国开展了名为"质量与利润并存"的全面企业辅导活动，到 2007 年 6 月 1 日共有 104 家售后服务企业接受了全面企业辅导并且成效显著。

（2）全面企业辅导的总体条件和前提

根据客户满意度分析（例如 CSS）结果，参考售后服务企业返修率决定选择哪些环节需要接受辅导。

对于参与这项辅导的企业来说，人员和经济上的要求都很高。费用可由汽车生产企业对经销商的奖励费用中全部或部分支出。例如，2006 年一汽-大众汽车有限公司出资，聘请北京先锋公司，对服务网络中服务满意度排名前 100 家优秀经销商进行免费的企业现场辅导。企业中辅导参与者必须稳定在相应岗位 1 年以上，故不适合为那些人员尚不确定的新经销商进行全面辅导。

培训师必须具备较高的业务能力，以及对所执行特有的流程十分了解。因此，应分别由两个不同的培训师，负责业务接待能力和组织机构流程这两个主题的辅导。要求服务总监、服务经理、技术经理在场，并认真对所发现的不合格项，立即制定措施予以改正，对扣分项选定负责人，进行持续优化和改进。

（3）全面企业辅导的实施步骤

① 由培训师沿着售后服务核心流程结构化的盘点，从中发现流程问题。

② 与经销商管理层一起分析问题，以找出经销商可以接受的解决方案。

③ 通过从预约开始直到最后交还车辆的这一系列工作，改善售后服务企业中流程化的细节工作。

④ 现场直接培训售后服务员工改善交流方式。

2. 细化的企业辅导

细化的企业辅导就是针对各个售后服务企业所制定的独立的流程咨询。这种咨询分为两种，如果组织机构流程范围内只有某个因素比较薄弱，这种咨询就特别适用于有针对性地优化这一范围；如果分析结果表明需要改善多个成功参数，则需要进行全面的企业辅导。

（1）细化的企业辅导的目的

根据评定分析找出的成功参数，可以了解和处理各个经销商与客户满意度和返修相关的、最重要的薄弱环节，并由此降低返修率。

（2）细化的企业辅导的总体条件和前提条件

经销商中的工作流程具有一定的结构，并且是有组织的，可以针对这些工作流程展开细化的企业辅导计划。以 CSS 或其他类似评定结果为基础，通过分析找出各个市场的成功参数。

（3）细化的企业辅导的实施步骤

通过统计分析结果，根据各个参数改善返修率的程度，识别出各个市场中的成功参数。

对于各个售后服务企业，通过对各个成功参数进行客户满意度评定而做出独立的评分，并将这个评分值与非常满意的客户反馈比较，由此找出改善措施的着手点。

辅导措施的重点内容，需要与区域市场特色取得一致才能确定，并沿着售后服务核心流程步骤继续细化。针对交流这个主题应单独进行交流辅导。每个售后服务核心流程中辅导措施如表7-4所示。

表7-4 核心流程中的辅导措施

售后服务核心流程步骤	可能的培训重点
预约	• 改进预约调配（使用电子预约规划系统，把难解决的问题安排在高峰期以外） • 遵循"电话预约"清单的要求 • 预约时询问客户有关附加工作的情况 • 对服务人员进行有关预约的强化培训

续表

售后服务核心流程步骤	可能的培训重点
准备工作	- 特别记录返修率 - 建立 DISS 信息 - 检查车辆历史记录 - 更好地调配物流以及备件
接收车辆/制作订单	- 使用"交谈"清单 - 改进沟通方式，对工作进行说明 - 与客户一起进行分析试驾 - 将客户的谈话内容记录在任务单上 - 在车辆旁完成直接验收工作 - 在车辆旁进行检验程序操作
维修	- 详细记录订单扩展服务项目 - 任命负责的技师 - 改进 ELSA 和 TPL 的系统应用 - 技术培训 - 维修车间装配
质量检查	- 每次交车前进行试驾 - 每次交车前由服务顾问进行最终审核
交车/结账	- 通过服务顾问改进账单说明 - 引入账单检查流程

四、客户沟通技巧辅导

专业的沟通对于售后服务质量（特别是对返修率）和客户满意度的影响是非常显著的，也就是创造客户欣喜的关键所在。通过对经销商进行客户沟通技巧辅导，可以显著改善经销商与客户沟通的状况。在沟通辅导中，将探讨一些实用的创造客户欣喜的技巧，使服务顾问很快就可以在实践中运用这些技巧，从而最大限度地为客户创造欣喜。

改善售后服务企业中与客户沟通的状况，特别是在预约时间、接收和交付车辆的"关键时刻"，如接收车辆时对维修站工作加以说明，深入了解客户的需求/愿望，交车时对工作/账单加以说明，具体细节如图 7-6 所示。

同时，有针对性地找出可以降低返修率的沟通元素。根据企业的规模，通过以上的分析可以快速开始客户沟通技巧辅导。

客户间的作用与影响，对服务组织与管理也是一个至关重要的因素。永远不变的真理就是客户满意所能影响的群体和放大的范围，永远比不上不满意的影响。因此，在与客户沟通的环节一定要掌握——先保证不犯错误，再伺机创造欣喜的原则。

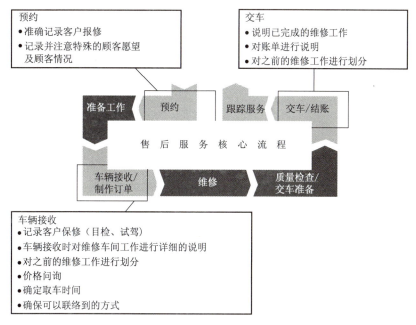

图 7-6　客户沟通技巧辅导重点

复习思考题

1. 有哪些奖励措施可以激发服务人员的服务热情，为客户带来欣喜的服务？
2. 客户满意度与客户忠诚度有什么关系？
3. 影响客户满意度的因素有哪些？
4. 什么是一次修复率？

模块八 特约经销商其他业务

△ 汽车售后服务管理（第3版）

 学习导入

刘先生最近想买一辆二手车，他手头的钱有6万元左右。由于刘先生对汽车一点都不了解，是个纯粹的"外行"，所以他不知道该怎么挑选鉴别二手车，他手上的钱买一辆什么样的二手车才比较合适呢？你如果是刘先生的技术顾问，你该怎样为他把好关并办好二手车相关手续呢？

 学习目标

1. 了解汽车销售的流程。
2. 掌握售前检查（PDI）的内容及规定。
3. 了解二手车的鉴定方法和交易手续。
4. 了解汽车保险知识及理赔流程。
5. 了解汽车美容的内容。
6. 了解汽车装饰的内容。

为了提高对客户的服务能力和提高企业竞争力，汽车经销商除了从事品牌车辆的售后服务业务外，还从事汽车销售、汽车上牌、汽车保险理赔、汽车美容装饰等相关业务内容。

单元一 销售业务

汽车销售是特约经销商的首要职能，由经销商的销售部门完成。汽车经销商的销售部门负责开拓市场，完成销售计划，做好客户的开发及维护工作。销售部门是经销商的窗口，代表着经销商的形象和汽车品牌的形象。

一、销售顾问岗位

在销售部门，销售顾问是销售业务的基本承担者，对于实现经销商的销售目标和销售业绩有重要的作用，因此，经销商的销售顾问都需要通过专业的培训，执行标准的销售流程。

（1）销售顾问岗位职责

① 当客户抵达展厅后，应立即按照公司接待客户的工作流程迎接客户。
② 对自己售后的车辆，必须参照公司的流程进行跟踪服务。
③ 确保完成自己月度销售目标。
④ 每天填写和妥善保存客户信息。
⑤ 准确及时填写所有销售文件。
⑥ 确保展车在任何时候都一尘不染和光亮如新。
⑦ 参加公司培训。
⑧ 熟练掌握车辆的特点和性能：系列、规格、价格、车色、可选配件和装饰附件。
⑨ 了解竞争对手的产品知识。
⑩ 交车前 6 h，确保待售车辆状态完好，且配置和合同规定的一致。
⑪ 为车主介绍质量担保和维修保养条款。

（2）销售顾问任职条件

① 具有大专以上学历，汽车相关专业毕业。
② 熟悉汽车行业，有汽车销售工作经验，了解营销心理学。
③ 形象气质较好，成熟稳重。
④ 具有一定管理能力，具有良好的人际交往和沟通能力。
⑤ 熟练掌握各类办公软件的操作。
⑥ 能熟练驾驶汽车，有驾驶证。

二、销售业务简介

汽车销售（Auto Sales）是向客户提供汽车生产厂家的品牌新车，为客户介绍车型的性能、结构特点、性价比等优点，向客户提供试乘试驾、汽车上牌、汽车信贷等服务，树立汽车生产厂家的品牌效应。销售业绩的提升与销售顾问的业务水平有着很大关系。

1. 汽车销售的整个过程

① 客户开发：在销售流程的潜在客户开发步骤中，最重要的是通过了解潜在客户的购买需求来开始和他建立一种良好的关系。只有当销售人员确认关系建立后，才能对该潜在客户进行邀约。

② 接待：为客户树立一个正面的第一印象。由于客户通常预先对购车经历抱有负面的想法，因此殷勤有礼的专业人员的接待将会消除客户的负面情绪，为购买经历设定一种愉快和满意的基调。

③ 咨询：重点是建立客户对销售人员及经销商的信心。对销售人员的信赖会使客户感到放松，并畅所欲言地说出他的需求，这是销售人员和经销商在咨询步骤通过建立客户信任所能获得的最重要利益。

④ 产品介绍：重点是进行针对客户的产品介绍，以建立客户的信任感。销售人员必须通过传达直接针对客户需求和购买动机的相关产品特性，帮助客户了解一辆车是如何符合其需求的，只有这样客户才会认识其价值，直至销售人员获得客户认可，所选择的车辆符合他的心意，这一步骤才算完成。

⑤ 试车：这是客户获得有关车的第一手资料的最好机会。在试车过程中，销售人员应让客户集中精神对车进行体验，避免多说话。销售人员应针对客户的需求和购买动机进行解

释说明，以建立客户的信任感。

⑥ 协商：为了避免在协商阶段引起客户的疑虑，对销售人员来说，重要的是要使客户感到他已了解到所有必要的信息并控制着这个重要步骤。如果销售人员已清楚客户在价格和其他条件上的要求，然后提出销售议案，那么客户将会感到他是在和一位诚实和值得信赖的销售人员打交道，会全盘考虑到他的财务需求和关心的问题。

⑦ 成交：重要的是要让客户采取主动，并允许有充分的时间让客户做决定，同时加强客户的信心。销售人员应对客户的购买信号敏感。一个双方均感满意的协议将为交车铺平道路。

⑧ 交车：交车步骤是客户感到兴奋的时刻，如果客户有愉快的交车体验，那么就为长期关系奠定了积极的基础。在这一步骤中，按约定的日期和时间交付洁净、无缺陷的车是我们的宗旨和目标，这会使客户满意并加强他对经销商的信任感。重要的是此时需注意客户在交车时的时间有限，应抓紧时间回答任何问题。

⑨ 跟踪：最重要的是认识到，对于一位购买了新车的客户来说，第一次维修服务是他亲身体验经销商服务流程的第一次机会。跟踪步骤的要点是在客户购买新车与第一次维修服务之间继续促进双方的关系，以保证客户会返回经销商处进行第一次维护保养。新车出售后对客户的跟踪是联系客户与服务部门的桥梁，因而这一跟踪动作十分重要，这是服务部门的责任。

2. 销售技巧

经销商不但应该重视整车销售的数量和售后服务的业务量，还应该重视在销售过程中向客户提供周到、细致的服务，要提供全面的汽车性能、价格方面的介绍，这样做不仅会提高销售额，更会增加来公司接受售后服务客户的数量，从而全面提高经销商的经济利益和社会效益。

经销商的整车销售人员（一般称销售顾问）应该主动接待客户，了解客户的需求，向客户介绍所销售汽车的特点、卖点。因此，一个好的销售顾问不但应该掌握营销学、心理学，还应该具有一定的汽车理论和维修常识，这样才能全方位地与客户沟通，真正做到在向客户提供服务的过程中完成销售，引导客户消费。因此，要多角度地与客户沟通，以便向客户推荐自己所销售的车型。

（1）了解客户购车的用途

如果客户购车主要用于长途奔波或远距离旅行，应建议客户考虑具有足够容量的密闭式行李舱空间，以便将行李装进去而非暴露在外面承受日晒雨淋。

如果客户购车大部分时间是用来在市内使用，那么应建议客户选一辆轴距较短并带有助力转向的轿车，以便能够见缝插针，停车方便，挤入稍有些空地的停车场和穿过拥挤的购物中心。

如果客户购车经常在恶劣的路况下驾驶，应考虑汽车的通过能力，买一辆四轮驱动的越野车或者运动型多功能车可能再合适不过了。

（2）了解客户的购买能力

在和客户沟通过程中，还要了解他能提供多少钱用来买车、养车和使用车。如果是贷款买车，还要考虑还贷能力，然后向客户介绍所销售车型的各项成本。

① 车辆购买成本：客户在接触到车的第一部分花费必然是买车的成本，而且这一部分的花费是一次性支出，价值也是最大的，往往被客户们看成是最重要的购车因素。

② 车辆正常保养成本：客户在购买车辆后，紧接着就要面临保养与维护，而保养与维

护的好坏也将直接影响到车辆以后的驾乘感觉及使用寿命等。

③ 燃油成本：其实只有燃油费用才是伴随车辆使用全过程的，这部分成本应该是最多的，也是最重要的，能不能节约成本从燃油消耗上最能够直接体现出来。虽然每百千米的耗油量相差只是 1~2 L，但是长此以往，也就不是一个小数目了。这也是除了车价以外客户最为关心的。

④ 易损件及事故件更换成本：鉴于客户们的驾驶习惯、驾驶技巧以及驾驶用途等都不尽相同，难免会出现磕磕碰碰或者更加严重的小事故。另外，就是由于一些非人为因素，比如天气、道路状况等，造成的车辆某些零部件的损坏，需要经常更换，也是客户在用车当中的一项比较大的开支。

（3）了解客户对汽车性能的要求

根据客户对汽车性能的要求，根据所销售汽车的特点，向客户介绍汽车在动力性、经济性、安全性、可靠性等方面的优势。同时，也要纠正某些客户在选购车辆时的不正确看法，例如以下几点。

① 车身越坚固则车辆越安全。交通事故安全分析和试验数据表明，如果车身整体都非常坚固，在车辆碰撞时，车内乘员就要承受巨大的撞击能量和减速度，容易造成伤害。在遇到强烈碰撞时，只有汽车前面的发动机罩形成符合碰撞试验标准的倒 V 字形，而后面的行李舱盖渐渐塌陷，才能使来自前冲或后撞的冲击力得以"软着陆"。

② "小车"的安全配置偏低。随着汽车技术的进步，完备的安全配置早已不是高档轿车的专利。其实，现在的一些"小车"已经将原先高档轿车才有的双安全气囊、ABS 防抱死制动系统、全车碰撞吸能设计作为紧凑型家庭轿车的标准配置，从而带动了国产紧凑型家庭轿车安全配置的普遍提升。此外，5 座标准安全带、宽胎等也都是容易被忽视的车辆安全保障。尤其是轮胎，高档的宽扁胎可以带来高强度的轮胎抓地性，增强车辆操控性能和行驶平稳性，是安全性的重要保证。

③ 单纯比拼油耗。一部汽车的油耗水平往往是汽车厂商综合考量一部车的市场需求特性之后综合匹配的结果。比如，所有有益于车辆安全、舒适的配置均加大了整车质量（车重），其油耗也跟着相应提高。再如，轮胎越宽，则滚动阻力越大，车辆低速时的耗油量越大。此外，车辆的舒适性还间接地影响到汽车风阻系数的设定。消费者对整车各项性能指标充分了解之后，应根据自身的用车需求，在汽车的动力性、安全性、舒适性与燃油经济性之间做出评定和选择。值得提醒的是，作为家庭用车，对家人安全以及乘坐舒适性的考虑是必不可少的选购因素。

（4）寻找潜在客户

① 留意首次来店的客户。当一个客户走进汽车展厅前 3 min 时，绝大多数的客户首先希望自己（注意，是自己，不需要销售顾问干预）可以先看一下展厅内的汽车。当客户的目光聚焦的不是汽车的时候，他们是在寻找可以提供帮助的销售顾问；或当他们拉开车门，要开车前盖，或者他们要开后盖等，这些都是需要销售顾问出动的信号。由以上可知，在客户刚走进车行的前 3 min 还不是接近他们的时候，你可以打招呼、问候，并留下一些时间让他们自己先随便看看，或者留一个口信，您先看着，有问题我随时过来。初次沟通的要点是初步降低客户的戒备，逐渐缩短双方的距离，逐渐向汽车话题转换。成熟的销售人员非常清楚，当客户从陌生开始沟通时，一般不先说与车有关的事情。可以谈刚结束的车展，还可以谈任

何让客户感觉舒服的，不那么直接的，不是以成交为导向的任何话题。比如，可以是与客户一起来的孩子，长的真高，多大了，比我侄子可高多了；也可以是客户开的车，或者客户开的车的车牌，您的车牌号码是特选的吧，等等。所有这些话题的目的就是为了初步降低客户的戒备，逐渐缩短双方的距离，逐渐向汽车话题转换。这前 3 min 也是递交名片的好时候，也是你记住与客户同来的所有人名字的好时候。

② 利用"有望客户"（PROSPECT）、"寻找有望客户"（PROSPECTING），开发潜在的客户。各个字母的具体含义如下：

P：PROVIDE"提供"自己一份客户名单。
R：RECORD"记录"每日新增的客户。
O：ORGANIZE"组织"客户资料。
S：SELECT"选择"真正准客户。
P：PLAN"计划"客户来源及访问对策。
E：EXERCISE"运用"想象力。
C：COLLECT"收集"转手资料。
T：TRAIN"训练"自己挑客户的能力。
P：PERSONAL"个人"观察所得。
R：RECORD"记录"资料。
O：OCCUPATION"职业"上来往的资料。
S：SPOUSE"配偶"方面的协助。
P：PUBLIC"公开"展示或说明。
E：ENCHAIN"连锁"式发展关系。
C：COLD"冷淡"的拜访。
T：THROUGH"透过"别人协助。
I：INFLUENCE"影响"人士的介绍。
N：NAME"名录"上查得的资料。
G：GROUP"团体"的销售。

要开发新客户，应先找出潜在客户，而潜在客户必须多方寻找。增加潜在客户的渠道：朋友介绍、参加车展举办的各种试乘试驾活动、驾校、汽车俱乐部、汽车维修厂等汽车潜在客户集中的单位或场所，老客户介绍、售后服务人员介绍、电子商务、汽车相关的网站论坛、电子邮件、直邮（DM）。直邮（DM）也是帮助您大量接触客户的一个好办法。销售信函、电话最能突破时间与空间的限制，是最经济有效的接触客户的工具。您若能规定自己找出时间，每天至少打 5 个电话给新客户，一年下来能增加 1 500 个与潜在客户接触的机会。另外，展示也会扩大您的人际关系（特别是目标客户集中的团体或场所）。

只有在至少 5 个客户拿着你的名片走进展厅找你的时候，你才有资格正式开始汽车的销售生涯。

三、售前服务

售前服务（Pre Delivery Inspection，PDI）即车辆出厂前检查。为了保证车辆正常使用和处于良好的技术状态，使车辆在到达客户手中之前，排除由于质量、运输及储运等原因所造成的各种故障，使其完全符合厂家的出厂标准，满足客户的要求，从而在各方面提高所有售前单位的知名度及声誉，厂家对售前的系列产品全部进行售前检查，此项工作由全国各地指定的特约经销商在代理商的协助下承担。

PDI 是新车在交车前必须通过的检查。因为新车从生产厂到达经销商处经历了上千千米的运输路途和长时间的停放，为了向顾客保证新车的安全性和原厂性能，PDI 检查必不可少。越是高档车辆，其电子自动化程度越高，PDI 项目的检查也就越多。例如，未做 PDI 的新车，会始终在运输模式运行。这种模式只能简单行驶，很多系统没有被激活。强行使用会导致功能不全，甚至会严重损害车辆，给车辆及驾驶员的安全造成极大的危害。正常情况下，各种车辆在使用过程中都要进行正规的维护保养。PDI 检查项目范围很广，其中一些细微的检查也许车主连想都没有想过，如电池是否充放电正常、钥匙记忆功能是否匹配、舒适系统是否激活、仪表灯光功能是否设置到原厂要求等等。技术人员所做的一切，为的是向顾客确保车辆的安全性和驾驶的舒适性。

1. 售前服务的范围和内容

（1）范围

从储运部门发运开始到销售部门销售给最终客户为止。

（2）内容

① 代理商接车时由经销商按车辆售前检查表验车，如表 8-1 所示。

② 经销商对验收中发现的问题或代理商在储运中发生、发现的问题进行调整和修理。

BORA-PDI

表 8-1　宝来轿车交车检查表

DIN　ISO9002、EN2 9002 标准 宝来轿车交车检查（PDI） 2002 版				
修理单号	底盘号	发动机代码	车辆接收（检验）单	车辆维修单位
务必使用保养维护手册				
合格　不合格　消除				
说　　明				
• 久置车辆，请遵照相关手册中处理措施来执行。 • 功能检测：所有开关、用电器、指示器和其他操纵件，车钥匙的各项功能。 • 校准时钟及维修保养间隔显示归零，查询各电控单元的故障记忆。 • 检查电动窗玻璃升降及中央门锁功能，车外后视镜调整功能，内后视镜防眩目功能，天窗开关功能。 • 收音机：检查功能，将收音机的密码贴于收音机说明书上。 • 检查行李舱灯、警示灯、各车外灯、车内照明灯及仪表照明灯功能，大灯灯光手动调整功能。 • 检查前后杯架是否安好，后遮阳帘是否完好。 • 自动空调：检查功能状态，将自动空调的温度调至 22 ℃。 • 检查座椅调整、加热功能及安全带是否正常，后座椅折叠功能是否正常。 • 检查方向盘调整功能，燃油箱盖开启功能。 • 检查内饰各部位是否清洁，行李舱是否清洁；除去座椅保护罩，地毯保护膜。				

续表

• 装上附带在车内的所有装备件：脚垫、顶棚天线、轮罩。
• 检查车身外部是否清洁：漆面、装饰件、玻璃、刮水器片；漆面是否完好。
• 除去车门边角塑料保护膜。
• 检查轮胎及轮辋状况。
• 车轮紧固螺栓：按规定力矩检查并紧固。
• 轮胎：调定气压（气压规定值详见油箱盖）。
• 备胎：调定气压（气压为油箱盖上规定值的最大值）。
• 运输安全件：除去前轴减振器上的止动件；取下车内后视镜处的说明条。
• 目视检查发动机舱中的发动机及其他部件：有无漏油，损伤（不拆下发动机舱下部防护板）。
• 前轴、主传动轴、转向系统、万向节防尘套：目视检查有无漏油和损伤（不拆下发动机舱下部防护板）。
• 制动液、软管、液体容器：目视检查有无溢漏和损伤（不拆下发动机舱下部防护板）。
• 目视检查车身下部（下底板）有无损伤。
• 蓄电池：用手检查蓄电池电极卡夹是否牢固到位。
• 蓄电池：检查状态及电压容量。
• 刮水器/风挡清洗电动机：刮水器各挡位功能，雨量传感器功能检查，喷嘴调整检查，清洗液添加充足。
• 机油状态检查：按《保养维护指南》检查机油油位，必要时添加。
• 目视检查机舱内的发动机及其他部件，有无渗漏和损伤（上部）。
• 冷却液：检查液面，应接近最高液面标识。
• 助力转向：检查液面，应接近最高液面标识。
• 制动液：检查液面，应接近最高液面标识。
• 保养手册：填写交车检查证明（在保养手册中）。
• 检查随车资料及随车工具是否完整、配齐。
• 试车：检查发动机、变速器、制动系统、转向系统、悬挂系统等功能。
• 合格＝已检查未发现缺陷。
• 不合格＝检查中发现缺陷。
• 消除＝按维修信息消除缺陷。
• 上述工作完成后，在维修保养手册上填写好"交车检查证明（PDI）"记录。
• 消除所有缺陷，并将此表存档。
• 备注：

日期/签名（终检）		日期/签名（客户）	

2. 各方应遵守的原则

① 代理商接到到货通知后，至少提前 24 h 将到货地点、时间通知经销商。

② 经销商必须派专人按通知地点和时间验车。

③ 代理商除协助经销商验车外，有责任对车辆自检。

④ 代理商接车后，对于由于质量原因所产生的故障车辆应予接收，由经销商负责维修。

⑤ 运输过程中造成的损伤或被换件，代理商必须与运输单位确定具体责任，有责任单

位承担一切费用，由经销商维修。

⑥ 代理商在储运过程中发现或发生的故障必须到经销商处维修。

⑦ 凡由经销商维修的车辆必须更换原厂备件，绝不允许使用假冒备件。

⑧ 凡经售前服务交代理商的车辆必须完好，经销商要对此负责；凡属质量问题，费用由厂家承担，属非质量问题，由责任单位结清费用后，代理商方可向经销商提车。

3. 费用结算

① 检查费：每车 20 元，与厂家结算。

② 售前服务中发现的质量问题，经销商可按照索赔程序与厂家结算。

③ 对于维修费用，质量原因造成的故障所发生的费用，由代理商或责任单位承担，工时费按索赔工时标准结算，材料费用按备件科有关规定结算。

四、销售配套服务

1. 试乘试驾

如今，体验式营销正在成为汽车行业当下最时尚的营销模式之一。通过试驾，消费者可以深切感知产品本身的产品品质。因此，试乘试驾已经成为各大汽车制造商、经销商推广新车型，消费者选购新车前必不可少的环节。试乘试驾浪潮也在全国风起云涌，使得媒体试车、消费者试车、集体试车、组合试车等各种形式的试车体验一个接一个，令人目不暇接。尽管试车永远是一种令人心动的体验，但是怎样试车，如何引导客户根据车的性价比判断车况，仍然是各经销商相关人员需重视的问题。为此，经销商人员应做好如下工作。

（1）掌握车型资料

试车前，首先要掌握汽车的以下基本资料。

① 整车参数，包括车长、车宽、车高、轮距、轴距、整车装备质量。

② 动力参数，包括发动机排量、最大输出功率、最大输出转矩、气缸排列方式、气缸数、气门数、转向操控方式、驱动方式、制动方式、悬挂形式、变速器类型（自动/手动）、风阻系数。

③ 性能参数，包括 0~100 km/h 加速所需时间、最高车速、经济性（百千米油耗）。

这样就会对整车基本情况从理论上有个全面的掌握，对于该车特别突出的性能更要重点记忆，以便向客户介绍。

（2）引导客户观察整车外观和内饰设计

① 格栅、前灯、车轮。

② 车的外形。

③ 外形与车的功能是否符合。

④ 车身漆面。

⑤ 车内布局是否符合人体工程学，比如开关按键布局是否直观或便于操控。

⑥ 内饰材料、色彩、手感，内饰件颜色搭配协调，车内饰件贴合严密。

⑦ 车的行李舱空间大小。

⑧ 轮胎与车身的协调性。

（3）引导客户感受舒适性

① 坐进车里，从乘坐空间的角度介绍汽车设计的合理性，根据用途不同，介绍空间的合理利用。

② 车前座与后座有令人满意的头部空间、腿部空间。
③ 介绍座椅调整方法，座椅的加热功能，以及在较长旅途情况下，座椅的舒适程度。
④ 介绍车内空调系统运行状况，充分制冷或制暖，制冷、制暖迅速。
⑤ 介绍车内灯光的舒适度，门灯、脚灯。
⑥ 介绍车门进出的方便性。
⑦ 介绍被试车提供的安全装备，三点式座椅安全带、头部保护装置、安全气囊的功能。
⑧ 介绍车辆主动安全性，如 ABS、ESP、ASR、EBV、动力转向随速助力调节系统等的功能。
⑨ 介绍在撞车实验中的表现。

（4）介绍并比较装备价格
① 介绍装备价格比。
② 介绍在既定价格下，被试车提供的装备，如空调系统、音响系统、电动门窗。
③ 介绍在同级别车型中，有无其他品牌车没有提供的装备。
④ 介绍本车型提供的保用期。
⑤ 讨论在同级别车型中，与竞争对手相比的相对优点。

（5）指导客户驾驶与乘坐体验
① 点火着车，体验发动机运转是否顺畅，留心听发动机声音（还可踏下加速踏板，听听声音是否顺畅）。感受方向盘和座椅有无轻微或不可忍受的振动，试试静止时车的排挡（自动挡车型）是否可以顺畅地拨动。
② 在不同路面（如湿滑路、坡路、土路、一般公路）情况下，体验起步加速是否平稳。
③ 在不同路面，体验不同速度下汽车行驶质量如何，感觉底盘是硬还是软。
④ 体验汽车动力是否强劲（包括起步、超车、提速），在不同挡位体验加速是否顺畅。
⑤ 体验转向是否精确，范围包括直线行驶稳定性、转向随动性、制动稳定性等，汽车转向有无转向不足或转向过度问题。
⑥ 体验整车悬挂设计，包括弹簧支柱、四连杆式悬挂是否与整车动力表现匹配。
⑦ 感觉齿轮转换或咬合是否精确或顺畅，如果是自动变速器，是否频繁跳挡。
⑧ 体验轮胎在干、湿路面下能否充分抓地，同时感受制动性能表现如何。
⑨ 感觉高速行车时发动机噪声、路面行驶噪声及风噪的大小。
⑩ 体验节油性如何。

2. 汽车贷款

消费信贷与一个国家的经济发展水平和消费水平密切相关，只有在买方市场的情况下才会发生消费信贷。近几年我国消费信贷发展迅速，从 6 年前的 147 亿元，发展到 2018 年 6 月末金融机构全部消费贷款余额的 17 952 亿元，占金融机构各项贷款余额的 10.6%。消费信贷的投向主要集中在住房、汽车和助学等方面。其中汽车消费贷款余额为 1 833 亿元，占全部消费贷款余额的 10.2%。消费信贷的迅速提高标志着我国的消费者，特别是年轻人的消费观念正在发生重大变化。

目前，我国人均 GDP 已经超过 1 000 美元，居民消费结构升级加快，汽车消费发展前景广阔。在发达国家，居民购买汽车 60%～70% 的资金来自贷款，消费贷款在全部贷款中的比例平均为30%~50%，其中，美国高达70%，德国为60%。而目前我国这两个比例都比较低，汽车贷款业务发展的潜力十分巨大。

2004年《汽车贷款管理办法》的颁布实施，对于规范和加强汽车贷款业务管理、防范汽车贷款风险、促进汽车消费市场持续健康发展，带动和促进扩大居民消费显然都将发挥积极作用。从长远来看，必将促进我国的汽车消费更快更好地发展。

（1）贷款规定

目前，购车并不需要一次性付清一切款项，银行车贷、汽车金融公司贷款成了购车新选择。汽车贷款是指贷款人向申请购买汽车的借款人发放的贷款，也叫汽车按揭。

目前多数汽车品牌的经销商都与银行联合开办了汽车贷款业务。某品牌汽车经销商的分期付款客户登记表如表8-2所示，欲贷款购车的客户填好此表后方可办理其他业务。

表8-2　分期付款客户登记表

客户名称		联系电话		家庭住址	
选购车型		销售价格		颜　　色	
贷款期限		贷款车款（　　）%		贷款金额	
月 利 率		首付车款（　　）%		首付金额	
××××××汽车销售有限公司					
选购车型		销售价格		颜　　色	
贷款期限		贷款车款（　　）%		贷款金额	
月 利 率		首付车款（　　）%		首付金额	
保险费	车　损		落籍费用	通行费	
	三　者			拓印照相	
	盗　抢			牌照费	
	自　燃			购置税	
	履　约			扩大号	
	1年保险费合计			小　计	
	2年保险费合计		前期总计金额		
其他费用	公证费		月还款		
	工商验证费		总利息		
	封籍费		业务经办人		
	小　计		联系电话		

① 贷款对象：借款人必须是贷款行所在地常住户口居民，具有完全民事行为能力。

② 贷款条件：借款人具有稳定的职业和偿还贷款本息的能力，信用良好；能够提供可认可资产作为抵、质押，或有足够代偿能力的第三人作为偿还贷款本息并承担连带责任的保证人。

③ 贷款额度：贷款金额最高一般不超过所购汽车售价的80%。

④ 贷款期限：汽车消费贷款期限一般为 1~3 年，最长不超过 5 年。
⑤ 贷款利率：由中国人民银行统一规定。
⑥ 还贷方式：可选择一次性还本付息法和分期归还法（等额本息、等额本金）。

汽车金融或担保公司就是文中有足够代偿能力的第三人作为偿还贷款本息并承担连带责任的保证人。

(2) 贷款程序

① 借款人申请贷款时应当向贷款人提供以下资料，并对所提供材料的真实性和合法性负完全责任。

- 贷款申请书。
- 有效身份证件。
- 职业和收入证明以及家庭基本状况。
- 购车协议或合同。
- 担保所需的证明或文件。
- 贷款人规定的其他条件。

② 贷款人在收到贷款申请后，应对借款人和保证人的资信状况、偿还能力以及资料的真实性进行调查，并最迟在受理贷款申请之日起 15 日内对借款人给予答复。

③ 对于符合贷款条件的借款人，贷款人须履行告知义务。告知内容包括贷款额度、期限、利率、还款方式、逾期罚息、抵押物或质押物的处理方式和其他有关事项。

④ 贷款人审查同意后，应按《贷款通则》的有关规定向借款人发放贷款。对于不符合贷款条件的借款人，应说明理由。

⑤ 贷款支用方式必须保证购车专用，并须经银行转账处理。借款人不得提取现金或挪作他用。

⑥ 在贷款有效期内，贷款人应对借款人和保证人的资信和收入状况以及抵押物保管状况进行监督。

(3) 汽车消费贷款流程

① 购车人到贷款行或已与贷款行签订合作协议的汽车销售商处咨询汽车消费贷款有关事宜。

② 购车人到汽车销售商处挑选车辆，与销售商谈妥有关条件后签订购车合同（意向）。

③ 购车人携带有关资料到贷款行申请汽车消费贷款。

④ 购车人在贷款行开立存款账户或银行卡，并存入不少于车价 30% 的首期付款。

⑤ 银行对购车人进行资信调查后，最迟在受理借款申请之日起 5 日内对购车人是否贷款给予答复，若有意向贷款，汽车经销商要提供购车人的购车发票原件及复印件，然后银行与购车人签订《消费担保借款合同》，并委托银行办理车辆保险。

⑥ 购车人委托汽车销售商代为办理汽车上牌、税费缴纳、抵押登记；贷款合同将在以上工作完毕后生效。

⑦ 合同生效后，银行将根据购车人的委托将贷款和首期款划转到汽车经销商的账户，购车人就可以提车了。

⑧ 购车人以后只要每月（每季）20 日前在存款账户或银行卡上留足每期应还款额，银行会从购车人账户中自动扣收，到期结清全部本息。

⑨ 贷款归还后，贷款行注销抵押物，并退还给购车人。

 案例

农行的汽车消费贷款流程。

（1）汽车消费贷款概念

汽车消费贷款是农行对在特约经销商处申请购买汽车的借款人所发放的人民币担保贷款。

（2）基本条件

① 有固定住所，具有完全民事行为能力的自然人，或依法设立的企（事）法人。

② 借款人具有稳定的职业和收入，信用良好，确有偿还贷款本息的能力。

③ 能为汽车贷款提供我行认可的有效担保。

④ 同意在贷款银行办理银行卡（或折），每期贷款本息委托贷款银行扣收，首期付款不少于车价的30%，以国债、存单质押的除外。

⑤ 同意承担贷款抵押物评估、登记、保险等费用。

（3）须提供以下资料

① 与汽车销售商签订的购车合同原件。

② 夫妻双方身份证或有效身份证明、户口本、结婚证、驾驶证等原件及复印件，若是未婚，还需提供未婚证明。

③ 购车人若为国家公职人员，要提供本单位的收入证明。

④ 购车人为法人的要携带有效的《企业法人营业执照》或《事业法人执照》、法定代表身份证明书、财务报表、贷款卡。

⑤ 若是股份制企业，还需提供公司章程、董事会同意抵押证明书。

⑥ 贷款银行认为必须提交的其他资料。

（4）业务一般规定

贷款金额以国债、存单质押的贷款本息不超过国债或存单的面值；以所购车辆或房产抵押的，贷款金额不超过购车款的70%；以保证人担保的，贷款金额不超过购车款的60%。贷款期限一般为3年，最长不超过5年，如果所购车辆用于经营，则贷款期限最长为2年，工程车贷款期限最长为2年。贷款利率执行人民银行的规定。如遇法定利率调整，期限为1年以内的，执行合同利率，不分段计息；期限为1年以上的，则于次年初执行新的利率。借款人应按合同约定的还款方式、还款计划归还贷款本息。贷款期限在1年以内（含1年）的，实行按季付息，到期全部结清；贷款期限在1年以上的，实行按月等额分期偿还贷款本息。

3. 汽车上牌

目前，多数品牌经销商与当地公安车辆管理部门合作，代办汽车上牌业务，大大地节省了客户自己上牌的时间。

（1）初次领取牌照

① 国产车验车完毕5个工作日后，到各区、县车管所领取牌照，同时领取行驶证待办凭证，在3~15个工作日内，方可办理行驶证。

② 进口车验车完毕5个工作日后，到车管所总所上缴车辆底档，领取有效期30日的临

时牌照及行驶证待办凭证，待 30 个工作日后方可办理行驶证。

③ 领取牌照所需材料：

- 购车发票。
- 质量合格证，进口车需提供海关货物进口证明或罚没证明书或准运证明书、商检证明书。
- 个人需提供身份证，单位需提供企业法人代码证，国家控制车辆需提供"准购证明"。
- 保险单。
- 购置税证明。
- 验车合格的机动车登记表。
- 停车泊位证明（某些停车泊位紧张的城市需要办理）。

另外，领取私人牌照需本人亲自到场。

（2）安装牌照

① 安装牌照时，要保证牌照无任何变形和打孔，并基本垂直于地面，其误差小于 15°。

② 安装牌照时，每面要用两个压有发牌照机关代号的牌照专用固封装置固定。

③ 前号牌必须安装在车体前正面下部的中间或偏右位置上。

④ 后号牌必须安装在车体后正面下部的中间或偏左位置上。

⑤ 凡 1992 年 10 月 1 日以后生产的各类机动车辆，必须按上述要求及号牌尺寸规格设计制造相应的安装位置或号牌架。

⑥ 大型载货汽车和挂车必须在后栏板处喷写本车号牌的放大号，字体放大 2.5 倍，字体标准与号牌一致。

⑦ 大型货车挂车应悬挂挂车号牌一面（半挂车用主机号牌），并喷放大号，发给行驶证，即主机与挂车不是一个号牌。

（3）各类机动车业务收费标准如表 8-3 所示。

表 8-3 各类机动车业务收费标准

收 费 项 目	单 位	收费标准/元
新领、换领汽车牌证	套	114
新领、换领挂车、农用运输车号牌	套	64
新领、换领摩托车（轻便车）牌证	套	84
新领、换领特种车标志牌	套	20
教练学员登记本	本	5
补领汽车牌证	套	214
补领挂车、农用运输车号牌	套	114
补领摩托车（轻便车）牌证	套	154
补领《机动车行驶证》	套	20
机动车过户、变更手续费（含行驶证）	辆次	15
机动车转出、注销手续费	辆次	5

续表

收费项目	单位	收费标准/元
新领、换领临时行驶车号牌（纸）	辆	5
机动车年检手续费	辆次	7
号牌专用固封装置	套	4
《机动车登记证书》工本费	本	10
机动车抵押登记费	辆次	100

4. 汽车保险

目前，多数品牌经销商与保险公司合作，在客户购车时代办保险。汽车保险有以下几种：车辆损失险、第三者责任保险、车上责任险、无过失责任险、全车盗抢险、玻璃单独破碎险、新增设备损失险、自燃损失险、不计免赔特约险。详细内容见本项目单元三。

5. 汽车金融公司

（1）汽车金融服务

汽车金融服务最初是在20世纪初期，汽车制造商向客户提供汽车销售分期付款时开始出现的。它的出现引起了汽车消费方式的重大变革，实现了消费支付方式由最初的全款支付向分期付款方式的转变。这一转变虽然促进了汽车销售，却大大占用了制造商的资金。随着生产规模的扩张、消费市场的扩大和金融服务及信用制度的建立与完善，汽车制造商又开始向社会筹集资金，通过汽车金融服务这个新的融资渠道，利用汽车金融服务公司来解决制造商在分期付款中出现的资金不足等问题。这样，汽车金融服务就形成了一个完整的"融资－信贷－信用管理"的运行过程。

汽车金融服务是主要在汽车的生产、流通、购买与消费环节中，融通资金的金融活动，包括资金筹集、信贷运用、抵押贴现、证券发行和交易，以及相关保险、投资活动，具有资金量大、周转期长、资金流动相对稳定和价值增值等特点，它是汽车制造业、流通业、服务维修与金融业相互结合渗透的必然结果，涉及政府法律、法规、政策行为以及金融保险等市场的相互配合，是一个复杂的交叉子系统。

（2）汽车金融服务公司

汽车金融服务公司是汽车销售中商业性放款和汽车个人消费贷款的主要提供者。1919年，美国通用公司设立的通用汽车票据承兑公司是最早的汽车金融服务机构，主要向汽车消费者提供金融信贷服务。1930年，德国大众公司推出了针对本公司生产的"甲壳虫"的未来消费者募集资金。此举开创了汽车金融服务向社会融资的先河，同在此前由美国通用公司创立的汽车销售中商业性放款和汽车个人消费贷款的金融服务业务，形成了一个初具雏形的汽车金融服务体系。

专业化的汽车金融公司，国外有近100年的历史。通常，汽车金融公司隶属于较大的汽车工业集团，成为向消费者提供汽车消费服务的重要组成部分，可以凭借其先天的汽车行业背景，向消费者提供完整的专业服务，推动汽车业的健康发展。

汽车金融公司是从事汽车消费信贷业务并提供相关汽车金融服务的专业机构，其首要市场定位是促进汽车及相关产品的销售。汽车销售涉及产品咨询、签订购买新车或二手车合同、办理登记手续、零部件供应、维修保养、索赔、二手车处理等。

银监会2008年1月24日颁布的《汽车金融公司管理办法》规定，在我国，汽车金融公司是为中国境内的汽车购买者及销售者提供金融服务的非银行金融机构。出资人应为中国境内外依法设立的企业法人。其中，非金融机构出资人最近1年的总资产不低于80亿元人民币或等值的自由兑换货币，年营业收入不低于50亿元人民币或等值的自由兑换货币，而非银行金融机构出资人注册资本不低于3亿元人民币或等值的自由兑换货币；经营业绩良好，最近2个会计年度连续盈利；主要出资人须为生产或销售汽车整车的企业或非银行金融机构。汽车金融公司的最低注册资本不得低于3亿元人民币或等值的自由兑换货币。

国内的一些可以提供购车贷款服务的汽车金融服务公司有：

- 一汽财务有限公司（一汽金融）：提供一汽品牌车辆的贷款，如一汽丰田、一汽-大众、一汽马自达、一汽红旗、一汽奥迪以及卡车等。
- 大众金融公司：提供大众品牌车辆的贷款，如上海大众、一汽-大众等。
- 丰田金融公司：提供丰田品牌车辆的贷款，如广汽丰田、一汽丰田等。
- 东风雪铁龙金融公司：提供雪铁龙品牌车辆的贷款。

单元二 二手车

二手车，英文译为"used car"，意为"使用过的车"，在中国也称为"旧机动车"。"中古车"是日本的叫法。在美国，有二手车经营者为了更好地卖出二手车，改变消费者对二手车质量差的看法，给二手车定义为"曾经被拥有过的车"。

二手车最大的优点就是便宜。不同年份的二手车价格仅相当于新车的1/3~1/2，甚至更少，而且由于新车头两年折旧率比较高，买二手车避开了汽车的快速折旧期，所以还具有相对保值的优势。此外，某些特定年代和车型的二手车还具有收藏的价值。

国内二手车行业的发展日趋完善，二手车的交易和服务也呈现多样化形态，产生了二手车买卖信息、二手车拍卖、二手车评估、二手车保养维修等服务项目。多项服务手段结合，可以使人们减少购买二手车的种种顾虑，对二手车行业的发展有一定的促进作用。

经销商除了销售新车以外，往往也开展二手车置换业务。特约经销商的二手车又称为认证二手车，是由汽车生产企业推出的品牌二手车业务。汽车生产企业采用统一的鉴定评估标准对二手车进行评估，经过多项检查、修复、再检查，合格后称为品牌认证二手车。

一、二手车部门与岗位

品牌经销商的二手车部门一般属于销售总监的下属部门，二手车部门对二手车进行评估、接收、检查及翻新后，又在经销店进行销售。这种认证二手车如新车一样享受质量担保和售后服务，免除购买者的后顾之忧。

二手车部门的岗位主要包括二手车经理和二手车评估师。

1. 二手车经理

（1）岗位职责

① 制定二手车业务管理制度及相关标准；制订和实施年度/月度二手车业务工作计划，

完成二手车业务工作目标。

② 收集和分析当地汽车二手车市场和竞品二手车信息、动向；负责二手车业务市场调研与分析，为市场部提供二手车业务信息。

③ 与市场部共同制订与执行二手车市场宣传及活动方案。

④ 负责向市场部提出物料制作需求。

⑤ 负责与主机厂沟通相关二手车工作和传递二手车业务信息，反馈市场、价格、当地二手车政策信息。

⑥ 监督二手车收购、置换、销售以及认证业务的开展效果，并督促改善。

（2）任职条件

① 具有大专以上学历，汽车相关专业毕业。

② 3年以上二手车相关工作经验，1年以上人员管理经验。

2. 二手车评估师职责及条件

（1）岗位职责

① 对二手车的综合状况进行检测，结合车辆相关资料对二手车的技术状况进行鉴定，结合评估标准进行二手车价格评估。

② 熟悉当地二手车市场行情。

③ 协助销售顾问与置换客户进行商谈。

④ 对销售顾问进行二手车相关知识培训。

⑤ 对评估客户的资料进行登记并跟踪回访，对客户进行需求分析，提供最适合的置换方案。

⑥ 配合二手车部门办理客户的手续交接及过户事宜。

⑦ 保持二手车展示区内二手车的清洁及车辆性能的完好。

⑧ 执行公司组织的市场营销活动，收集有效的二手车潜在客户信息。

（2）任职条件

① 具有大专以上学历。

② 2年以上汽车行业二手车评估工作。

③ 熟练掌握电脑操作知识及技能。

④ 出色的沟通技巧和娴熟的销售水平及相关经验。

⑤ 较强的组织、分析能力，高超的业务开发技巧及培训技巧。

⑥ 有二手车评估师从业资格证。

⑦ 有驾照，并能熟练驾驶。

⑧ 诚信、诚实、工作认真，有敬业精神。

二、二手车的鉴别

越来越多的使用一年半载的汽车流入了二手车市场，崭新的车外形、优惠的价格吸引了众多准车族人的眼球。很多有意购买二手车的消费者都面临如何鉴定二手车车况的难题。针对二手车市场中参差不齐的车况，专家提醒购买二手车不仅要看外观，更要检查发票、手续等单据，以免上当受骗。

① 查找事故痕迹与隐患。掀开车内地毯，查找下面车身是否藏有硬伤；仔细观察车门，看是否重新油漆过，任何新的油漆都说明掩盖了不想让人知道的缺陷；机盖下的车架当然会

有焊接点，但原来的焊接点粗糙、不规则。

② 识别二手汽车的真实年龄。看一眼踏板上的橡胶蒙面，这里最能透露出车辆的实际年龄。经常有人担心原车主会在里程表上作伪，也有办法查验，可索要该车最近的保修发票，那上面应该注明车辆的行驶里程。

③ 查看轮胎磨损程度尤其是前轮。假如花纹扁平，边缘已全无棱角，说明原车主驾车的习惯粗野。这样不仅轮胎本身状况不佳，更透露出车的整体状况会存在问题。

④ 了解二手车车身状况。耐心地围着车身多转几圈，仔细观察挡泥板的边缘，以及车轴处，看机件磨损与经受风吹日晒的情况或者查看排气管外端，检查其陈旧或生锈程度。

⑤ 查看发动机外观与运转情况。查看发动机外观，识别漏水漏油的痕迹。起动发动机，观察排出气体的颜色。假如排出的气体是半透明的淡灰色，说明状况良好；如果是黑色则说明发动机没有调校好。蓝色说明发动机已经十分疲劳，白色说明气缸垫即将报废。另外，嗅一嗅气体的气味，难闻则是不妙的征兆。

⑥ 检查二手车行驶性能。通过亲自驾驶来检测车辆状况是绝对必要的。首先检查各种电器，包括转向灯、车大灯、暖气系统、空调系统、收音机等是否都能正常运转。然后起动发动机，令其低速运转，倾听运转状况是否平稳。要想查验离合器的状况，可以在起步时把变速器挂在三挡而不是通常的一挡，假如发动机未像正常情况熄火，说明离合器已经衰老。

⑦ 要驾车行驶一程，并且等发动机上升到适当的温度，继续仔细倾听发动机的声音。尽可能频繁地转换车速，查看在加速与减速时车辆的反应。假如车速升高时车身与方向盘抖动，则车辆状况不佳。

⑧ 请原车主驾车带你行上一程，看看原车主在驾驶座上的习惯和做法。假如原车主驾车动作粗暴，他的车况肯定不佳。

三、交易车辆的手续检查与交易资格审核

1. 二手车的手续

本书所讨论的二手车交易是在继续使用的前提下进行的，不同于收藏、回收等其他条件下的二手车买卖行为，它的价值包括车辆实体本身的有形价值和保证其能继续合法上路行驶所要缴纳的各项税费。只有手续齐全，才能发挥机动车辆的实际效用，才能构成车辆的全价值。因此，二手车的手续是指保证该交易车辆在交易后能继续合法上路行驶，按照国家法规和地方法规应该办理的各项有效证件和应该交纳的各项税费凭证。

2. 二手车的交易证件

二手车的交易证件是指证明二手车手续完备合法的书面证明，具体包括二手车的来历凭证、机动车行驶证、车辆号牌、车辆运输证、交易双方的身份证明等。

（1）机动车来历凭证

进行交易的二手车来历凭证分新车来历凭证和二手车来历凭证。

第一次进行二手车交易的车辆，其来历凭证与新车交易的来历凭证一样，是指经国家工商行政管理机关验证盖章的机动车销售发票。其中没收的走私、非法拼（组）装汽车、摩托车的销售发票是国家指定的机动车销售单位的销售发票。

已经交易过的二手车再次交易，其来历凭证是指经国家工商行政管理机关验证盖章的二

手车交易发票。除此而外，还有因经济赔偿、财产分割等所有权发生转移，由人民法院出具的发生法律效力的判决书、裁定书、调解书。

（2）机动车行驶证

机动车行驶证是机动车取得合法行驶权的凭证，与登记车辆一一对应，由公安车辆管理机关依法对机动车辆进行注册登记后核发（农用拖拉机由当地公安交通管理部门委托农机监理部门核发证件）。机动车行驶证是机动车上路行驶必须携带的证件，也是二手车过户、转籍必不可少的证件。机动车行驶证一般记载有该车车型、车主信息和车辆号牌、发动机号、车架号、车辆技术性能信息、检验记录等内容。

（3）机动车号牌

机动车号牌即车辆牌照，是指由公安车辆管理机关依法对车辆进行注册登记核发的金属号牌，在办理车辆注册登记时和机动车行驶证一同核发，其号牌字码与行驶证号牌一致。

（4）道路运输证

道路运输证是县级以上人民政府交通主管部门设置的道路运输管理机构对从事客货运输（包括城市出租客运）的单位和个人核发的随车携带的证件，用于证明该车能用于相应的客货运输。营运车辆转籍过户时，应到运营机构及相关部门办理营运过户有关手续。

（5）车辆购置税

为了解决我国发展公路运输事业与国家财力紧张的矛盾，国务院于1985年4月2日发布《车辆购置税征收管理办法》，决定对所有购置车辆的单位和个人，包括国家机关和单位一律征收车辆购置税，车辆购置税由交通部门负责征收，征收标准一般是车辆价格的10%。

（6）机动车辆保险费

按照我国现行管理法规，机动车第三者责任险是强制保险险种，车辆不投保该险种不能办理合法上路行驶手续。另外，机动车所有人为了避免在车辆发生事故时造成较大损失，一般都会对车辆进行保险。需要注意的是，二手车交易完成后，交易双方应到保险公司办理批改手续以确保保险权利和义务的执行。

（7）车船使用税

国务院2006年发布的《中华人民共和国车船税暂行条例》规定，凡在中华人民共和国境内拥有车船的所有人或管理人，都应该按照规定按年缴纳车船税。

（8）公路养路费

我国的交通管理部门规定车辆所有者使用车辆所占道路必须缴纳公路养路费。它是国家按照"以路养路，专款专用"的原则，由交通部门向用车单位或个人征收的用于公路保养和建设的专项事业费。拥有车辆的单位和个人，必须按照国家规定，向公路养护部门交纳养路费，交纳养路费的车辆发给养路费交讫证，此证是机动车辆通行公路的必备条件之一。

（9）交易双方的身份证明

即买卖双方证明或居民身份证。这些证件主要用于向注册登记机关证明机动车所有权转移的车主身份和住址。

3. 禁止交易的车辆

根据《旧机动车交易管理办法》的规定，下列机动车禁止交易：已经办理报废手续的各类机动车；虽未办理报废手续，但已达到报废标准或在1年时间内（含1年）即将报废的各类机动车；未经安全检测和质量检测的各类旧机动车；没有办理必备证件和手续，或者证件手续不齐全的各类旧机动车；各种盗窃车、走私车；各种非法拼、组装车；国产、进口和进口件组装的各类新机动车不能当作旧机动车交易；右方向盘的旧机动车；手续不全，各种规定费用没有交清的车辆。

国家法律、法规禁止进入经营的其他各种机动车，主要包括：军队交地方的退役车辆不满2年的，不得进入旧车交易市场交易；华侨、港澳同胞捐赠的以及出国回国人员购买的。

 二手车评估案例

品牌型号：POLO1.4 两厢手动舒适型。

发动机：直列4缸16气门双顶置凸轮轴多点电喷发动机。

车身颜色：蓝色。

初登日期：2003年10月。

已行驶里程：32 000 km。该车是典型的私家车，车主是一位女士，购买此车的目的仅为上下班代步，因此行驶里程较少。

配置说明：五挡手动变速器、前后盘式制动器带ABS系统、转向助力装置、前排电动车窗、双安全气囊、空调、VCD液晶电视（加装）。

静态检查：该车车身保养很好，在2年多的使用中，车身没有明显的碰撞痕迹。保险杠处有划伤，但未影响整体外观。车内饰给人以8成新的感觉，前排皮座椅有轻微磨损，顶板、地胶很干净，车内外照明灯光、仪表显示、功能控制件等正常有效。挂挡顺畅，电控部分良好有效。打开空调感觉制冷效果良好。

动态检查：起动发动机后，发现该车怠速状态平稳均衡。挂挡起步，离合器接合平稳。踩油门做提速测试，感觉该车爆发力很好。另外，该车有较先进的ECU系统，驾驶者如果在一挡提速时转速不够就换挡，ECU会有报警提示，比较适用于驾驶新手。继续驾驶该车，发现该车转向灵活轻便，ABS工作有效，传动系统和悬挂系统均正常良好。

评估分析：POLO轿车作为德国大众旗下享有盛誉的品牌，至今已有30年的历史，其间经过4次升级换代，这款2003年的POLO为其第4代车型，安全配置与高配车型一致，具有经济型轿车中少有的安全性能。相对三厢车而言，两厢车虽然体积小了点，却已经逐渐成为市场的新宠，而两厢版POLO由于品牌、质量优势，在市场上更是表现不俗。

综上所述，该车在新车市场价格为98 000元，估计其成新率为67%，因此其基准日评估价格为71 500元。

单元三 保险理赔

汽车保险产生的前提是自然灾害和意外事故。自然灾害和意外事故的客观存在，使人们寻找设法对付各种自然灾害和意外事故的措施，但是预防和控制显然是有限的，于是人们想到了经济补偿，保险业这才作为一种有效的经济补偿措施走进了人们的生活。可以说，没有自然灾害和意外事故就不会产生保险，并且人类社会越发展，创造的财富越集中，遇到自然灾害和意外事故所造成的损失程度也就越大,就越需要通过保险的方式提供经济补偿。

一、机动车保险基本知识

机动车保险主要分为2个主险种和3个附加险种。主险种有车辆损失险和第三者责任险,机动车附加险是在投保了主险种后的附带险种,即只有投保了主险种后方能投保相对应的附加险,附加险不能单独投保。机动车保险种类如表8-4所示。

表8-4 机动车保险种类

主险种	附加险
车辆损失险	盗抢险
	玻璃单独破碎险
	车辆停驶损失险
	火灾、爆炸、自燃损失险
	新增加设备损失险
第三者责任险	救助特约险
	车身划痕损失险
	无过失责任险
	车上人员责任险
	车上货物责任险
	不计免赔险

1. 车辆损失险

车辆损失险是指车主向保险公司投保的预防车辆可能造成的损失的保险。《机动车辆保险条款》中对什么原因造成的保险车辆损失,保险人负责赔偿或不负责赔偿都有严格的责任界定(如保险车辆上的一切人员和财产,该险种是不负责赔偿的)。车辆损失险的保险金额可以按投保时的保险价值或实际价值确定,也可以由投保人与保险公司协商确定,但保险金额不能超出实际价值,比如价值10万元的车辆,保险金额只能在10万元以内。

2. 第三者责任险

被保险人允许的合格驾驶人员在使用保险车辆过程中发生意外事故,致使第三者遭受人身伤亡或财产的直接损毁,依法应当由被保险人支付的赔偿金额,保险人依保险合同的规定给予赔偿。投保时,被投保人可以自愿选择投保档次——事故最高赔偿限额。关于第三者的赔偿数额,应由保险公司进行核定,保险人不能自行承诺或支付赔偿金额。

3. 车辆损失的附加险

① 盗抢险:保险车辆因全车被盗、被抢劫或被夺时,保险人对其直接经济损失按保险金额计算赔偿。赔偿后保险责任终止,该车辆权益归保险人所有。

② 自燃损失险:在保险车辆因本车电气线路、供油系统发生损毁及运载货物的自身原因起火燃烧,造成保险车辆损失,以及被保险人在发生本保险责任事故时,为减少车辆损失

所支出的必要合理的施救费用，由保险公司进行赔付。

③ 玻璃单独破碎险：指保险车辆发生玻璃单独破碎后，由保险公司承担赔付责任。

④ 新增加设备损失险：指保险车辆在出厂时原有各项设备以外，被保险人对另外加装设备而进行的保险，保险人将在保险单该项目所载明的保险金额内，按实际损失赔偿。

4. 第三者责任险的附加险

① 车上责任险（司乘人员意外伤害险）：保险车辆发生保险责任范围内的事故，致使保险车辆上的人员遭受伤亡，保险人在保险单所载明的该项赔偿限额内计算赔偿本应由被保险人支付的赔偿金额。

② 车载货物掉落责任险：如在使用过程，投保车辆所载货物掉落致使其他人遭受人身伤亡或财产损失，保险公司可以按照"车载货物掉落责任险"进行赔偿。

③ 车上货物责任险：如投保车辆在使用过程中，所载货物遭受直接损失，以及被保险人为减少货物损失而支付的合理施救、保护费用，可由保险公司依据"车上货物责任险"为投保车辆提供一定金额的赔偿。

5. 其他附加险

不计免赔险：投保了车辆损失险及第三者责任险的车辆如发生保险责任范围内的事故，而造成车辆损失（不含盗抢）或第三者责任赔偿，由保险人依据《机动车辆保险条款》赔偿规定的金额负责赔偿。

《机动车辆保险条款》第十一条规定："根据保险车辆驾驶人员在事故中所负责任，车辆损失险和第三者责任险在符合赔偿规定的金额内实行绝对免赔率：负全部责任的免赔20%，负主要责任的免赔15%，负同等责任的免赔10%，负次要责任的免赔5%。"即两个主险种在发生事故时的赔偿率并非100%，而是根据保险人在事故中所负的责任大小，按比例赔偿。

由此可知，如投保了不计免赔险，在发生保险责任范围内的事故时，就可以收到100%的赔偿。

二、保险条款中的不赔责任

常见的不赔条款包括：

① 无证驾驶或超出准驾车型，或持不合格的驾驶证。

② 酒后、吸毒、药物麻醉所致车辆损失和第三者责任。

③ 第三者责任险拒绝支付投保户与第三者私下协定的赔偿金额。

④ 逾期报案，报案不实。

⑤ 报案车辆发生转移、变更用途、增加危险程度而未办理批改手续。

⑥ 发生事故未报保险公司备案。

⑦ 发生事故时保险车辆的行驶证无效。

三、保险理赔和维修基本流程

汽车维修企业不仅自身要熟悉保险理赔的基本流程，而且要让客户了解理赔的基本流程。这样，客户在出现交通事故后才能与维修厂联系，由修理厂出面帮助客户处理保险理赔，那么出险车辆到你的修理厂维修则是十拿九稳的事情了。车辆保险理赔流程如图8-1所示。

1. 报案定损

出险后客户要保护现场，及时报案，除了向交通管理部门报案外，还要及时向保险公司报案。

出险车辆定损的基本流程：

① 车主出示保险单证、行驶证、出示驾驶证、出示被保险人身份证。

② 车主出示保险单。

③ 车主填写出险报案表，详细填写出险经过、出险地点、时间，详细填写报案人、驾驶员和联系电话。

④ 保险公司理赔员和车主一起检查车辆外观，拍照定损。

⑤ 根据车主填写的报案内容拍照核损。

⑥ 交付维修站修理。

⑦ 理赔员开具任务委托单确定维修项目及维修时间。

⑧ 车主签字认可。

⑨ 车主将车辆交予维修站维修。

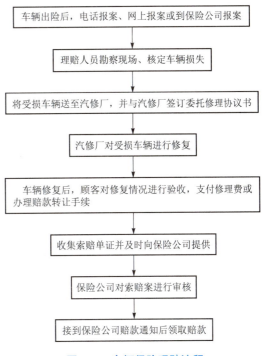

图 8-1　车辆保险理赔流程

以上是车主和保险公司理赔员必须做的。一定要注意做好前期工作，避免事后理赔时麻烦被动。

2. 保险车辆维修流程

为保证保险车辆的工作进度和质量，维修企业应认真抓好保险车辆维修，其中很重要的一环是保险车辆维修流程。维修企业的保险车辆维修流程如下：

① 保险车辆进厂后应确定是否需要保险公司进行受损车辆损伤鉴定，若需要，则由业务经理负责联系保险公司进行鉴定。切不可不经保险公司而直接拆卸，以免引起纠纷。

② 要积极协助保险公司完成对车辆查勘、照相以及定损等必要工作。

③ 保险公司鉴定结束后，由车间主任负责安排班组进行拆检。各班组长将拆检过程中发现的损伤件列表并通知车间主任或业务经理。

④ 服务主管将损伤件列表后联系保险公司，对车辆进行全面定损并协商保险车维修工时费。定损时应由业务经理陪同，业务经理不在，应提前向业务接待员交代清楚。

⑤ 业务接待员根据保险公司定损单下达《维修任务委托书》。客户有自费项目，应征得客户同意，并另开具一张《维修任务委托书》并注明，然后将《维修任务委托书》交由车间主管安排生产。

⑥ 业务接待员开完《维修任务委托书》后，将定损单转报给报价员。

⑦ 报价员将定损单所列材料项目按次序填入《汽车零部件询报价单》，报价单必须注明车号、车型、单位、底盘号，然后与相关配件管理人员确定配件价格，并转给备件主管审查。

⑧ 报价员在备份主管确定备件价格、数量、项目后，向保险公司报价，并负责价格的

回返。

⑨ 报价员将保险公司返回价格交备件主管审核,如价格有较大出入,由业务经理同保险公司协调。报价员将协调后的回价单复印后,将复印件转备件主管。

⑩ 对于定损时没有发现的车辆损失,由业务经理协调保险公司,由保险公司进行二次查勘定损。

⑪ 如有客户要求自费更换的部件,必须由客户签字后方可到备件库领料。

⑫ 保险车维修完毕后应严格检验,确保维修质量。

⑬ 维修车间将旧件整理好,以便保险公司或客户检查。

⑭ 检验合格后,《维修任务委托书》转业务接待员审核,注明客户自费项目。审核后转结算处。

⑮ 结算员在结算前将所有单据准备好。

⑯ 最后由业务接待员通知客户结账,业务经理负责车辆结账解释工作。

⑰ 如有赔款转让,由业务经理协调客户、保险公司办理。

3. 赔付规定

(1) 全部损失

① 保险车辆发生全部损失后,如果保险金额等于或低于出险当时的实际价值,将按保险金额赔偿。

② 保险车辆发生全损后,如果保险金额高于出险当时的实际价值,将按出险时的实际价值赔偿。

(2) 部分损失

① 保险车辆局部受损失,其保险金额达到承保时的实际价值,无论保险金额是否低于出险当时的实际价值,发生部分损失均按实际修理费用赔偿。

② 保险车辆的保险金额低于承保时的实际价值,发生部分损失按照保险金额与出险当时的实际价值比例赔偿修理费用。

③ 保险车辆损失最高赔偿金额以保险金额为限。

④ 保险车辆按全部损失的一次赔款等于保险金额全数时,车辆损失险的保险责任即行终止。但保险车辆在保险有效期内,不论发生一次或多次保险责任范围内的损失或费用支出,只要每次赔偿未达到保险金额,其保险责任依然有效。

⑤ 保险车辆发生事故遭受全损后的残余部分,应协商作价归被保险人并在赔款中扣除。

4. 赔付时间

在车辆修复或自交通事故处理结案之日起3个月内,车主应持保险单、事故处理证明、事故调解书、修理清单及其他有关证件到保险公司领取赔偿金。保险公司支付赔款一般在10天以内。赔款一般在1年内领取,否则将按放弃处理。

5. 争议

如与保险公司争议不能达成协议,可向经济合同仲裁机关申请仲裁或向人民法院提起诉讼。

 理赔案例:多方事故—夏利与骐达相撞

某日中午,李先生到饭店吃饭,在倒车入位时不小心与一辆左转弯向前行的尼桑骐达轿车相撞。

(1) 报案

李先生拨打了122交警报案电话，并拨打了保险公司的报险电话，保险公司工作人员询问了李先生车牌号码，核实了车辆承保信息，询问记录了李先生的联系方式、出险地点，并简单询问了事故经过，告知李先生在现场等待，将有查勘员与李先生取得联系。

查勘员接到保险公司坐席的电话，并询问了相关信息，得知李先生只保了交强险。查勘员做了一些查勘准备（带上工具、表格等），及时跟李先生取得了联系，并告知李先生自己会尽快到达事故现场。

(2) 现场查勘

10 min后查勘员到达事故现场，这时交通警察已经到了现场。

查勘员查勘了事故现场，拍摄了现场照片（方位照相、概貌照相、中心照相、细目照相、两证、车牌号），如图8-2和图8-3所示，询问了李先生相关情况。

图8-2 概貌照相

图8-3 接触点照相

查勘员询问李先生是到4S店修车还是到普通修理厂修，李先生选择到附近的维修厂修车。查勘员出具《机动车辆保险索赔申请书》或《车辆查勘定损单》（各保险公司有所不同），并填上被保险车辆的相关信息。事故当事人填写事故经过，并签字确认。

由于骐达车有的损伤部位不能现场确定，需要到维修厂拆检后再做完全定损。查勘员告知李先生到修理厂拆检后，联系查勘员，对车辆的各损失部件进行定损。

(3) 事故责任划分

交通警察出具了《交通事故认定书（简易程序）》，判李先生倒车时观察不清，负事故的全责。

(4) 拆检与定损

李先生将车开到修理厂，修理厂拆检结果如下：

夏利车（见图8-4）：右后尾灯损坏，应更换；右后叶子板变形，应整形修理。

骐达车（见图8-5）：将右前大灯拆下检查，发现大灯固定爪断开，壳体破碎损坏，加上大灯表面划痕较深，大灯应更换；中网卡抓断开，应更换；前叶子板需要整形喷漆；前杠右侧需要修复。

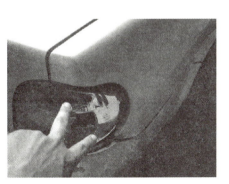

图8-4 夏利右后尾灯损坏，右后叶子板变形

图 8-5　骐达前杠右侧、右前大灯、右前叶子板、中网损坏

查勘员、客户、修理厂三方同时在场的情况下确定了该车的修理和更换项目,从而与客户达成赔付协议。定损情况如表 8-5 所示。

表 8-5　定损情况表

车　型	损伤部位及维修情况	价款（元）
夏利轿车	更换右后尾灯	50
	右后叶子板整形	200
骐达轿车	前叶子板整形喷漆	200
	前杠右侧修复	200
	更换右前大灯	450
	更换中网	300

（5）告知客户理赔事项

查勘员告知李先生,等车修好后,拿着《机动车辆保险索赔申请书》或《车辆查勘定损单》、修理厂修车发票、行驶证、驾驶证、被保险人身份证及账户,到保险公司办公地,办理赔偿处理手续,一般在办理手续后的 7 个工作日内,保险公司会将赔付款打到被保险人的账户上。

查勘员还向李先生作了如下说明：

① 夏利轿车。因为夏利车只保了交强险,所以夏利车的维修费用保险公司不予赔偿。

② 骐达轿车。因骐达轿车总维修费用为 1 150 元（在交强险 2 000 元范围内）,所以夏利车保险公司赔付骐达车 1 150 元,其中 100 元属于无责代赔。（平安保险公司）

注明：有的保险公司是这样处理的：因骐达轿车总维修费用为 1 150 元（在交强险 2 000 元范围内）,所以夏利车保险公司赔付骐达车 1 050 元,另外 100 元由无责方（骐达车）保险公司赔付。

单元四　汽车美容与装饰

汽车就像人的脸一样，美容装饰不仅使车整洁漂亮，也延长了汽车的使用寿命，防止车漆皲裂硬化和脱色，使其美观并保值。它还有较高的装饰性，达到爱车美观亮丽，充分体现出车主高贵的身份。

一、汽车美容

1. 汽车美容的概念

"汽车美容"源于西方发达国家，英文名称表示为"Car Beauty"或"Car Care"，指对汽车的美化与维护。

西方国家的汽车美容业随着整个汽车产业的发展，已经达到非常完善的地步。他们形容这一行业为"汽车保姆"（Car Care Center），也称作"第四行业"。所谓第四行业，顾名思义，是针对汽车生产、销售、维修三个步骤而言的。

现代汽车美容不只是简单的汽车清洗、吸尘、除渍、除臭及打蜡等常规美容护理，还包括利用专业美容系列产品和高科技设备，采用特殊的工艺和方法，对汽车进行漆面抛光、增光、深浅划痕处理及全车漆面翻新等一系列养护作业。

汽车美容按作业性质不同可分为护理性美容和修复性美容两大类。护理性美容是指保持车身漆面和内饰件表面亮丽而进行的美容作业，主要包括新车开蜡、汽车清洗、漆面研磨、抛光、还原、上蜡及内饰件保护处理等美容作业；修复性美容是车身漆面或内饰件表面出现某种缺陷后所进行的恢复性美容作业，其缺陷主要有漆膜病态、漆面划痕、斑点及内饰件表面破损等，根据缺陷的范围和程度不同分别进行表面处理、局部修补、整车翻修及内饰件修补更换等美容作业。

专业汽车美容具有系统性、规范性和专业性等特性。所谓系统性就是着眼于汽车的自身特点，由表及里进行全面而细致的保养；所谓规范性就是每一道工序都有标准而规范的技术要求；所谓专业性就是严格按照工艺要求采用专用工具、专用产品和专业技术手段进行操作。汽车美容应使用专用优质的养护产品，针对汽车各部位材质进行有针对性的保养、修复和更新，使经过专业美容后的汽车外观洁亮如新，并保持长久。

2. 汽车美容的作用

（1）保护汽车

汽车涂膜是汽车金属等物体表面的保护层，它使物体表面与空气、水分、日光以及外界腐蚀性物质隔离，起着保护物面、防止腐蚀的作用，从而延长金属等物体使用寿命。汽车在使用过程中，由于风吹、日晒、雨淋等自然侵蚀，以及环境污染的影响，涂膜会出现失光、变色、粉化、起泡、皲裂、脱落等老化现象，另外交通事故、机械撞击等也会造成涂膜损伤。一旦涂膜损坏，金属等物体便失去了保护的"外衣"。因此，加强汽车美容作业，维护好汽车表面涂膜是保护汽车金属等物体的前提。

（2）装饰汽车

随着人们消费水平的提高，对于一些中、高档轿车来说，汽车已不仅仅是一种交通工具，它已成为一种身份的象征。车主不仅要求汽车具有优良的性能，而且要求汽车具有漂亮的外观，并想方设法把汽车装点得靓丽美观，这就对汽车的装饰性能提出了更高的要求。汽车装饰不仅取决于车型外观设计，而且取决于汽车表面色彩、光泽等因素。通过汽车美容作业，使汽车涂层平整、色彩鲜艳、色泽光亮，始终保持美丽的容颜。

（3）美化环境

随着我国国民经济的不断发展和科学技术的不断进步，人们生活水平的不断提高，道路上行驶的各种汽车越来越多。五颜六色的汽车装扮着城市的各条通路，形成一条条美丽的风景线，对城市和道路环境起到了美化作用，给人们以美的享受。如果没有汽车美容，道路上行驶的汽车车身灰尘污垢堆积，漆面色彩单调、色泽暗淡，甚至锈迹斑斑，这样将会形成与美丽的城市建筑极不协调的景象。因此，美化城市环境离不开汽车美容。

3. 汽车美容作业项目

（1）护理性美容作业项目

① 新车开蜡：汽车生产厂家为防止汽车在储运过程中漆膜受损，确保汽车到客户手中时漆膜完好如新，汽车总装的最后一道工序就是对整车进行喷蜡处理，在车身外表面喷涂封漆蜡。封漆蜡没有光泽，严重影响汽车美观，且易黏附灰尘。汽车销售商在汽车出售前对汽车进行除蜡处理，俗称开蜡。

② 汽车清洗：为使汽车保持干净、整洁的外观，应定期或不定期地对汽车进行清洗。汽车清洗是汽车美容的首要环节，同时也是一个重要环节。它既是一项基础性的工作，也是一种经常性的护理作业。

按汽车部位不同，清洗作业可分为车身外表面清洗、内饰清洗和行走部分清洗。车身外表面主要有车身表面、车门窗、外部灯具、装饰、附件等；内饰主要有棚壁、地板（地毯）、座椅、仪表台、操纵件、内部装饰、附件等组成；行走部分主要指与汽车底盘有关总成壳体的表面。

对车身漆面的清洗可分为不脱蜡清洗和脱蜡清洗两种。不脱蜡清洗是指车身表面有蜡，但是不想把它去掉，只是洗掉灰尘、污迹。清洗方法主要是通过清水和普通清洗剂，采用人工或机械清洗。脱蜡清洗是一种除掉车漆表面原有车蜡的清洗作业。有些汽车原先打过蜡，现在需要重新打蜡上光，在这种情况下，必须在洗车同时将原车蜡除净，然后再打新蜡。脱蜡洗车使用脱蜡清洗剂，该清洗剂可有效地去除车蜡。用脱蜡清洗剂洗完之后，再用清水将车身表面冲洗干净。

③ 漆面研磨：漆面研磨是去除漆膜表面氧化层、轻微划伤等缺陷所进行的作业。该作业虽具有修复美容的性质，但由于所修复的缺陷非常小，只要配合其他护理作业，便可消除缺陷，所以把它列为护理性美容的范围。

漆面研磨与后面的抛光、还原是三道连续作业的工序，研磨是漆面轻微缺陷修复的第一道工序。漆面研磨需使用专用研磨剂，通过研磨/抛光机进行作业。

④ 漆面抛光：漆面抛光是紧接着研磨的第二道工序。车漆表面经研磨后会留下细微的打磨痕迹，漆面抛光就是去除这些痕迹所进行的护理作业。漆面抛光需使用专用抛光剂作业。

⑤ 漆面还原：漆面还原是研磨、抛光之后的第三道工序，它是通过还原剂将车漆表面还原到"新车"般的状况。还原剂也称"密封剂"，它对车漆起密封作用，以避免空气中污

染物直接侵蚀车漆。还原剂有两种，一种叫还原剂，另一种叫增光剂。增光剂在还原作用的基础上还有增亮的作用。

⑥ 打蜡：打蜡是在车漆表面涂上一层蜡质保护层，并将蜡抛出光泽的护理作业。打蜡的目的：一是改善车身表面的光亮程度，增添亮丽的光彩；二是防止腐蚀性物质的侵蚀，对车漆进行保护；三是消除或减小静电影响，使车身保持整洁；四是降低紫外线和高温对车漆的侵害，防止和减缓漆膜老化。汽车打蜡可通过人工或打蜡机进行作业。

⑦ 内室护理：汽车内室护理是对汽车控制台、操纵件、座椅、座套、顶棚、地毯、脚垫等部件进行的清洁、上光等美容作业，同时还包括对汽车内室定期杀菌、除臭等净化空气作业。汽车内室部件种类很多，外层面料也各不相同，在护理中应分别使用不同的专用护理用品，确保护理质量。

（2）修复性美容作业项目

① 漆膜病态治理：漆膜病态是指漆膜质量与规定的技术指标相比所存在的缺陷。漆膜病态有上百种，按病态产生的时间不同可分为涂装中出现的病态和使用中出现的病态两大类。对于各种不同的漆膜病态，应分析原因，采取有效措施积极防治。

② 漆面划痕处理：漆面划痕是因剐擦、碰撞等原因造成的漆膜损伤。当漆面出现划痕时，应根据划痕的深浅程度，采取不同的工艺进行修复处理。

③ 漆面斑点处理：漆面斑点是指漆面接触了柏油、飞漆、焦油、鸟粪等污物，在漆面上留下的污迹。对斑点的处理应根据斑点在漆膜中渗透的深度不同，采取不同的工艺。

④ 汽车涂层局部修补：汽车涂层局部修补是当汽车漆面出现局部失光、变色、粉化、起泡、皲裂、脱落等严重老化现象或因交通事故导致涂层局部破坏时所进行的局部修补涂装作业。汽车涂层局部修补虽作业面积较小，但要使修补漆面与原漆面的漆膜外观、光泽、颜色达到基本一致，需要操作人员具有丰富的经验和高超的技术水平。

⑤ 汽车涂层整体翻修：汽车涂层整体翻修是当全车漆膜出现严重老化时所进行的全车翻新涂装作业。其作业内容主要有清除旧漆膜、金属表面除锈、底漆和腻子施工、面漆喷涂、补漆修饰及抛光上蜡等。

4. 汽车美容的依据

汽车美容应根据车型、车况、使用环境及使用条件等因素有针对性地、合理地安排美容作业的时机及项目。

（1）因车型而异

由于汽车美容项目、内容及使用用品不同，其价位也不一样。对汽车进行美容不仅要考虑效果，同时也要考虑费用。因此，不同档次的汽车采用的美容作业及使用的美容用品应有所不同。对于高档轿车主要考虑美容效果，而对一般汽车进行常规的美容作业就可以了。

（2）因车况而异

汽车美容作业应根据汽车漆膜及其他物面状况有针对性地进行。车主或驾驶员应经常对汽车表面进行检查，发现异变现象要及时处理。例如，车漆表面出现划痕，尤其是较深的划痕，若不及时处理，金属出现锈蚀后，会增大处理的难度。

（3）因环境而异

汽车行驶的地域和道路不同，对汽车进行美容作业的时机和项目也不同。如汽车经常在污染较重的工业区行驶，应缩短汽车清洗周期，经常检查漆面有无污染色素沉积，并采取积极预防措施；如汽车在沿海地区行驶，由于当地空气潮湿，大气中含盐较多，一旦漆面出现划痕应立即采取治理措施，否则很快就会造成内部金属锈蚀；如汽车在西北地区行驶，由于当地风沙较大，漆面易失去光泽，应缩短抛光、打蜡的周期。

（4）因季节而异

不同的季节、气温和天气的变化，对汽车表面及内饰部件具有不同的影响。如汽车在夏季使用时，由于高温漆膜易老化，在冬季使用时，由于严寒漆膜易冻裂，应进行必要的预防护理作业。另外，冬夏两季车内经常使用空调，车窗紧闭，车内易出现异味，应定期进行杀菌和除臭作业。

二、汽车装饰

随着人们物质生活水平的提高，个性化、独具风格的汽车装饰已成为现代人生活的时尚。通过外装饰在不改变车辆本身功能和结构的前提下，改变汽车外观，使汽车更醒目、豪华、满足个性化要求。汽车内饰为车主营造温馨与舒适的空间。汽车视听装饰则可为车主欣赏更多音源、获得更好的音质、扩展音响的功能提供更大的空间。车载免提电话可提高汽车行驶的安全性。

汽车的装饰服务项目有：车窗与车身装饰、汽车内饰装饰、汽车视听装饰、车载免提电话及汽车安全防护装饰等。

1. 车窗与车身装饰

车窗和车身构成汽车外表面，其装饰效果直接影响到汽车的外观。车主应根据汽车的实际情况，本着美观、协调、实用和安全的原则，有针对性地选择装饰项目，确保装饰效果。

（1）车窗太阳膜

车窗太阳膜的功用如下：

① 改变色调。五颜六色的太阳膜可以改变车窗玻璃全部是白色的单一色调，给汽车增添美感。

② 隔热降温。太阳膜可以减小光线照射强度，起到隔热效果，保持车厢凉爽。

③ 防止爆裂。当汽车发生意外时，防爆太阳膜可以防止玻璃爆裂飞散，避免事故中玻璃碎片对司乘人员造成伤害，提高汽车安全性。

④ 保护肌肤。阳光中的紫外线对人体肌肤具有一定的侵害力，长期受紫外线照射易造成皮肤疾病。太阳膜可有效地阻挡紫外线，对肌肤起到保护作用。

⑤ 单向透视。太阳膜的单向透视性可以遮挡来自车外的视线，增强隐蔽性。

太阳膜的种类按颜色可分为自然色、茶色、黑色、天蓝色、金墨色、浅绿色和变色等品种，按功能不同可分为普通太阳膜、防晒太阳膜和防爆太阳膜等，按产地不同可分为进口和国产太阳膜。

（2）加装天窗

加装天窗的主要目的是有利于车厢内通风换气，车厢内的空气状况直接影响到乘坐的舒适性。对于没有天窗的汽车主要是靠侧窗进行通风换气，而打开侧窗后车外的尘土、噪声便会灌进车内。若是冬夏两季，享受车内暖风和冷气时，让窗外的寒气或热浪扑面吹来，会使人感到很不舒服，同时还破坏了空调的效果。加装天窗后能较好地克服上述不足，实现有序换气。另外，有了天窗还为驾车摄影、摄像提供了便利条件。

(3) 车身装饰

汽车车身装饰可分为三类：一是保护类，为保护车身安全而安装的装饰品，如保险杠、灯护罩等；二是实用类，为弥补轿车载物能力不足而安装的装饰品，如行李架、自行车架、备胎架等；三是观赏类，为使汽车外部更加美观而安装的装饰品，加彩条贴、金边贴、全车金标等。

上述装饰中，有些项目改变了车辆的原设计外形尺寸，造成车辆超长、超高及超重现象，这是国家有关规定所不允许的。

在车身上粘贴形状、色彩各异的彩条贴膜，不仅能突出车身轮廓线，还能协调车身色彩，给人以丰富的联想和舒适的心理感受，使车身更加多彩艳丽。

2. 汽车内室装饰

汽车内室包括驾驶室和车厢，它是驾驶员和乘客在行驶途中的生活空间。对汽车内室进行装饰，营造温馨、美观的车内环境，从而使司乘人员乘坐舒适，心情愉快，给人一种宾至如归之感。

（1）座椅装饰

汽车座椅是车内占用面积最大，使用频率最高的部件，所以对其进行装饰不仅要考虑到美观，还要考虑到实用。

- 汽车座垫的功能：① 提高舒适性。柔软的汽车座垫可减缓汽车颠簸产生的振动，减轻旅途疲劳。② 改善透气性。夏季使用的硬塑料或竹制品座垫具有良好的透气性，给人以凉爽的感觉，有降温消汗功效。③ 增强保健性。汽车保健座垫可通过振动按摩或磁场效应，改善乘员局部新陈代谢，促进血液循环，消除紧张疲劳，达到保健目的。
- 汽车座垫的种类：① 柔式座垫。主要由棉、麻、毛及化纤等材料制成。② 帘式座垫。主要由竹、石或硬塑料等材料制成小块单元体，然后将单元体串接成帘状制成座垫，该座垫具有极好的透气性，是高温季节防暑降温的佳品。③ 保健座垫。该座垫是根据人体保健需求制成的高科技产品，当乘员随汽车颠簸振动时可起到自动按摩效果，另外座垫的磁场效应对人体保健也大有益处。

（2）更换真皮座套

目前，国产车和经济型进口车出厂时多数没配备真皮座椅，为营造更舒适、温馨的车内空间，越来越多的轿车开始更换真皮座套。

（3）车内饰品装饰

车内饰品种类很多，按照与车体连接形式的不同可分为吊饰、摆饰和贴饰三种。

① 吊饰：吊饰是将饰品通过绳、链等连接件悬挂在车内顶部的一种装饰。

② 摆饰：摆饰是将饰品摆放在汽车控制台上的一种装饰。

③ 贴饰：贴饰是将图案和标语制在贴膜上，然后粘贴在车内的装饰。

（4）桃木装饰

桃木装饰的特点是美观、高雅、豪华，其优美的花纹具有特殊的装饰效果。主要用于汽车内饰控制台、方向盘及变速杆等部位装饰。

（5）香品装饰

车用香品对净化车内空气，清除异味、杀灭细菌具有重要作用。

现今市面上的车用香品种类繁多，按形态可分为气态、液态和固态；按使用方式可分为喷雾式、泼洒式和自然散发式等。

气态车用香品主要由香精、溶剂和喷射剂组成。液态车用香品由香精与挥发性溶剂混合而成，盛放在各种具有造型美观的容器中，此种车用香品在汽车室内应用最广。固态车用香品主要是香精与一些材料混合，然后加压成型。

3. 汽车视听装饰

人们在以车代步、乘坐舒适等需求满足之后，又进一步追求坐在车内听广播、欣赏音乐、看电视等享受。因此，汽车装饰项目中便增添了选配、安装或改装视听装置的内容。

（1）汽车视听装饰的作用

在汽车里安装音响、电视等视听设备具有以下作用。

① 减轻驾驶途中疲劳。在汽车行驶途中，听听音乐、相声、小品等文艺节目，既可提供优美的听觉享受，又可减轻驾驶途中的疲劳，使司乘人员感到轻松愉快。乘客还可通过汽车电视观看精彩的影视节目，消除途中寂寞。

② 提供交通信息。一些大中城市的广播电台已相继开通交通信息节目，向驾驶员及时传递道路情况、交通情况、汽车使用、维修服务及安全行车知识等信息，还接受驾驶员的信息咨询和投诉，成为驾驶员行车的顾问和向导。

③ 减少停车等待中的寂寞。停车等候乘客，这是客车驾驶员经常遇到的，此时打开视听设备，动听的音乐、诙谐的相声和小品可减少等待中的寂寞。

（2）汽车视听装饰的种类

汽车视听装饰主要有汽车收放机、汽车激光唱机、汽车电视机、汽车影碟机等。

4. 车载免提电话

大家都知道酒后驾车的危险，但可能还不知道，驾车人在行车中手持手机拨打或接听电话，发生交通事故的概率高达27.3%，与酒后驾车相当，是正常行车的4倍。车载免提电话与车载电话的区别在于：一是通话时不必手持话筒，双手照样开车，而一般的车载电话只能在停车时或不开车时使用；二是免提电话价格低。

车载免提电话主要有以下类型。

（1）用手机做"心"的免提电话

这是一种上车后将手机置入机座内就可以使用的免提电话装置。它体积小，不影响车内装置，直接接到汽车点烟器，无须改装车内结构，来电话时从高保真扬声器传出。这种产品不仅克服了车载电话和手机是两个不同号码的弊端，而且无须更换手机和车载系统，它适合任何型号的手机和汽车。

（2）声控免提电话

这种电话靠声音控制，只需轻声一呼，电话就自动接通。这种电话可以预存50多个电话号码。当开车时，只要轻轻按一下"一指键"系统就提示"哪个名字？"你说出某人的名字后，系统会提示"哪个地点？"如果你说"办公室"，等电话接通了你就可以通话了。

（3）插卡式车载电话

这是同时具有普通车载电话功能和免提声控功能的高档车载电话。手机所具有的功能应有尽有，而且操作简单，可满足不同客户的需求，真正为客户建立了一个移动的办公室。

5. 汽车安全防护装饰

汽车安全防护装饰包括车辆防盗、报警和司乘人员行车保护等装置。它是为提高车辆的安全防护性能而采取的技术措施，对加强车辆及行车安全具有重要作用。

（1）汽车防盗装置

汽车防盗装置按照结构不同大致可分为以下三种。

① 机械式汽车防盗装置：机械式汽车防盗装置大多为各种防盗锁，它们通过锁定方向盘、制动器踏板、变速杆等主要操纵件防止汽车开走。

② 电子式汽车防盗系统：在高级轿车上多数安装的是微电脑控制的智能型电子遥控防盗器，该防盗器可在窃贼接近或进入汽车时，发出蜂鸣、警笛、灯光等信号，既可吓退窃贼，又可引起路人的注意。

③ 网络式汽车防盗系统：网络式汽车防盗系统主要是利用 GPS 卫星定位系统对汽车进行监控达到防盗目的，该防盗系统不仅可以锁定汽车点火或起动，还可通过卫星定位系统（或其他网络系统）将报警信息和报警车辆所在位置无声地传送到报警中心。

（2）电子式汽车门锁

电子式汽车门锁主要有以下类型。

① 按键式电子门锁：按键式电子门锁采用键盘（或组合按钮）输入开锁密码，内部控制电路采用电子锁专用集成电路（ABIS）。

② 拨盘式电子门锁：拨盘式电子门锁采用机械拨盘开关输入开锁密码。按键式电子门锁可以改造成拨盘式电子门锁。

③ 电子钥匙锁：电子钥匙锁使用电子钥匙输入（或作为）开锁密码，电子钥匙是构成控制电路的重要组成部分。电子钥匙可以由元器件或由元器件构成的单元电路组成，做成小型手持单元形式。电子钥匙和主控电路的联系，可以是声、光、电和磁等多种形式。此类产品包括各种遥控汽车门锁、转向锁和点火锁，以及电子密码点火钥匙。

④ 触摸式电子门锁：触摸式电子门锁采用触摸方法输入开锁密码，操作简便。相对于拉链开关，触控开关使用寿命长，造价低，因此优化了电子锁控制电路。装有触摸式电子锁的轿车前门没有门把手，代之以电子锁和触摸传感器。

⑤ 生物特征式电子门锁：生物特征式电子门锁的特点是将声音、指纹等人体生物特征作为密码输入，由计算机进行模式识别控制开锁。因此，生物特征式电子锁的智能化程度相当高。

（3）汽车安全报警装置

汽车是高速行驶的交通工具，为使汽车驾驶员和行人及时了解汽车运行过程中的各种信息，采取果断措施，确保行车安全，现代汽车上安装了多种安全报警装置。汽车安全报警装置的种类有：超速报警装置、超车自动报警装置、倒车报警装置、多功能安全显示器。

（4）汽车安全保护装置

① 汽车安全带：汽车安全带是属于汽车驾驶员和乘客的安全保护装置，当汽车遇到意外情况紧急制动时，安全带可以将驾驶员或乘客束缚在座椅上，以免前冲，从而保护驾驶员和乘客避免二次冲撞造成的伤害。

② 汽车安全气囊：安全气囊的安装应考虑以下几点：一是安全气囊的结构形式。目前安全气囊主要分为机械式、电子式和化学式。从反应速度上看，电子及化学式的气囊充气速度较快，机械式的气囊充气速度比较适中。二是安全气囊的安装方式。安全气囊的安装方式主要有两种，即直接将气囊安装在方向盘上，安装气囊组件时原车方向盘不更换；或将整个

方向盘换装成带有气囊的豪华方向盘，安装气囊组件时需将原车方向盘更换。三是安全气囊的生产厂家。在选购气囊时应注意认清所购气囊是否有国家安全鉴定权威机构（公安部车检中心）的检测合格证明，同时还要核实经销商及加装店的经营安装许可文件。

复习思考题

1. 汽车销售的整个过程分为哪几个步骤？
2. 简述售前检查的目的。
3. 简述二手车鉴定过程中的注意事项。
4. 汽车发生交通事故后，应该怎样找保险公司进行理赔？

模块九 汽车生产企业与特约经销商

△ 汽车售后服务管理（第3版）

学习导入

为了提升售后服务质量，提升品牌形象，某品牌主机厂推出了"畅享夏日，贴心关怀"夏季优质服务月活动，凡参加此次服务活动的客户均可享受超值优惠回报，同时保外客户进店消费可享受到量身定做的专项优惠服务。如果你是售后服务前台主管，如何配合主机厂的宣传活动，与有关方面配合，策划落实活动细节，让客户享受到贴心关怀。

学习目标

1. 了解汽车生产企业在组织售后服务时，在服务管理和物品信息管理方面都有哪些内容。
2. 在特约经销商成熟阶段，汽车生产企业发挥了什么作用；汽车生产企业对经销商的管理有哪些内容。
3. 熟悉汽车生产企业如何对经销商提供技术培训支持。
4. 了解汽车生产企业对经销商的质量管理体系认证管理包含哪些内容。

单元一 汽车生产企业的售后服务组织

随着我国汽车市场上新车型不断推出，汽车价格不断下降，整车保有量的急剧增加，行业内的竞争也日趋激烈，售后服务水平对汽车生产企业的生存和发展起到越来越重要的作用，使得汽车生产企业必须充分重视售后服务组织管理，不断提高售后服务水平，为客户提供满意的服务。汽车生产企业在以特约经销商为主体的售后服务网络中处于核心地位，在售后服务组织中起主导作用。汽车生产企业（简称主机厂）在组织售后服务时，主要从服务管理和备件管理两方面着手，如图9-1所示。

一、服务管理

汽车生产企业一般要根据汽车销售情况，把我国划分为若干个区域，每个区域都要设置区域服务经理，对该区域内的经销商进行管理。

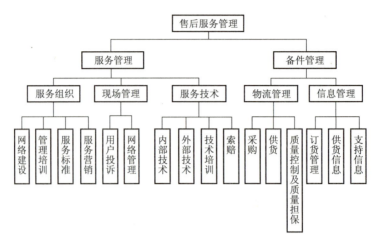

图 9-1 汽车生产企业的售后服务组织

1. 服务组织

（1）网络建设

服务网络的建设对做好售后服务是非常重要，要按照标准来进行选择、建设，主机厂每年都要确定网络规划及选建计划，然后通过媒体发布信息，收集汇总入网申请，发放投标书和问卷，通过问卷筛选和实地考察进行资质认证，候选经销商要打入保证金，然后开展招标会，最后确定符合要求的入网经销商。

（2）管理培训

主机厂要对经销商进行管理培训，使所有经销商都能按照品牌的要求进行运行和管理，以达到统一的品牌形象。

（3）服务标准

主机厂要向经销商提供服务标准，让所有经销商向品牌车辆客户提供统一标准的服务，使所有的客户都得到优质的服务。

（4）服务营销

根据品牌发展的总体战略，提高品牌的知名度和影响力，以扩大品牌占有率，主机厂要制订服务营销计划，并确定活动主体和活动方案，组织开展活动并进行跟踪和信息反馈。

2. 现场管理

（1）客户投诉

在第一时间处理客户投诉，提高客户的满意率，监督经销商的服务效果。

（2）网络管理

对经销商实施日常的管理、监督、协调、考核。

3. 服务技术

（1）内部技术

将产品技术转化为适用于经销商售后服务的检测维修技术，并形成技术服务手册等相关技术资料，提供给经销商。

（2）外部技术

向经销商提供技术资料及维修资料，向经销商提供技术支持，帮助经销商解决服务中遇到的疑难问题。

（3）技术培训

向经销商从事售后维修服务的技术人员提供不同层次、不同专题的培训，以提高经销商人员的技术水平及解决实际问题的能力。

（4）质量控制

通过规范维修诊断过程，确保完成所有维修项目的维修质量。

二、物品信息管理

1. 物流管理

物品信息管理要对经销商配备维修工具、设备和备件的订购明确规定，规范管理。还要对索赔工作和召回工作作出明确规定，规范管理。

（1）采购

根据经销商历史订货情况、品牌车辆的保有量情况、不同季节及区域的车辆损坏特点来制订合理的订货计划。

（2）供货

根据经销商的不同特点采取最合理的供货方式，如在区域建立物流中转库，可以大大缩小供货半径和供货时间。

（3）质量担保及索赔

对汽车生产企业的汽车产品质量担保及索赔进行规定，为实施索赔工作提供指导和管理，对发生的索赔业务进行监控和后续业务的实施。

2. 信息管理

信息管理是指要对汽车生产企业与经销商之间的信息沟通、经销商内部信息管理进行规定和规范化管理。信息管理包括基础信息、人员信息、支持信息、服务营销信息等。为了规范一些特殊业务，如补办《整车合格证》《车身铭牌》等，汽车生产企业也要作出明确规定。

（1）基础信息

经销商基础信息包括：法定名称、地址、24小时服务电话、服务总监电话等，经销商的基础信息不许任意变更。

（2）人员信息

经销商的所有人员信息必须录入经销商管理系统，便于汽车生产企业与经销商之间的信息沟通。

（3）支持信息

编制并向经销商提供零部件目录，及时提供备件更改信息。

三、经销商发展过程

各汽车生产企业在开拓、发展和巩固中国汽车市场过程中，必须按照各自的规划不断发展各地特许经销商，拓展全国销售和服务网络，在全国形成密集型的网状覆盖。汽车生产企业发展经销商的过程一般分为三个阶段，如图9-2所示。

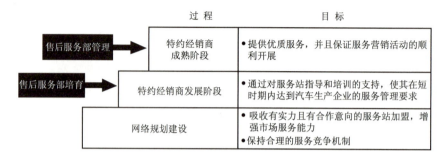

图 9-2　发展经销商过程

1. 网络规划建设

网络规划建设阶段的目标是吸收有实力并且有合作意向的汽车经销商加盟，从而提高汽车生产企业的市场服务能力和市场竞争力；通过在同一地区设置多家特约经销商，保持合理的服务竞争机制。

汽车生产企业对于经销商的选择和资质考评遵循非常严格的标准。在硬件设施方面，从店面的选址、建筑规模和整体风格，到服务区域和维修工位的设置以及专用诊断和维修工具的配备，都有统一的高标准规范。

某汽车生产企业拓展全国销售和服务网络，发展各地特许经销商，其网络建设方式如图 9-3 所示。

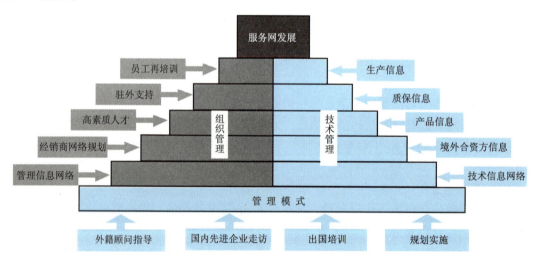

图 9-3　网络建设方式

汽车生产企业为了更好地建设售后服务网络，必须按照规范和统一的管理模式，这样才能使客户在不同的经销商享受同样的优质服务，提高客户满意度。通过外籍顾问指导、国内先进企业走访、出国培训等方式，使得汽车生产企业的规范和统一管理模式不断地提高和发展。

汽车生产企业在利用规范和统一的管理模式对售后服务网络提供支持时，采取了组织管理和技术管理两方面的支持手段。在组织管理方面，提供特约经销商员工再培训、汽车生产企业的驻外支持、培养高素质人才、合理规划经销商网络和管理信息网络等支持方式；在技术管理方面，提供产品信息、质保信息、汽车生产企业生产信息、境外合资方相关信息和技术信息网络等支持方式。

2. 特约经销商发展阶段

特约经销商发展阶段的目标是通过对特约经销商的指导和培训的支持，使其在短时间内达到汽车生产企业的服务管理要求。全国范围内的特约经销商都必须遵从各自汽车生产企业规范化的组织机构和管理流程，采用全国联网的信息化管理，按照统一的要求进行原厂零部件的存储和供应。在这些方面，汽车生产企业既承担着指导和支持的义务，同时又履行着监督者的责任，用严格的考核制度确保统一的服务规范得以贯彻。

在特约经销商发展阶段中，汽车生产企业售后服务部门对特约经销商的培育如图9-4所示。

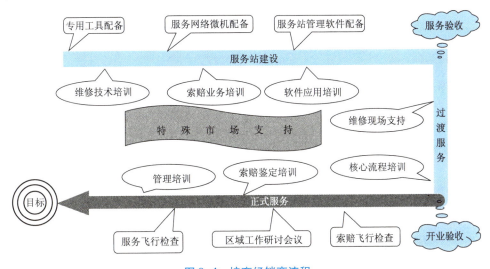

图9-4 培育经销商流程

汽车生产企业售后服务部门对特约经销商的培育可分为以下三个阶段。

（1）特约经销商建设阶段

除了在店面选址、建筑规模和整体风格，以及服务区域和维修工位的设置等硬件建设方面给予特约经销商指导之外，汽车生产企业售后服务部门还给予特约经销商专用工具配备、管理软件配备等必要的软硬件支持。汽车生产企业售后服务部门还提供给特约经销商维修技术培训、索赔业务培训和管理软件应用培训，便于特约经销商各类人员尽快提高相关能力和素质，符合开业要求。

（2）过渡服务阶段

在特约经销商过渡服务阶段，汽车生产企业售后服务部门给特约经销商提供核心流程培训，使特约经销商的服务流程正规化。在过渡服务阶段，如果特约经销商的维修技术力量不足，汽车生产企业售后服务部门还可以提供维修现场技术支持。

（3）正式服务阶段

如果过渡服务阶段效果良好，特约经销商即可开业验收，进入正式服务阶段。在正式服务阶段，为保证特约经销商的服务和管理水平，汽车生产企业售后服务部门仍然要提供管理培训、索赔鉴定培训等培训，并通过服务飞行检查、索赔飞行检查和区域工作研讨会议等方式督促和帮助特约经销商。

3. 特约经销商成熟阶段

特约经销商成熟阶段的目标是使特约经销商能提供优质服务，保证汽车生产企业各项服务营销活动的顺利开展，从而不断提高服务水平，提高客户满意度。

在特约经销商成熟阶段，汽车生产企业售后服务部门的职能是管理特约经销商，使特约经销商的服务水平达到汽车生产企业的售后要求，保证汽车生产企业的市场服务能力和市场竞争力。

汽车生产企业售后服务部门对特约经销商的管理如图9-5所示。

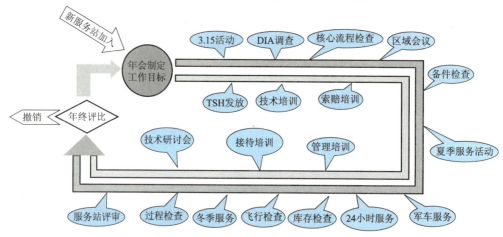

图9-5　对特约经销商的管理

汽车生产企业一般要组织售后服务年会，确立售后服务的年度工作目标，然后由汽车生产企业的售后服务部门实施。汽车生产企业的售后服务部门通过技术培训、索赔培训、管理培训、接待培训和技术研讨会、TSH发放等方式继续提高特约经销商各岗位人员的相关能力和素质，组织3.15活动、夏季服务活动和军车服务等活动，配合以备件检查、过程检查和库存检查等检查，最终达到特约经销商能提供优质服务，保证汽车生产企业各项服务营销活动的顺利开展，从而不断提高服务水平，提高客户满意度的目的。年终时，汽车生产企业还要对全国各地的特约经销商进行评审，对于不合者要取消其特约经销商资格，对于销售服务优异者则给予嘉奖。

单元二　汽车生产企业对经销商的管理与支持

在经销商的建设和正式服务阶段，汽车生产企业都要从服务和物品信息两个方面对经销商进行规范管理，使经销商通过客户服务的统一化、标准化、专业化、个性化，打造服务品牌，提升客户满意度，更有效地吸引与保留客户。

一、服务授权管理

意向经销商按要求完成了服务功能建设，通过了汽车生产企业验收而授予服务授权方能正式对所在区域的汽车产品用户开展服务业务。

1. 目的

对特许经销商服务授权进行了规定，适用于对服务功能健全的授权经销商进行管理。

2. 管理内容

（1）服务授权的条件

① 维修车间及其他服务设施：达到汽车生产企业授权经销商建筑标准和形象建设方面的要求。

② 经销商管理系统：经销商管理系统已与汽车生产企业联网。

③ 专用工具、通用工具与服装：专用工具、通用工具及服装已订购并到位。

④ 备件：备件已订购并到位。

⑤ 培训：维修技术、索赔、备件及管理经过一汽-大众培训。

⑥ 岗位分工及岗位设置：按要求进行岗位分工及岗位设置，主要管理人员和业务人员任职经过一汽-大众公司的审批。

（2）服务授权的申请与审批

意向经销商在签订意向性协议后1年内如无特殊情况必须完成各项建设工作，并申请开业验收，经销商通过开业验收后，经汽车生产企业批准，即可取得相应车型的销售和服务授权。得到服务授权的经销商可以开展索赔和服务营销业务，并有资格参加用户满意度调查等相关服务活动。

经销商自取得服务授权之日起1年内必须接受并通过汽车生产企业质量管理体系认证，未参加或没能通过认证的经销商将被取消原有的服务授权。

（3）增加服务车型授权

已开展服务的经销商若增加服务车型授权，首先需订购该车型的维修专用工具，并按要求订购该车型的备件，参加该车型的技术培训后，方可申请增加该车型服务授权。经销商提交申请，经事业部审批同意后，将申请和相关证明材料一并邮寄至汽车生产企业审核，经汽车生产企业批准后，即可开展该车型的服务业务。

（4）服务暂停和恢复审批

经销商在对汽车生产企业产品服务经营过程中，如严重违反汽车生产企业售后服务管理条例规定及相关制度，对汽车生产企业产品的服务造成恶劣影响，可给予经销商暂停服务的处罚。

服务暂停时间一般为3个月，经销商服务暂停结束后，且达到了整改的要求，汽车生产企业批准后，即可恢复服务业务。

（5）服务终止审批

经销商在对汽车生产企业产品服务经营过程中，严重违反汽车生产企业售后服务管理条例规定及相关制度，对汽车生产企业产品的服务造成恶劣影响，服务暂停整改后，仍未改正，即可终止服务业务，并取消服务代码。

二、服务流程管理

1. 目的

为了规范经销商的服务流程，提升汽车生产企业的品牌形象，提高用户满意度，便于经销商对售后服务流程的贯彻与实施，汽车生产企业都要对服务流程作出详细规定和解释。

2. 管理内容

不同品牌汽车的服务流程由于服务理念和管理方法不同，服务流程分为6~13个步骤不等，但是都包括服务前、服务过程和跟踪回访3个阶段。

广州本田汽车售后服务标准流程见图9-6，包括招揽顾客、预约服务、接待、诊断、估价、派工、零部件出库、作业、完工检查、清洗、验车结算、交车送行和跟踪服务13个步骤。

图9-6 广州本田汽车售后服务标准流程

三、维修保养工时管理

1. 目的

为了保证经销商在服务秩序方面的规范，汽车生产企业售后服务管理部门需要统一制定《维修保养收费标准》。

2. 管理内容

在统一收费标准过程中，由于车型不同，统一范围也不同。如某中级车实行全国统一标准，某紧凑型轿车实行区域统一标准。

经销商在维修保养收费时，应该严格执行《维修保养收费标准》。工时费9折以上可以由经销商自定，9折以下由区域服务经理确定。

由汽车生产企业售后服务管理部门监督《维修保养收费标准》执行情况，对不执行《维修保养收费标准》并造成不良影响的经销商，现场管理部将给予罚款和全网通报批评处罚。

四、紧急救援服务管理

1. 目的

为了提升汽车生产企业的品牌形象和竞争优势，提高用户满意度，汽车生产企业需要对经销商的紧急救援服务规范管理。

2. 管理内容

① 经销商应至少配备1台标准救援服务车并配备随车救援工具，对于不能按要求配备

救援服务车的经销商，给予扣款处罚。

② 经销商需设立 24 小时救援电话，确保 24 小时救援服务能够顺利开展，具体工作流程见图 9-7 紧急救援服务流程图。

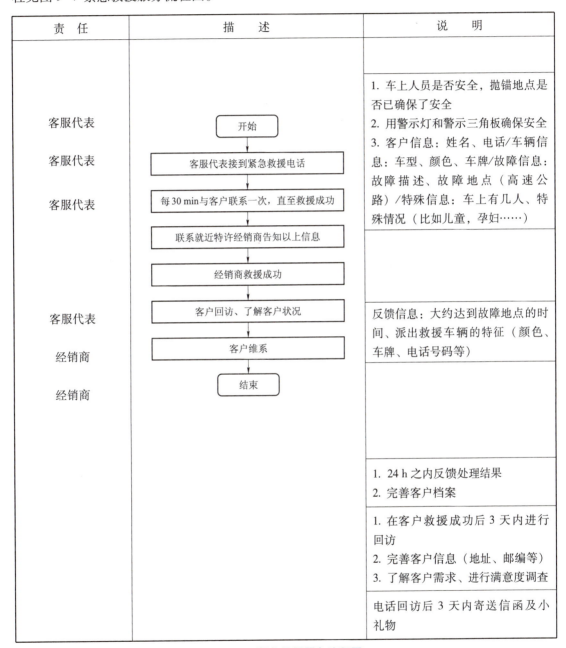

图 9-7 紧急救援服务流程图

③ 经销商针对自己责任区域里 100 km 半径范围以内发生的抛锚，在 120 min 内提供救助，市区内发生的抛锚 60 min 内提供救助。

④ 经销商救援人员在救援时必须穿着规定的救援服或工作服（带反光标记），使用标准救援服务用语。

⑤ 汽车生产企业应答中心每季度对经销商进行 1 次电话测试，对于不能提供救援的经销商给予扣款处罚。

⑥ 救援服务原则上需现场排除故障，对于无法现场维修的故障可以拖回服务站进行维修。

⑦ 对救援服务车使用情况，应有工作记录。

⑧ 经销商客服部门在救援成功后 3 天内进行电话回访。

⑨ 由各汽车生产企业售后服务管理部门监督经销商救援服务的执行情况。

五、技术培训

为了保证特约经销商各岗位工作人员达到上岗要求，进行规范和高标准的管理和服务，并不断提高各岗位工作人员的相关能力和素质，汽车生产企业售后服务部门必须对特约经销商提供各方面的培训支持。下面以技术培训为例，介绍汽车生产企业售后服务部门对特约经销商的培训支持。

1. 技术培训流程

汽车生产企业售后服务部门对特约经销商的技术培训一般分为 9 个步骤，即培训申请、编排培训计划、发出培训通知、反馈回执、资格认证/入学考查、培训/考试、通报考试成绩/发放培训合格证书、开展内部培训和内部培训效果考核，如图 9-8 所示。

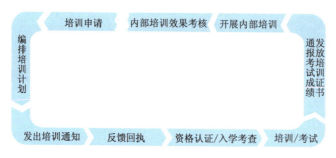

图 9-8　技术培训流程

（1）培训申请

特约经销商根据自己的人员状况和业务状况，向汽车生产企业售后服务部门提交培训申请，特约经销商应该注意拟参加培训人员是否具有相应培训资格。

（2）编排培训计划

汽车生产企业售后服务部门接到各地的特约经销商培训申请后，考虑特约经销商的实际情况，再结合汽车生产企业售后服务部门的培训中心的师资、教室、设备等情况，编排培训计划。

（3）发出培训通知

确定培训计划后，汽车生产企业售后服务部门向提出申请的特约经销商发出培训通知。

（4）反馈回执

特约经销商接到培训通知后，确认自己能否参加培训，提交参加培训人员名单并填写回执，反馈给汽车生产企业售后服务部门。

（5）资格认证/入学考查

汽车生产企业售后服务部门对提交上来的参加培训人员进行资格认证或进行入学考查。

(6) 培训/考试

资格认证合格后，特约经销商接受培训人员即可到汽车生产企业售后服务部门的培训中心报道参加培训，培训结束之后接受培训人员还要参加结业考试。

(7) 通报考试成绩/发放培训合格证书

汽车生产企业售后服务部汇总结业考试成绩，向特约经销商通报考试成绩并发放培训证书。

(8) 开展内部培训

由于汽车生产企业售后服务部门的培训中心不可能对全国各地的特约经销商所有人员进行培训，所以具有培训合格证书的受培训人员，回到特约经销商后，往往还要对特约经销商内部的其他人员培训，称为特约经销商内部培训。

(9) 内部培训效果考核

为了检验特约经销商内部培训的效果，汽车生产企业售后服务部门还要面向全国的特约经销商组织内部培训效果考核。

2. 技术培训分级

由于特约经销商的维修人员技术等级不同，因此汽车生产企业售后服务部门在组织技术培训时，也要分为不同的级别。一般分为基础培训、高级培训和专家级培训三个级别，每个级别一般还要根据汽车的结构分为不同的内容，如图9-9所示。

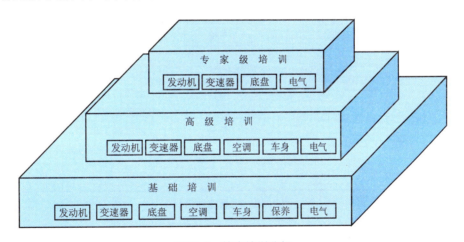

图9-9 技术培训分级

六、维修质量控制

1. 目的

通过严格规范维修诊断过程，执行自检、互检和终检的三检制度，确保完成所有维修项目的维修质量。

2. 质量控制内容

质量控制流程如图9-10所示。

(1) 维修准备

服务顾问在接车过程中根据维修任务进行分类，可将维修任务分成小任务、标准任务和诊断任务3类。建议分类标准如下：

① 小任务：任务清晰明确；不需要试车；随时可以接收车辆；不需要诊断（无须拆卸）；零件可调配；无须专家技师参与；可以方便地预约；不必预检。例如：更换雨刮片、保养、快修服务等。

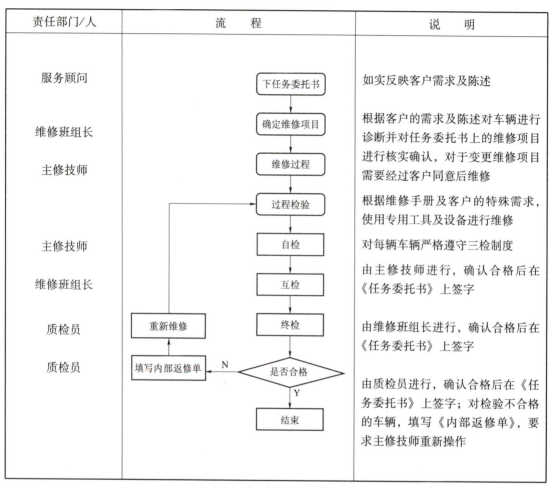

图 9-10 质量控制流程

② 标准任务：维修范围明确清晰（从顾客的角度出发）；有可能的话，与顾客一同试车；通知顾客接收车辆所需的时间；需要专业的车辆接收（清单）；零件可在有限范围内进行调配；需要留出多余的时间；召回行动；维修历史记录很重要。例如：普通的检修任务，更换制动器、离合器等。

③ 诊断任务：维修范围不明确；需要更多的诊断（试车、在举升机上验车）；调配专业的预约和车辆接收；零件调配比较困难；询问有关长期机动性担保的情况；需要使用诊断设备；需要专家咨询；维修历史记录很重要；需要留出多余的时间；与顾客交流时需要比较反应灵敏；可能的话，仅约定咨询时间。例如：发动机 EPC 灯报警、车身噪音等。

● 服务顾问将车移入维修工位，将任务委托书交维修班组长。诊断任务必须交给公司内部通过认证的高级技师或专家技师进行诊断，同时服务顾问必须如实反映客户需求及陈述，并填写在任务委托书上。

- 维修班组长：经培训合格，具备常见故障的维修能力，并通过技师认证的人员担任，同时能够根据客户陈述确定故障原因及维修项目。对于总成大修等标准维修任务，必须由班组长亲自维修。

由维修班组长根据客户的需求及陈述对车辆进行诊断，并对任务委托书上的维修项目进行核实确认，再根据维修任务级别将任务委托书交付主修人员实施维修。若需变更《任务委托书》维修项目，应及时填写《维修项目变更申请表》，并及时通知服务顾问，经过客户确认后方可维修。

- 主修技师：培训合格，具备维修能力，由通过一汽-大众公司助理技师认证的人员担任，必须了解清楚故障现象、维修项目、交车时间、旧件保留方式及客户交代的特别注意事项；主修技师使用车身护具保护车辆；主修技师准备好维修手册、专用工具及设备。

- 技术经理：培训合格并通过技术经理认证，保证车间电、气、水等能源正常供给，IT系统通讯、诊断仪器及维修设备工作正常，保证维修手册、专用工具及设备齐全，使用功能正常。

对于疑难故障，技术经理应组织会诊，制订维修方案并填写《疑难问题技术维修方案》；对于重大抱怨问题或重大质量问题，技术经理应及时填写《技术信息报告》。

（2）维修过程

① 如车辆使用千斤顶举升，须辅助设施支撑牢靠。

② 对于首保或定期保养车辆，使用最新的《定期保养项目单》逐项进行检查保养，质检员应采取抽检车辆方式对车辆的保养情况进行检查并做好抽检记录，对抽检不合格的车辆应提出改进措施及惩罚措施，必须保证抽检车辆数量不低于保养车辆总数的10%。

③ 按照《维修手册》要求实施维修保养，并正确使用专用工具及设备。

④ 在《工具/资料借用登记表》上注明任务委托书号、车牌号、维修手册名称、专用工具号、借用人、借用时间、归还时间、工具状况等。

⑤ 如需拆装内饰，必须保证双手的清洁。

⑥ 如遇到由于操作不当引起的车辆损失，应及时通知服务顾问、作业管理员、服务经理处理。

⑦ 在维修过程中，主修技师若发现与故障有关的其他部件损坏或与故障无关的其他维修项目，应及时报告服务顾问，由服务顾问及时告知顾客，顾客同意并签字后方可进行维修。若顾客不在现场的，服务顾问通过电话与顾客联系，向顾客告知交车时间和维修费用。顾客确认后，在《任务委托书》上记录顾客确认信息，转维修人员继续修理。

⑧ 如需多工种的维修，在本班组负责项目结束后，应认真完成与下道工序的中间检查及签字交接。

⑨ 如有泥、水、油、漆落在地面上，应立即清理。

⑩ 操作过程中应做到维修工具和零件不落地。

⑪ 如拆卸电瓶，应在完工后，将收音机/时钟/电窗等用电设备恢复设定。

⑫ 每次工作结束后，清洁本班/组负责的设备、设施和工具等，并负责清理本区域地面，整理工具箱，不允许存在车辆支在举升器上过夜的现象。

⑬ 如遇到重大质量、发生频率相对较高的故障，技术经理应及时填写《PCC及技术信息报告》，并随时跟踪报告的反馈信息，对一汽-大众技术销售公司服务部反馈的《PCC及

技术信息报告》技术经理应及时制订技术维修方案并进行维修。

⑭ 如遇到难以解决的疑难问题，应及时通知技术经理，由技术经理组织攻关组进行会诊以制订疑难问题技术维修方案，同时填写《PCC及技术信息报告》及时反馈给技术服务部请求技术支持。

⑮ 更换下来的旧件，利用相应包装装好，废油废液妥善收集，废弃物按照环保要求处理。

⑯ 维修建议：主修技师将客户暂时不做的建议项目记录在《任务委托书》上。

⑰ 维修建议：将可以预估使用时间或里程的备件期限标注在《任务委托书》上。

⑱ 主修技师完成作业后，按照任务委托书检查完成的所有维修项目，无误后签字确认。

(3) 维修质量检验

对每辆车严格遵守三检制度。

① 自检。

- 主修技师按照《任务委托书》检查完成所有的维修项目。
- 确保每个施工项目都按照《维修手册》的要求进行操作。
- 确保所有紧固螺栓都按照《维修手册》要求使用力矩扳手按规定紧固顺序拧紧。
- 确保机舱内及所有维修过的线路、管路无干涉摩擦现象。
- 确保没有发生与此次维修无关的备件。
- 检查旧件的保留方式。
- 保证遵守客户提出的特别注意事项。
- 检查车内是否有维修后的残留物品，并对车内进行清理。
- 主修技师对维修车辆自检后在《任务委托书》上签字。

② 互检。

- 主修技师将竣工的车辆和《任务委托书》交给班组长。
- 班组长核实主修技师的检验结果。
- 检查客户报修的故障已经完全排除，满足客户需求。
- 检查主修技师签名。
- 发现不合格的问题及时提出，并要求主修技师立即改正。
- 互检合格后班组长在《任务委托书》上签字。

③ 终检。

- 主修技师或班组长将检验后的《任务委托书》交给质量检验员做终检。
- 质量检验员将维修进度管控板上已送检车辆的维修信息更新至完工检验状态。
- 按照《任务委托书》检查有无漏项。
- 检查客户报修的故障及客户特别交代的事项已经完全排除，满足客户需求。
- 检查技师签名。
- 检查旧件的保留方式。
- 保证遵守客户提出的特别注意事项。
- 对需要路试的车辆严格按照规定的试车路线进行试车。
- 对检验不合格的车辆，填写《内部返修单》，要求主修技师重新操作。
- 终检合格后质检员在《任务委托书》上签字。
- 若在终检中发现新的问题时，应立即通知服务顾问，协调处理。

- 对客户不同意维修项目应在《任务委托书》上建议维修栏目中注明。
- 定期出具《内部返修月质量分析报表》。

(4) 质量检验要求

① 如仅为添加、润滑、简单调整，则直接在《任务委托书》上签字。
② 与服务顾问协调，每次预估交车时间，应将质检时间加入。
③ 对于返修车的问题点应加强检查（最好能有数据或代码）。
④ 对于异响（杂音、噪音）或驾驶不顺等问题，应判断是否路试。
⑤ 对于刹车问题，最好能在厂区内先进行测试，再进行路试。
⑥ 对于外出路试，应进行记录，包括路试车辆信息、路试时间、路试人员、路试结果等。
⑦ 对于免费维修项目，应加强检查。
⑧ 旧件摆放要注意清洁的问题。
⑨ 特别注意客户看得到、用得到、听得到或想得到部件的润滑、清洁、调整与摆放。
⑩ 对于建议维修项目必须明示给客户，并要求客户签字确认。

七、质量管理体系认证管理

1. 目的

对经销商实施质量管理体系认证，能够使经销商的服务和管理规范化，满足不断更新的市场质量要求，从而提高经销商的管理水平。

汽车生产企业需要对经销商的质量管理体系认证有效管理，规范、监督与控制第三方咨询或认证机构的工作质量，有效、便捷地为经销商提供咨询认证保障。

2. 认证管理相关方的职责和义务

汽车生产企业售后服务管理部门需要对第三方咨询及认证机构进行规范与管理，参与咨询及审核标准的制订，组织经销商接受咨询与认证。

第三方咨询机构负责经销商质量管理体系的培训与咨询，第三方认证机构负责经销商质量管理体系的审核与认证。第三方咨询及认证机构通过招标产生。

经销商按汽车生产企业售后服务管理部门统一组织的认证要求参加统一咨询与认证。

3. 认证流程

经销商的质量管理体系认证工作通常由汽车生产企业售后服务管理部门统一管理，其工作流程如图9-11所示。

① 经销商在得到服务授权后应立即申报并在12个月内完成认证，各区域服务助理经理负责审批各自所管辖的经销商认证需求，确认是否满足基本认证条件。
② 汽车生产企业售后服务管理部门流程及政策管理组根据各区域实际情况编排咨询计划，指派咨询师。
③ 组织并培训咨询师和审核员，导入流程以及公司管理文件。
④ 考核并评定咨询师和审核员资格。
⑤ 与第三方机构共同制定《经销商质量管理体系审核表》。
⑥ 与第三方机构共同策划批量咨询和认证方案。
⑦ 组织经销商与第三方机构签署协议、经销商领导人贯标培训。

⑧ 咨询完毕后由咨询师、服务总监、各区域服务助理经理分别在《咨询完毕申请认证报告》上签字确认，并以传真形式报给汽车生产企业售后服务管理部门。

⑨ 汽车生产企业售后服务管理部门审核《咨询完毕申请认证报告》符合规定要求后，编排每月的认证计划，并同时发给经销商与认证机构。

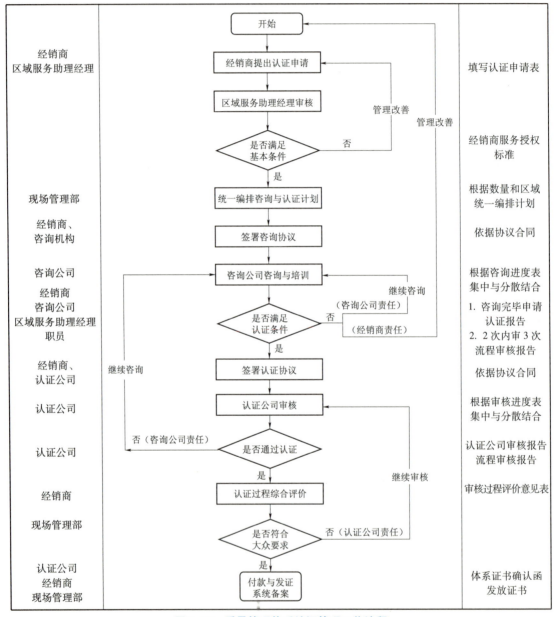

图 9-11 质量管理体系认证管理工作流程

⑩ 认证机构在接到认证计划 1 个月内完成体系审核工作。审核完毕后审核员、服务总监、各区域服务助理经理在《审核评价意见表》上分别签署意见，3 日内以传真形式上报给汽车生产企业售后服务管理部门。

⑪ 经销商应及时关闭认证审核不符合项，并在规定的日期内将不符合项目的关闭报告

提交给认证机构，认证机构签字确认合格后应立即将关闭材料传递给汽车生产企业售后服务管理部门。

⑫ 汽车生产企业售后服务管理部门将针对第三方咨询和认证的工作质量开展满意度调查、工作伴随、飞行检查等活动。

⑬ 组织咨询师、审核员召开研讨会。

⑭ 组织经销商质量管理体系认证经验交流会。

⑮ 协调咨询及认证过程中出现的各种问题，为认证双方提供保障。

⑯ 各区域服务助理经理要积极地伴随咨询和认证过程，承担监督检查的义务，参与协调工作。

⑰ 汽车生产企业售后服务管理部门审核全部咨询和认证过程程序，经审核在完全满足一汽-大众的规定条件下由汽车生产企业售后服务管理部门向经销商、咨询机构、认证机构同时发布《质量管理体系证书确认函》。

⑱ 经销商在接到《质量管理体系证书确认函》后应按合同要求履行付款手续，及时支付咨询与认证尾款，第三方机构在确认咨询、认证款项都已经到账的情况下立即发放体系证书。

八、质量担保与索赔管理

1. 目的

对汽车生产企业的汽车产品的质量担保及索赔进行规定，为实施索赔工作提供指导和管理。

索赔：在质量担保期内，由于产品质量问题导致的车辆故障，汽车生产企业委托经销商为用户提供维修服务或整车退换。

2. 管理内容

（1）质量担保

① 整车质量担保。整车质量担保的担保期一般都是以行驶时间或行驶里程给出，两者以先到者为准。起始时间为汽车自购买之日（以购车发票为准）。同一汽车产品由于用途不同，其担保期也不同。

例如：某品牌汽车除出租营运外的所有其他用途新购汽车质量担保期为 24 个月或 6 万 km，而属出租营运的新购汽车质量担保期为 12 个月或 10 万 km。

质量担保期内的质量问题，对于更换上的零件，其质量担保期与整车质量担保期相同：即整车质量担保期满，更换上零件的担保期也相应结束。

② 备件质量担保。备件担保的起始时间为备件自经销商购买并在经销商处安装之日起，担保期一般都是以行驶时间或行驶里程给出，两者也是以先到者为准。例如某品牌原装备件的质量担保期为 12 个月或 10 万 km。

汽车生产企业往往对一些特殊备件的担保期作出专门规定，如氧传感器：12 个月或 7 万 km。

③ 不符合质量担保的情况。

- 未遵守《使用说明书》《保养手册》的有关规定使用轿车，或超负荷使用轿车（如用作赛车）等，或使用不当造成的损坏。

- 车辆装有未经一汽-大众许可使用的零部件，或车辆未经一汽-大众许可改装过，车辆在非一汽-大众特许经销商处保养、维修过。

- 交通事故造成的损坏。
- 由于经销商本身操作不当造成的损伤，经销商应承担责任并进行必要的修复。经销商必须使用一汽-大众销售有限公司备件部提供的指定型号机油，否则不给予首保费用及办理发动机及相关备件的索赔。

（2）索赔程序

① 用户向经销商提出索赔。

② 经销商对故障车辆进行鉴定，在质量担保期内，符合质量担保条例的车辆给予索赔，维修工时费、材料费不与用户结算。

③ 若索赔金额超过一定数额，如1 000元，须经销商与现场代表确认，填写《车辆故障信息报告》，由现场代表审批《车辆故障信息报告》；对于现场代表同意的索赔项目，若索赔金额更大，如超过5 000元、发动机及变速箱总成索赔，经销商须填写《技术信息报告》，与现场技术经理确认，并在经销商管理系统中录入《车辆信息反馈报告》，由现场技术经理审批《车辆故障信息反馈报告》。

④ 经销商索赔员对完成索赔的用户车辆填写《索赔申请单》并录入经销商管理系统，将相应的条形码拴挂或粘贴在索赔件上，并将该索赔件每2周（特定地区按月）及时返回指定中转库。

⑤ 索赔件中转库进行验件检查，汽车生产企业索赔员审核《索赔申请单》，并通过经销商管理系统将确认的索赔申请转入索赔结算库。

⑥ 经销商根据管理系统中结算信息开具增值税发票并将发票按要求录入管理系统；经销商将索赔款发票及销货清单，以特快专递形式寄给汽车生产企业财务部，财务部通过系统将索赔款转为备件款。

九、召回管理

召回是指由缺陷汽车产品制造商进行的消除其产品可能引起人身伤害、财产损失的缺陷的过程，包括制造商以有效方式通知销售商、修理商、车主等有关方面关于缺陷的具体情况以及消除缺陷的方法等事项，并由汽车生产企业组织销售商、修理商等通过修理、更换、收回等具体措施有效消除其汽车产品缺陷的过程。

由于汽车产品结构越来越复杂，新产品不断推出，几乎所有的著名汽车公司都有汽车产品召回案例。

1. 目的

对汽车生产企业和经销商在召回相关业务中承担的职责及应达到的要求进行规定，用于召回行动执行过程及经销商日常售后服务工作过程。

2. 职责分工

（1）汽车生产企业负责

① 制订召回业务流程，组织、协调召回行动及与政府沟通。

② 对经销商反馈的疑似缺陷信息进行调查处理。

③ 对经销商召回的执行及日常售后服务工作中涉及召回问题的工作情况进行总体管理。

（2）经销商负责

① 收集、整理所有重复出现的安全性故障信息，并按规定的方式反馈至大众售后技术服务部。

② 实施召回行动，并记录、反馈行动中有关数据。

3. 管理办法

（1）日常维修过程

经销商应认真学习国家召回法规及汽车生产企业相关规定及培训材料，掌握相关政策、规定与要求，并做好内部培训，避免因对上述内容不了解，造成在日常维修中与客户交流、应对不当，导致客户抱怨或引起涉及召回或批量产品问题的投诉。

日常售后服务工作过程中不向客户或媒体作不真实的、不正确的、不规范的或不负责任的解释。

（2）疑似缺陷信息的收集、整理及反馈

经销商在售前检查及售后服务工作中，如累计发现1例及1例以上因车辆本身原因造成的影响行车安全的相同故障或故障隐患，应于发现第1例之日起2个工作日内填报《安全问题质量信息反馈表》，并将文件电子文稿以邮件的形式发到汽车生产企业指定信箱。

经销商对《安全问题质量信息反馈表》所反馈的内容应给予保密。

（3）召回行动执行流程

① 经销商首先认真学习召回行动相关材料，并进行内部培训。

② 经销商应根据行动要求，进行备件订购、领用或接收（不需更换零件的召回行动除外）。

③ 经销商应根据当次行动车辆范围，查找其库存车辆及所销售的召回范围内的车主信息，并通过电话、短信、信函等方式通知车主召回行动信息。

④ 召回行动采取预约维修为主，随时维修为辅的方式，经销商在通知车主时应主动预约其前来修复故障，按车主要求并结合行动计划合理安排召回维修时间进度。

⑤ 汽车生产企业将当次召回行动的《召回通知书》电子版文稿，发送至各经销商，由经销商打印，在车主前来召回维修时提供给相关车主。

⑥ 召回维修过程中，经销商同样按照服务核心流程要求操作。

⑦ 车辆维修完毕，经车主认可后，经销商将加盖经销商服务章的《召回记录单》交由车主签字。签字后，一份交车主留存，一份邮寄至汽车生产企业。

⑧ 对每位完成维修的车主，经销商应在3天后进行电话回访，根据回访情况做相应处理，并做回访记录。

⑨ 经销商按照召回行动文件要求，办理召回维修的索赔及做好索赔件的保管、返回工作。

⑩ 经销商在召回行动中如遇见任何问题或突发情况，应立即向汽车生产企业现场技术经理报告。

十、订购管理

1. 目的

对经销商维修工具、设备的订购明确规定，规范管理，用于经销商维修工具、设备等的订购工作。

2. 管理内容

① 经销商必须按汽车生产企业要求至少订购一套汽车维修工具、设备，用于对汽车生产企业的产品进行保养与维修。

② 为保证售后服务质量，统一售后服务形象，一汽-大众公司对经销商维修工具、设备的配备实行全网络统一管理，包括统一品牌、统一采购、统一形象、统一培训、统一考核。

③ 为保证经销商维修效率及服务形象，维修工具、设备实行品牌独立原则，不得与其他品牌产品共用维修工具、设备。

④ 经销商所订的维修工具、设备等到货后应根据装箱单在两天内清点完毕，并认真填写到货验收单，反馈给指定的单位，及时传回反馈单。

十一、信息管理

1. 目的

对汽车生产企业与经销商之间的信息沟通，经销商内部信息管理进行规定。用于对经销商进行规范化信息管理。

2. 管理内容

（1）基础信息

经销商基础信息包括：法定名称、地址、中文名称、地址，邮编，传真，24小时服务电话、服务总监电话，签约日期、授权日期等。经销商的基础信息不许任意变更，如有特殊情况要进行变更必须以书面形式反馈给汽车生产企业处理。

（2）人员信息

① 经销商的所有人员信息（人员编号、姓名、职务、电话、手机、出生日期、性别、工作日期等）必须录入经销商管理系统。

② 当人员信息发生变化时，要及时在经销商管理系统中维护。

③ 人员编号为四位，经销商自行定义，一经录入系统则不能更改，且经销商应让本人熟知自己的人员编码，以便在其他场合使用。

（3）文件、函电的管理

① 汽车生产企业通过E-mail信箱向服务网发放文件及其他信函。

② 经销商每天必须查看E-mail信箱，并按规定进行信息的存档和传递。

（4）服务营销信息

经销商有义务和责任将服务营销活动总结按活动要求反馈给汽车生产企业。

（5）其他信息

车辆信息、培训信息、索赔信息管、备件信息、基础信息、售后服务月报、突发事件、市场信息、产品性能、产品质量信息、用户信息等信息都要通过E-mail信箱或传真等形式反馈给汽车生产企业。

（6）信息处理要求

① 信息的采集要快速、准确、翔实。

② 信息反馈时要使用标准专业术语，内容完整、条理清晰、有逻辑性，必要时可附图片或照片，对于非电子版的信息要求字迹工整。

信息的反馈要做到全程跟踪，以保证信息的连续性、完整性。

③ 对于接收到的信息要及时处理。

（7）信息存档

① 由经销商信息员对信息进行管理。

② 信息要实行分类定制管理，并有档案目录。

③ 对于收到的电子信息应及时处理，并对电子信息进行存档。
④ 对于已在计算机存档的信息要定期备份，以免其他原因造成信息丢失。
⑤ 经销商要对收到的文件、向汽车生产企业反馈的信息进行存档。
⑥ 经销商在充分利用各种信息的同时，要保证信息的安全。对于因管理不善而造成信息的泄密，给汽车生产企业和经销商造成的损失，责任由经销商全部承担。
⑦ 各种电子版信息的光盘、软盘等要同文件信息一样妥善保存。
⑧ 对存储、使用信息的计算机要设置口令，并保证口令不被他人盗取，防止信息被他人破坏。

（8）基础信息变更

为了确保汽车生产企业及时、准确地获得特许经销商的最新信息，掌握特许经销商最新动态，需要及时更新特许经销商基础信息。

增值税发票类的信息变更、有关人员变动的信息变更、特许经销商通信信息的变更都需要按规定办理相应变更手续。

特许经销商在发生股权发生变化时，特许经销商的企业名称在发生变化时，必须按照汽车生产企业的相关规定来办理。

十二、经销商环保管理

1. 目的

为了维护汽车生产企业的环保形象，督促和引导经销商遵守国家和地方相关的法律、法规，汽车生产企业需要对经销商如何开展环境保护工作进行管理和规范。经销商环保管理用于经销商环境管理体系的建立。

环境管理体系是全面管理体系的一个组成部分，包括制定、实施、评审和保持环境方针所需的组织机构、规划活动、职责、惯例、程序、过程和资源。

2. 管理内容

（1）经销商建设阶段

① 设计部门为经销商经营与服务场所所做的施工图纸设计，必须满足国家及当地有关环保方面的法规、设计规范和相应的规定。
② 施工部门在施工过程中必须满足国家及当地有关环保方面的法规、施工规范和相应的规定。
③ 所选择的建筑材料（特别是装潢材料）应符合环保要求，使用环保产品。
④ 必须有当地环保局的认可文件（环保评价报告或登记表）。
⑤ 必须有当地消防部门的认可文件。

（2）经销商服务授权阶段

① 经销商在经营与服务过程中必须执行国家及当地有关环保方面的法规和相应的规定。
② 每年都要制订环境管理目标，并有绩效评审，跟踪控制改善效果。
③ 采用对环境有利的技术和管理措施。
④ 采取措施保持空气清洁，控制噪音污染，并按要求开展清洁服务。
⑤ 有可持续的节能降耗措施。
⑥ 对污水处理进行定期检查，并采取措施减少（或消除）污染物排放，措施得当、有效。

⑦ 按规定处理所有废弃物和垃圾,并进行严格监督。分类存放可降解废弃物和不可降解废弃物,在合理处置废弃物的同时,能对废弃物进行回收(或循环利用)。

⑧ 减少有毒、有害物质的使用,使用无毒害(或毒害小)的替代物。

⑨ 有应急准备措施,能够避免环境事故的发生。

⑩ 经销商每年度必须由当地环保部门进行环境监测,并出具年度环境监测报告,以确保上述规定的条款都能得到良好的贯彻。

⑪ 经销商在建立 ISO 9001 质量管理体系的同时,必须按照汽车生产企业的要求充分融入 ISO 14000 环境管理体系的相关内容,识别环境因素、重要环境因素,并报送相关文件及审核报告。

复习思考题

汽车生产企业售后服务部门对特约经销商的培训流程分为几个步骤,哪几个步骤由经销商实施?

模块十 我国汽车维修行业

学习导入

某特约经销商上一期 ISO9000 质量体系认证 3 年有效期即将到期，为了巩固既有成果，提高经销商售后服务质量，拓宽服务市场，向天津一家 ISO9000 质量体系认证机构提出申请，进行新的一期质量体系认证审核，如果你是车间主管，如何做好相应工作准备？

学习目标

1. 了解汽车销售维修企业的类型与特点。
2. 掌握汽车维护的概念和汽车维护制度、汽车维护周期。
3. 掌握汽车维护的原则和分类，汽车维护的主要内容。
4. 掌握汽车修理的概念和分类。
5. 熟悉汽车和总成送修的规定和标志。
6. 了解汽车修理技术检验的有关标准。
7. 熟悉汽车检测与诊断的相关规定和常识。
8. 了解汽车维修技术责任事故与处理相关知识。
9. 了解汽车质量管理与监督的相关知识。
10. 了解质量管理体系认证相关常识。

随着我国经济的发展、人民生活水平的不断提高、道路条件的不断改善和汽车技术的不断进步，形成了巨大的汽车销售市场和维修服务市场。到 2018 年 12 月底，全国机动车保有量为 3.27 亿辆，2018 年中国汽车售后市场产值增至 1.1 万亿元，成为全球第一大汽车后市场。

近年来，车辆的社会化和私家车的大量发展，使汽车维修业走向社会化，并促使汽车维修业从产品型的行业向服务型行业的转变，按照市场化的要求，形成了一个社会化的、资金和技术密集型的、相对独立的行业。

当前，全球经济日趋一体化，在很多投资人的眼光中，汽车行业是国民经济增长的主体，因此将大量的资金投入到汽车维修行业，国外的一些品牌公司也相继加入中国的汽车维修市场，使得市场竞争越来越激烈，汽车维修企业的服务质量和管理水平必须不断提高。

单元一　汽车维修企业

汽车维修企业一般是指从事汽车维修业务，为车主提供维护和修理服务的经济组织。现在，汽车维修企业还应该包括特许经销商（4S店）这样一种与汽车生产企业联系密切的营销模式。当前，我国的汽车维修企业正处在由传统维修向现代维修转型阶段，将通过采用先进的管理模式、先进的维修技术和提高维修服务团队的素质，最终达到提高服务水平，提高客户满意度的目的。

一、汽车维修企业的特点与作用

1. 汽车维修企业的特点

现代汽车维修企业的特点是由它的服务对象和生产特点决定的，汽车维修企业是为在用车辆服务的，必然具备技术服务和客户服务的双重特点，从而使汽车维修企业形成了以下特点。

（1）汽车维修作业的对象是在用汽车

汽车是一种高性能的行走机械，是一种现代化的运输工具，其特点是结构复杂，使用条件苛刻，而且变化大。因此，要求在运行中必须具有高度的可靠性、安全性和经济性。这就决定了汽车维修作业的技术复杂性，在汽车维修企业内部不仅需要配备较多的汽车维修设备和汽车检测诊断设备，而且还需要根据汽车维修技术工艺的要求，严密组织劳动力、合理安排各工序，工种多、分工细，且要彼此相互协作。汽车维修企业的维修手段还具有高科技特征。汽车电子技术的发展，已进入一个智能化的阶段，传统的维修手段（眼看、耳听、手摸的经验维修）已不能适应发展需要。数百种电脑、数千个传感器控制的高新科技装备的智能化汽车，需要的是科学的维修手段、最新的维修资料和最先进的检测诊断仪器设备。

（2）社会分散性

汽车维修业是为在用车服务的，而在用车的特点是流动分散，遍布城乡各地。因此，汽车维修业必然也会分布在社会各个角落，具有很大的分散性。尤其是从事汽车维护小修和专项维修的业户，这种分散表现得更为突出。同时，汽车维修生产的特点也决定了其企业的规模不可能过大。

（3）市场的调节性

随着汽车进入寻常百姓家庭，使得汽车维修业成为一个社会化的行业，并随着汽车后市场的发展而发展。由于汽车维修企业点多、面广、规模小及专项服务等特点，使汽车维修企业，特别是汽车美容、汽车维护和汽车小修企业的开业条件较低，只要有市场，就会有汽车维修企业开业。然而，现代汽车维修服务又需要高科技手段和高服务意识提供支持，否则客户容易流失，造成企业经营状况变差，甚至自行停业。随着汽车维修市场的变化，维修企业开业、停业在动态变化中自行调节，从而使汽车维修企业具有较强的市场调节属性。

（4）具有工业生产和社会服务双重特征

汽车维修企业既具有一般工业企业的基本特征，又区别于一般的工业企业，具有"服务性工业企业"的特征，归属于第三产业（即服务业）。首先，汽车维修企业属于工业性企业,具有工业性的特征,这是因为汽车维修业务大多需要依靠于机器才能进行。其次,汽车维修企业还具有依附性和服务性的特征,这是因为现代的汽车维修企业(特别是轿车维修厂),为了保证其维修业务的长期稳定,仍要与汽车运输企业建立长久而稳定的合同关系;同时它可能也是某汽车制造厂或某品牌汽车或配件的专销点或售后服务点,从而使汽车维修业既依附于汽车运输业,也依附于汽车制造业;或是同时为汽车制造业和汽车运输业服务。

(5)维修人才具有高科技特征

在传统维修向现代维修转型的过程中,维修人才的标准发生了变化,企业对人才需求层次结构也发生了变化。现代维修是高科技的维修,需要一大批有文化、懂原理、会电脑、懂英文,还要有一定实践经验的人才。

(6)汽车维修企业具有很强的竞争性

目前,我国的汽车维修企业数量发展迅速,行业管理措施不力,甚至出现许多证照不全的维修企业,造成行业无序竞争。另外,又由于汽车维修的维修对象和服务对象具有高科技和高层次的特点,决定了汽车维修企业具有很强的竞争性。

2. 汽车维修企业的作用

汽车与其他任何机械一样,在使用过程中由于磨损、变形、老化和意外损坏等原因,技术状况和性能会不断下降,致使车辆在运行中的可靠性和运行安全性可能得不到保证;动力性、经济性变坏,运行消耗增加;故障率上升,影响车辆的运行效率。因此,汽车在投入使用到最后报废的整个寿命周期内,其动力、经济、安全和可靠等性能与能否科学合理地进行维修密切相关。

为保持车辆在运行中良好的技术状况,就要不断地对车辆实施各种类别的维修作业,必然要花费大量的人力、物力和财力。因此,汽车维修企业必须适时、合理地安排和组织汽车维修生产,积极开发和采用维修新技术、新工艺、新材料,提高维修质量,降低维修费用。

二、汽车维修企业分类

1. 按照行业管理划分

参照交通部发布的《机动车维修管理规定》和国标 GB/T 16739.2—2004《汽车维修业开业条件》的规定,可将汽车维修企业分为汽车整车维修企业和汽车专项维修业户。

(1)汽车整车维修企业

汽车整车维修企业(The Enterprises for Motor Vehicle Maintenance and Repair)是指有能力对所维修车型的整车、各总成及主要零部件进行各级维护、修理和更换,使汽车的技术状况和运行性能完全(或者接近完全)恢复到原车的技术要求,并符合相应国家标准和行业标准规定的汽车维修企业。汽车整车维修企业能够从事整车故障诊断、维护、修理和竣工检验工作,分为一类汽车整车维修企业和二类汽车整车维修企业。一类企业和二类企业的主要区别在企业规模大小、技术力量强弱、设备设施等方面。

(2)汽车专项维修业户

汽车专项维修业户(The Enterprises for Vehicle Maintenance and Repair of Special Items)通常称为三类汽车维修企业,是指从事汽车发动机、车身、电气系统、自动变速器、车身清洁维护、喷涂、轮胎动平衡及修补、四轮定位检测调整、供油系统维护及油品更换、喷油器维修、曲轴修磨、气缸镗磨、散热器维修、空调维修、汽车装潢(篷布、坐垫及内饰)、汽车玻璃安装等专项维修作业的企业。

有些地区还对汽车快修作了定义，并把汽车快修部划分为三类汽车维修企业。

2. 按照经营形式划分

汽车维修企业按经营形式可分为 3S 或 4S 特约维修站、连锁（加盟）经营店和传统的汽车维修厂、大型修理厂（综合修理厂）等多种形式。

（1）4S 或 3S 特约经销店

4S 特约经销店又称为特许经销商，是一种以"四位一体"为核心的汽车特许经营模式，包括整车销售（Sale）、零配件供应（Spare part）、售后服务（Service）、信息反馈（Survey）等。在 4S 特约经销店的基础上去掉整车销售（Sale）功能的企业，则称为 3S 店，是汽车生产企业授权在指定区域内从事售后服务、零配件供应、信息反馈三位于一体的现代化修理企业。

4S 店一般属于一类汽车维修企业，强调一种整体的、规范的、由汽车企业控制的服务。由于它与各个汽车生产厂家之间建立了紧密的产销关系，具有购物环境优美、品牌意识强等优势，目前是汽车销售维修市场的重要经营模式。4S 店一般采取一个品牌在一个地区分布一个或相对等距离的几个特约经销店，按照生产厂家的统一店内外设计要求建造，投资巨大，动辄上千万，甚至几千万，豪华气派。4S 店拥有统一的外观形象，统一的标识，统一的管理标准，只经营单一品牌的特点。由于汽车 4S 店具有渠道一致性和统一的文化理念，使得在提升汽车品牌、汽车生产企业形象上的优势显而易见。

概括地说，4S 或 3S 特约经销店在经营上有以下优势。

① 信誉度方面。4S 店有一系列关于处理客户投诉、意见、索赔等常见问题的管理方法，给客户留下良好的印象，而其他类型汽车维修企业可能由于人员素质、管理等问题，出了问题找不到负责人，相互推诿，互相埋怨，给客户留下非常恶劣的形象。

② 技术方面。由于 4S 店只针对一个厂家的系列车型，有厂家的系列培训和技术支持，对车的性能、技术参数、使用和维修方面都是非常的专业，做到了"专而精"，而其他类型汽车维修企业接触的车型多，对每一种车型都不是非常的精通，只能做到"杂而博"，在一些技术方面多是只知其一，不知其二。

③ 售后服务保障方面。随着竞争的加大，4S 店越发注重服务品牌的建立，加之 4S 店的后盾是汽车生产厂家，所以在售后服务方面可以得到保障。

④ 人性化方面。4S 店由于投资大、条件好，能使客户真正地享受到"上帝"的感觉，累了有休息室，渴了有水喝，无聊可以看杂志、书刊、报纸、上网，如果着急用车还有备用车供你使用，整个流程有专门的服务人员为你打理，不用自己操心就完成整个业务。

4S 或 3S 特约经销店在经营上也有自身的劣势。

① 汽车 4S 店完全是汽车厂家的附庸，基本没有话语权。汽车 4S 店一切经营活动都在为生产厂家服务，为把汽车及配套商品快速而有效地从生产厂商手中流通到消费者手中努力，为维护生产厂家的信誉和扩大销售规模而辛苦工作。在当前的市场形势下，汽车经销商没有实力像电器经销商一样与厂家平等对话，处于弱势地位。

② 没有自身的品牌。建筑形式以及专卖店内外所有的 CI 形象均严格按厂家的要求进行装饰和布置，经销商自身的品牌形象则无处体现，厂家也不允许体现。汽车厂家出于自身品牌利益的原因，对汽车 4S 店的经营管理模式、业务流程、岗位的设置等都有标准的规定和要求，对产品价格、促销政策、销售区域、零配件和工时的价格均硬性确定，强硬控制，使

得当前汽车4S店的经营弹性范围狭小，经营模式和服务同质化。

③ 完全靠汽车品牌生存。汽车4S店的经营状况的好坏，90%依赖于所经营的品牌，品牌好就赚钱，品牌不好就不赚钱。同时，同一品牌不同的4S店的经销商还得依赖本店经营者与厂家的关系，关系好厂家给予的相关资源就多，利润的空间也越大。

(2) 大型修理厂（综合修理厂）

大型汽车修理厂，软硬件设施都很优秀，能保养、维修各种品牌的汽车，零配件从市场上购买，设备和人力资源得到充分利用，因而保养及维修价格相对较低，但在一定时间内对品牌汽车的技术及性能掌握程度不如4S店。

大型汽修厂能够弥补汽车4S店维修的缺憾。我国汽配行业的国产化和大众化，使汽车配件市场垄断专供局面得以打破，并且大型修理厂资金雄厚，正逐步完善其服务质量，可为客户提供人性化和精细化服务。

大型修理厂一般属于一类或二类汽车维修企业。

(3) 快修店（连锁店）

快修店跟4S店和大型修理厂相比，快修店无疑突出了它的"快"字，软硬件设施投入相对4S或3S特约经销店或大型修理厂少，维修价格也便宜，但管理、服务很正规。快修店一般属于二类和三类汽车维修企业，往往采取连锁经营方式，店面、标色、服装等统一，有连锁总部的管理、控制、支持、服务。

汽车快修连锁是个新兴行业，也是一种新的经营理念。现阶段，许多客户还缺乏汽车快修理念，对快修连锁店还不熟悉，在他们的头脑里只认可4S店和大型修理厂提供的服务。他们之所以有此感觉是因为不少快修连锁店目前仍处于初级阶段，形似神不似，即只是店面、标色、服装等统一了，而服务理念、服务方式、服务质量未达到快修连锁的要求，缺乏至关重要的"连锁文化"，需要做很多深层次的工作，不仅要推介快修连锁品牌，还要推介"快修连锁"的理念，让客户逐步接受。

相关资料显示，当今欧美等发达国家和地区，汽车快修连锁店已成为汽车维修保养的主力军。

(4) 专项维修店

专门从事汽车空调维修、自动变速器维修等专项修理或维护的汽车维修企业，专业化较强、管理较为正规，软硬件设施投入相对较少，属于三类汽车维修企业。汽车专项维修店在对汽车客户提供维修服务方面具有重要作用。

(5) 小型修理部

小型修理部也称为路边店，属于三类汽车维修企业，具有维修快速、维修价格低廉的优点，小型修理部在提供低端汽车维修服务方面具有重要作用。有些小型修理部没有正规手续。

(6) 汽车改装厂

目前，国家明令禁止非法改装车上路，但改装行业却不受法律限制，所以说现在的汽车改装厂处在一个微妙的地位。国内汽车私有化才刚刚起步，汽车运动与汽车文化还未成气候，所以现在的改装多是音响、内饰、外观的改装，真正涉及汽车核心的改装很少，但随着汽车普及率增长和汽车文化的形成发展，改装市场应该是很有前景的，相信法律法规也会在公众安全和人民生活需求之间找到一个平衡点，给市场留下一部分真空地带。

这里所说的汽车改装厂的业务是针对已领有牌照的汽车，为了某种使用目的，在原车总成的基础上，做一些技术改造。改装出来的汽车即称为改装车。已领牌照汽车进行改装时，应向登记车管所申报，其改装技术报告经车管所审查同意后，方可进行改装。改装完毕，经车管所检验合格，办理改装变更手续。

三、国内汽车维修企业存在的问题

目前，中国的汽车维修行业已经取得了巨大的进步，出现了前所未有的大发展，企业的管理水平、服务意识都有了明显的改善，扩大了服务范围，改变了服务方式，增加了服务设施，技术装备水平有了很大的提高，现代的汽车检测诊断技术得到了广泛的应用。但是，其与汽车技术的发展和客户日益增长的需求仍有一定的差距，存在一些问题。

1. 服务意识差，服务水平较低，维修质量得不到保证

车辆的社会化和私家车的大量发展，使汽车维修业走向社会化，并促使汽车维修业从产品型的行业向服务型行业的转变。但是汽车维修行业广大的从业人员按传统的为运输生产服务向广大的客户服务的观念仍没有转变到位，为普通百姓服务的意识尚需提高，个性化定制式服务、关联化的一站式服务机制尚未形成，行业的信息反馈机制、投诉调查处理机制还不十分完善，为客户服务的水平还较低。

由于汽车维修技术与飞速发展的汽车自身技术存在较大差距，加之整个行业的从业人员文化素质、技术素质均偏低，造成新技术的推广和普及困难，影响了传统的经验维修方式向新的诊断、换件为主的维修方式的顺利转变，使汽车维修质量得不到很好保证，返修率高；由于有些企业使用假冒伪劣汽车配件等问题依然存在，使社会上存在客户修车不放心、怕骗、怕宰的现象，行业在社会上的诚信度还不够高、信誉度较差。

2. 管理水平低

员工横向沟通不够，工种问题协调不好，造成项目漏修，致使车辆返修率高，还出现随车物品的遗失等现象，导致服务质量下滑。

3. 市场秩序有待进一步规范

行业管理部门的执法监督不到位，致使不规范的路边店、占道修车等现象屡禁不止。有些路边店服务不规范，作业环境脏、乱、差，干扰了市场秩序，损害了整个行业在社会上的形象。

4. 配件质量良莠不齐，维修存在乱收费问题

在我国汽车维修市场上，配件质量问题也是一个大的问题。当前，配件市场混乱，乡镇企业生产的配件、仿制配件和假冒伪劣配件流入市场。比如，桑塔纳的后减振器，有十几个品种，价位不等。配件质量参差不齐，配件价格相差很大，严重影响维修质量。

维修价格不合理，一些汽车维修企业还存在汽车配件乱加价、乱收费和不经客户许可而擅自增加作业项目、多收费等问题，收费不透明和收费事先沟通机制不完善。

5. 从业人员素质和技术水平低

随着汽车工业的发展和高新技术在汽车上的广泛应用，使得对维修人员的技术水平要求也逐步提高，但是由于从业人员的文化水平较低与经过系统专业学习的比例很低，从而使从业人员的总体职业素质偏低，加上未经过专门的服务培训，服务意识淡薄，时常与客户发生争执。因此，从业人员对客户的服务态度成为影响客户满意度的重要因素之一。

四、汽车维修行业人员现状与人才培养

1. 从业人员的总体素质偏低

由于社会偏见，一些维修工往往是因为读书不好才走上汽车维修这条路，汽车维修工的社会地位低，从业人员的流失率很高，很多汽车维修专业的大中专毕业生在从事专业相关岗位很短时间后纷纷离职。以上因素导致了从业人员的总体素质偏低。

2. 掌握现代诊断技术的技能型人才短缺

从业人员的文化水平较低造成了其素质和技术水平都较低，特别是经过专业学习的比例很低，使技术工人的技术水平低。维修技术人员的技术职称缺高级、多初级的特征很明显，三类汽车维修企业尤为突出。

3. 专业人才培养逐年增加、专业设置逐步趋向合理

因为汽车维修行业技能型人才，特别是掌握现代诊断技术的技能型人才短缺，因此开办汽车维修专业的学校逐年增多，目前中职设汽车维修专业的学校有 1 400 所，其中以汽车维修命名的有 155 所，高职设汽车维修专业的学校约 400 所，招生人数逐年增加。随着职业教育改革的不断深化，我国汽车维修类专业的培养计划与课程内容日趋合理，教育部联合各有关部、委共同举办职业技能大赛，提出基础教育有高考，职业教育有大赛，更加促进了职业教育质量的提高，从而为汽车维修行业提供了素质更高的专业人才。

单元二　汽车维修行业法规与制度

一、汽车维护

汽车维护是指为维持汽车完好技术状况或工作能力而进行的技术作业，是在汽车行驶一定的里程或者使用一定时间间隔后，根据汽车维护技术标准，按规定的工艺流程、作业范围、作业项目、技术要求进行的预防性维护。汽车维护的作业内容主要包括清洁、补给、润滑、紧固、检查、调整以及发现和消除汽车运行故障和隐患等。

1. 汽车维护制度

随着汽车技术和质量水平的提高，汽车维护的重要性愈显突出。汽车通过有效维护，修理工作量已逐渐减少，维护的工作总量已大于修理量。汽车维修的重点已转移到维护工作上，维护已经重于修理。

汽车随着其行驶里程的增加，技术指标会不断变差，只有通过维护，才能使其恢复完好状态。在二级维护制度中汽车维护的指导原则是"预防为主、定期检测、强制维护"，即二级维护前通过检测，准确地判定故障部位，进行技术评定，有针对性地进行总成修理，它是状态检测下的维修制度。

二级维护制度，不仅考虑了磨损零件的情况，而且考虑到一些老化、变质、变形、蚀损等，即全面考虑了汽车在使用过程中的变化情况。这样，实施汽车二级维护制度对延长汽车的使用寿命、保证汽车安全性、降低污染排放、提高经济效益具有很大作用。维护的重要性主要体现在以下方面。

（1）汽车维护是汽车结构变化和汽车技术发展的要求

当今世界汽车技术日新月异，新结构层出不穷，特别是电子技术等在汽车上的广泛采用，使汽车维修行业面临着不断变化和发展的新形势。我国在用汽车已普遍采用电控燃油喷射系统、防抱死制动系统、自动变速系统、电控悬挂装置等先进技术和设备。为适应这些现代车辆维修的需要，迫切要求与现代车辆维修相适应的检测设备和技术，也迫切需要与现代车辆维修相适应的汽车维护、检测、诊断技术规范。

（2）汽车维护是保护环境的要求

我国汽车排放控制的核心是在用车的排放控制。新车在转化为在用车之前，可以通过严格的法律法规和具体的行政手段，使其排放指标得到有效控制；对于没有利用价值和将要或必须报废的车辆，不存在排放控制的现实问题；而在用车随着车况变化，排放污染则将逐渐加剧。因此，对汽车污染排放的控制，主要是控制在用车的污染排放。

实践证明，国内外治理在用车污染排放，采用加强在用车的检查/维护（I/M）制度，是目前最科学、合理、经济、有效的汽车污染排放控制途径。

I/M 制度就是通过对在用车进行检查，确定其技术状况，特别是确定排放污染严重的原因后，有的放矢地采取维护措施，最大限度地降低污染物排放。根据我国 GB/T 18344—2001《汽车维护、检测、诊断技术规范》，通过不解体检测诊断，确定附加作业项目，进行强制维护，保证车辆技术状况，对治理在用车污染排放有一定成效。《汽车维护、检测、诊断技术规范》在体现 I/M 制度、考虑安全性的同时，强制所有在用车进行二级维护，建立控制在用车污染物排放强制维护制度。

（3）实行汽车维护制度适应汽车维修国际化的要求

我国已加入世界贸易组织，进口汽车大量涌入，汽车维修市场势必更加开放，因此必须加快技术法规建设的步伐，培养和发展统一、开放、可控、自主、有序的汽车维修市场。我国汽车维修行业投身到国际汽车维修市场中去，是世界经济一体化和贸易全球化的必然趋势，因此我国汽车维护与修理必须与国际接轨，汽车维修标准也必须与国际接轨。

2. 汽车维护的原则

根据交通部的《汽车运输业车辆技术管理规定》，汽车维护应贯彻"预防为主、定期检测、强制维护"的原则，即汽车维护必须遵照交通运输管理部门规定的行驶里程或间隔时间，按期强制执行，不得拖延，并在维护作业中遵循汽车维护分级和作业范围的有关规定，保证维护质量。

汽车维护是预防性的。保持车容整洁，及时消除发现的故障和隐患，防止汽车早期损坏是汽车维护的基本要求。汽车维护的各项作业是有计划的、定期执行的，其内容是依照汽车技术状况变化规律来安排的，并安排在汽车技术状况变坏之前。

定期检测是指汽车在进行二级维护前必须用测试仪器或设备对汽车的主要使用性能和技术状况进行检测诊断，以了解和掌握汽车的技术状况和磨损程度，并作出技术评定，根据结果确定该车的附加作业或小修项目，结合二级维护一并进行。

强制维护是在计划预防维护的基础上进行状态检测的维护制度。汽车的维护工作必须遵照交通运输管理部门或汽车使用说明书规定的行驶间隔里程或间隔时间，按期执行，不得任意拖延。

因此，坚持预防为主、定期检测、强制维护的原则，做好汽车维护工作并按照 GB/T

18344—2001《汽车维护、检测、诊断技术规范》的要求定期进行，是有效地保持汽车良好技术性能的唯一途径。

3. 汽车维护的分类

汽车维护可分为定期维护和特殊维护两类。定期维护分为日常维护、一级维护、二级维护；特殊维护分为季节性维护和磨合期维护。

（1）日常维护

日常维护是驾驶员为保持汽车正常工作状况的经常性工作，其作业的中心内容是清洁、补给和安全检视，通常是在每日出车前、行车中和收车后进行的车辆维护作业。日常维护也称为例行维护、每日维护或行车三检制。日常维护由驾驶员负责完成。为了预防事故和保证行车安全，驾驶员必须了解和掌握汽车的技术状况，必须坚持进行汽车的日常维护。日常维护主要有以下作业内容。

① 出车前检查：检查并加注机油、燃料、冷却液；起动汽车，检查发动机和仪表工作情况；检查电气系统工作情况；检查传动系统工作情况及连接情况；检查制动系统及转向系统工作情况及连接情况；检查行驶系统工作情况，紧固轮胎、半轴、钢板弹簧等的连接螺栓；检查轮胎气压；检查人员乘坐和物资装载及拖挂连接情况；检查发动机及底盘各部有无漏水、漏油、漏气、漏电。

② 途中检查：检查轮毂、制动鼓、变速器、分动器、差速器的温度是否异常；检查机油、冷却液的液面高度及是否存在渗漏；检查转向和制动装置的各连接部件有无松脱；检查钢板弹簧有无折断；检查传动轴螺栓螺母有无松动；检查轮胎外表及内部气压，清除胎面杂物；货车应检查牵引装置和货物捆扎情况；客车应检查行李架、行李网是否牢固可靠。

③ 收车后检查：清洁全车；检查燃油消耗数量，检查并加注机油、燃料、冷却液；检查照明、信号、刮水器等技术状况；检查发动机传动带松紧度；排放储气筒内积水和油污；清洁蓄电池外部；检查转向装置各部连接；检查并紧固外露部位螺栓螺母；根据规定润滑各润滑部位；视需要调整油路、电路；检查轮胎气压，清除轮胎胎面杂物。

（2）一级维护

一级维护是对经过较长行驶里程后的汽车，由维修人员对汽车安全部件进行检视维护作业。作业中心内容除日常维护作业外，以清洁、润滑、紧固为主，并检查有关制动、操纵、灯光、信号等安全部件。

一级维护作业项目除了汽车日常维护的作业项目外，还增加了以下内容：按汽车润滑作业要求润滑全车各润滑点；检查及紧固全车外部的各连接螺栓；清洗"三滤"（空气滤清器、燃油滤清器、机油滤清器）；检查发动机、传动系统、信号系统的工作情况；检查制动系统、转向系统等操作机构的工作状况；检查钢板弹簧、传动带及各附件装置；清洗及调整油路、电路，排除汽车运行故障。当然，汽车一级维护的作业项目也可穿插于汽车日常维护中进行。

（3）二级维护

二级维护是由维修企业负责执行的汽车维护作业，其作业中心内容除一级维护作业外，以检查、调整为主，并拆检轮胎，进行轮胎换位。汽车经过更长行驶里程后，必须对车况进行较全面的检查、调整，以维持其良好的技术状况和使用性能，确保汽车的安全性、动力性和经济性等达到使用要求。

二级维护是汽车维护制度中规定的最高级别维护，以确保汽车在二级维护间隔期内能正常运行。二级维护前应进行检测诊断和技术评定，根据结果确定附加作业或小修项目，结合二级维护一并进行，以消除故障和隐患，保持汽车完好技术状态，确保真正达到汽车维护应有的目的。因此，汽车二级维护的工艺过程较一级维护工艺过程增加了维护前检测诊断和技术评定，确定附加作业项目的内容。

汽车二级维护程序如下：

① 首先进行检测。汽车进厂后，根据汽车技术档案的记录资料（包括汽车运行记录、维修记录、检测记录、总成修理记录等）和驾驶员反映的汽车使用技术状况（包括汽车动力性、异响、转向、制动及燃、润料消耗等）确定所需检测项目。

② 依据检测结果及汽车实际技术状况进行故障诊断，从而确定附加作业项目。

③ 附加作业项目确定后与基本作业项目一并进行二级维护作业。

④ 二级维护要进行过程检验。过程检验项目的技术要求应满足有关的技术标准或规范。

⑤ 二级维护作业完成后，应进行竣工检验，竣工检测合格的汽车，由维修企业填写汽车维护竣工出厂合格证后方可出厂。

汽车二级维护作业项目除了完成汽车一级维护的作业项目外，还增加了以下内容：

① 发动机部分：测量气缸压力，发现并消除发动机故障；拆洗"三滤"（空气滤清器、燃油滤清器、机油滤清器）；检查及调整气门间隙，检查及调整油路、电路；检查冷却系统及润滑系统；排除"四漏"（漏气、漏电、漏油、漏水）；检查及紧固发动机各部螺栓；检查及调整各传动带松紧度，润滑水泵轴承，调整机油压力。

② 底盘部分：检查调整离合器；检查变速器各齿轮及换挡机构工作情况；添加或更换润滑油；拆洗及润滑传动轴各万向节叉及轴承、里程表软轴；执行半轴及万向节的定期换位；检查及润滑各钢板销；拆检及调整转向横直拉杆球头；检查前束及前轮定位、最大转向角及方向盘松动量；调整制动效能（包括驻车制动），检查制动管路，添加或更换制动液，必要时更换皮碗及皮膜。润滑底盘各润滑点，检查及紧固底盘各部的连接螺栓；排除"四漏"。

③ 电气部分：检查蓄电池电压及电解液密度，进行常规性充电；拆检发电机及起动机，清理电刷，润滑轴承，检查调整发电机调节器及起动机开关；检查灯光及仪表，清理线路，检修喇叭、转向灯及制动灯。

④ 轮胎部分：检查胎面，拆检及润滑或修补内胎，充气后检查轮胎气压；执行轮胎换位。

⑤ 其他工种：铆锻工应检查车架及横梁有无裂损变形，铆钉有无松动；钣金工应检查钣金表面有无裂损变形，必要时敲补修整；检修门锁及摇窗机；木工检修货箱，紧固货箱螺栓及铁附件；漆工在破损部位局部补漆。

⑥ 质量检验：按二级维护作业项目的技术要求进行综合性质量检验；检查各部有无漏检项目及维修后的质量情况；进行必要的路试检验。

（4）汽车的季节性维护

在入冬或入夏时，为使汽车适应季节的变化而实行的维护称为季节性维护（可结合汽车二级维护作业完成）。其主要作业内容是按季更换润滑油，并调整油电路和检查维护冷却系统等。

（5）汽车的磨合期维护

汽车的使用寿命、工作的可靠性和经济性在很大程度上取决于汽车使用初期的磨合。汽车的磨合期就是指新车或大修后的汽车在最先行驶的一段里程。汽车的磨合期一般规定为 1 500~2 500 km，或按汽车使用说明书规定的里程。汽车在磨合期的技术维护作业，要按汽车使用说明书规定执行，一般分为磨合前、磨合中和磨合后的 3 次维护。

① 磨合前的维护：磨合前维护是为了防止汽车出现事故和损伤，保证顺利地完成磨合。其主要内容有：清洗全车，该作业针对储库期较长的新车；检查和紧固外部各种螺栓、螺母；检查各部位润滑油、制动液、冷却液的数量和质量，根据需要进行添加或更换，并检查各部位有无渗漏现象；检查轮胎气压和蓄电池放电情况、电解液的密度和液面高度，根据需要给予添加；检查制动效能，必要时进行调整；检查各操纵部位是否灵活有效；检查发动机运转情况，察听有无异响；观察各仪表、灯光、信号装置是否齐全有效。

② 磨合中的维护：一般在汽车行驶 500 km 左右时进行磨合中的维护，其主要内容有：清洗发动机润滑系统，更换润滑油和机油滤清器或滤芯；润滑全车各润滑点；检查各部位有无渗漏，必要时加以紧固；检查紧固气缸盖、进排气歧管螺栓和螺母；汽车起初行驶 30~40 km 时，应检查变速器、分动器、轮毂和传动轴等是否有过热和异响，如不正常，应查明原因予以排除；检查制动效能，必要时进行调整。

③ 磨合后的维护：磨合期结束后，应对汽车进行全面的检查、紧固、润滑和调整作业，拆除限速装置，使汽车达到良好的技术状况，投入正常运行。其主要作业内容有：清洗润滑油道、机油集滤器和油底壳，更换润滑油和机油滤清器滤芯，清洗离心式机油滤清器的转子；按规定顺序紧固气缸盖螺栓；检查和调整制动踏板、离合器踏板的自由行程；测量气缸压力，按需调整气门间隙；检查、紧固与调整前桥转向机构的技术状况。

根据汽车有关强制维护管理方面的规定，在汽车维护作业中除主要总成发生故障必须解体外，不得对其他总成进行解体。为减少重复作业，季节性维护和维护间隔较长的项目（指超出一、二级维护项目以外的维护内容），可结合一、二级维护时进行。在汽车二级维护前应进行检测诊断和技术评定，根据结果确定附加作业或小修项目，结合二级维护一并执行。

4. 各级维护周期

汽车日常维护通常是在每日出车前、行车中和收车后进行。汽车一级和二级维护周期的确定，一般根据车辆使用说明书的有关规定，或是依据汽车使用条件的不同，由省级交通行政主管部门规定汽车行驶里程。一级维护周期一般为 1 500~2 000 km（或 10~20 天）；二级维护周期一般为 10 000~12 000 km（或 2~3 个月）。

对于不便用行驶里程统计、考核的汽车，可用行驶时间间隔确定汽车一、二级维护周期。其间隔时间（天）应依据本地区汽车使用强度和条件的不同，参照汽车一、二级维护里程周期，由各地自行规定。

由于引进车型的维护规定与我国汽车强制维护规定的内容有所不同，所以为保证汽车的合理使用，在汽车实际维护工作中应以厂家规定内容为准。

汽车强制维护周期的长短虽然各车型产品要求不一，但从作业的深度来看，都基本上分为两级，相当于《汽车维护、检测、诊断技术规范》中提出的一级维护和二级维护。

5. 汽车维护的主要内容

在汽车各级维护中有清洁、检查、补给、润滑、紧固和调整等项目，现在对上述项目的主要工作内容介绍如下。

（1）清洁工作

清洁工作是提高汽车维护质量、防止机件腐蚀、减轻零部件磨损和降低燃油消耗的基础，并为检查、补给、润滑、紧固和调整工作做好准备。其工作内容主要包括对燃油、机油、空气滤清器滤芯的清洁，汽车外表的养护和对有关总成、零部件内外部的清洁作业。

（2）检查工作

检查工作是汽车维护的重要工作之一，通过对汽车的检查，能确定零部件的变形和损坏。其工作内容主要是检查汽车各总成和机件是否齐全，连接是否紧固；是否有漏水、漏油、漏电和漏气等现象；利用汽车上的指示仪表、警报装置等随车诊断装置，检查各总成、机构和仪表等技术状况，对影响汽车安全行驶的转向、制动、灯光等工作情况应加强检查；汽车拆检或装配、调整时应检查各主要部分的配合间隙。

（3）补给工作

补给工作是指在汽车维护中，对汽车的燃油、润滑油料及特殊工作液体进行加注补充，对蓄电池进行补充充电、对轮胎进行补气等作业。要使汽车得到良好润滑，必须选用合适的品种，并及时正确地添加或更换润滑油料。

（4）润滑工作

润滑工作是为了减少有关摩擦副的摩擦力，减轻机件的磨损。其工作内容包括按照汽车的润滑图表和规定的周期，用规定牌号的润滑油或润滑脂进行润滑；各油嘴、油杯和通气塞必须配齐，并保持畅通；发动机、变速器、转向器、驱动桥等应按规定补充、更换润滑油。

（5）紧固工作

紧固工作是为了使各部机件连接可靠，防止机件松动的维护作业。汽车在运行中，由于振动、颠簸、热胀冷缩等原因，会改变零部件的紧固程度，以致零部件失去连接的可靠性。紧固工作的重点应放在负荷重且经常变化的各部机件的连接部位上，以及对各连接螺栓进行必要的紧固和配换。

（6）调整工作

调整工作是保证各总成和机件长期正常工作的重要一环，调整工作的好坏，对减少机件磨损、保持汽车使用的经济性和可靠性有直接关系。其工作内容主要是按技术要求，恢复总成、机件的正常配合间隙及工作性能等作业。

二、汽车修理

由于汽车在使用过程中技术状况的恶化是不可逆转的，因此即使再加强维护，也只能是尽量保持其技术状况，延长其使用寿命而已。当汽车技术状况恶化到完全丧失工作能力而不能再继续使用时，就需要对汽车进行修理。所谓汽车修理，就是为恢复汽车完好技术状况或工作能力而进行的技术作业。

交通部《汽车运输业车辆技术管理规定》中指出：汽车修理应贯彻以预防为主、视情修理的原则。所谓视情修理，就是在加强检测诊断的基础上，根据车辆的实际车况和检测诊断结果，视情地对某些易损总成按不同作业范围和作业深度进行恢复性修理，从而提高汽车整体使用寿命，减少停车损失。视情修理的前提在于加强检测与诊断，而不是人为随意地确定。

1. 汽车修理的分类

按汽车修理的对象和作业深度可分为汽车大修、总成修理、汽车小修和零件修理四种类别。

(1) 汽车大修

新车或经过大修后的车辆，在行驶一定里程（或时间）后，经过检测诊断和技术鉴定，用修理或更换车辆任何零部件的方法，恢复车辆的完好技术状况，完全或接近完全恢复车辆寿命的恢复性修理。

(2) 总成大修

汽车的总成经过一定使用里程（或时间）后，用修理或更换总成任何零部件（包括基础件）的方法，恢复其完好技术状况和寿命的恢复性修理。

(3) 汽车小修

用修理或更换个别零件的方法，保证或恢复汽车工作能力的运行性修理，主要是消除汽车在运行过程或维护作业过程中发生、发现的故障或隐患。

(4) 零件修理

对因磨损、变形、损伤等而不能继续使用的零件进行修理。零件修理要遵循经济合理的原则，它是修旧利废、节约原材料、降低维修费用的重要措施。

汽车是否需要修理和应该采用哪种修理作业范围，必须在对汽车经过检测诊断和技术鉴定后确定，能通过汽车维护和小修作业达到目的，就不要扩大为汽车大修和总成大修；能修复的零件或有修复价值的零件，就不要轻易报废；能通过大修作业延长使用寿命的汽车或总成，就不要不送大修一直用到报废；要避免盲目修理造成的两种浪费现象，即失修和早修。

汽车和总成在大修前必须进行检测诊断和技术鉴定，根据结果适时安排大修。也就是说，在汽车或总成使用到接近规定大修间隔里程时，由车主和汽车维修企业结合二级维护作业对汽车进行检测诊断和技术鉴定，确定是否需要大修或继续使用。如尚可使用，还应确定继续使用的期限（行程），到时再做检测和鉴定。对已到规定的大修间隔里程而技术状况仍较好的汽车，应总结推广其先进经验；对未达到规定的间隔里程而需要提前大修的汽车和总成，应分析原因，采取措施，改进汽车使用和维修工作。为确保修理质量，各级修理作业都应根据国家和交通部发布的相关规定和修理技术标准进行。

2. 汽车和总成送修前技术鉴定

汽车大修的间隔周期是根据汽车实际技术状况变化的统计规律确定的。由于汽车结构类型、设计制造质量、使用条件和使用状况、日常维修状况、汽车使用年限（新旧程度）的不同，汽车大修的间隔周期也不同。因此，车辆技术管理部门对已经接近大修间隔里程定额的车辆，应结合大修前最后一次汽车二级维护作业进行车况技术鉴定，以确定该车辆是否继续使用或立即送修。倘若尚可继续使用，应确定尚可继续使用的行驶里程，以便在到达时再进行送修前的车况技术鉴定；对符合汽车大修送修条件的应及时送修（即视情修理原则）。另外，对于未达到规定大修间隔里程的汽车，倘若因为实际车况不良或者因为事故损伤而需要提前送厂大修的，在送厂大修前也应经过车况技术鉴定，以防止汽车或总成的盲目提前修理或延后修理。挂车在大修前的技术鉴定也可参照上述原则进行。

汽车大修的间隔里程定额一般为 15 万～20 万 km，发动机的大修间隔里程定额一般为 9 万～12 万 km；且后一次大修间隔里程定额应为前一次大修间隔里程定额的 75%～85%，依次类推。但是否确定汽车或总成需要进行大修，还需以汽车或总成的实际技术状况是否符合汽车或总成的大修送修标志（或送修技术条件）为准。

3. 汽车和总成的送修规定

送修的汽车应符合交通部颁发的有关规定，符合送修汽车的装备规定，严格防止乱拆或任意更换零件和总成。具体送修规定如下：

① 在车辆和总成送厂大修时，其承修、托修双方不仅应当面清点所有随车物件，填写交接清单，而且应当面鉴定车况，签订相应的汽车维修合同，以商定送修项目、送修要求、修理车日、质量保证和费用结算，办理交接手续（车方交车、修方接车）等。汽车维修合同一旦签订后合同双方必须严格执行。

② 汽车送修时，除肇事或特殊情况外，送修车辆必须是在行驶状态下送修，且装备齐全（包括备胎及随车工具等），不得拆换和短缺；发动机总成在单独送修时必须保持装合状态，且附件与零件齐全，不得拆换和短缺；必要时承修厂有权拆开检查。若因事故损坏严重、长期停驶或者因零部件短缺等特殊原因不能在行驶状态下送修的车辆，在签订汽车维修合同时应作出相应的规定和说明。

③ 总成送修时，应该在装合状态，附件、零件均不得拆换和缺少。

④ 肇事汽车或因特殊原因不能行驶和短缺零部件的汽车，在签订合同时，应作出相应的约定说明。

⑤ 车辆或总成在送修时应将汽车大修送修前的车况鉴定书以及有关的车辆技术档案或技术资料随同送交承修单位。

4. 汽车和总成大修的送修标志

要确定汽车及其总成是否需要大修，必须掌握汽车和总成大修的送修标志。具体送修标志如下。

① 汽车大修送修标志：客车以车身为主，结合发动机总成；货车以发动机总成为主，结合车架总成或其他两个总成符合大修条件。

② 挂车大修送修标志：挂车车架（包括转盘）和货箱符合大修条件；定车牵引的半挂车和铰接式大客车，按照汽车大修的标志与牵引车同时进厂大修。

③ 总成大修送修标志：总成大修的送修标志中，多数仅为定性规定，在执行中会遇到一定困难，所以各级交通运输管理部门在制订实施细则时，结合本地区的具体情况，提出便于执行的各总成大修送修标志（或称送修技术条件）。

- 发动机总成大修送修标志：气缸圆柱度误差达到 $0.175\sim0.250$ mm 或圆度误差已达到 $0.050\sim0.063$ mm（以其中磨损量最大的一个气缸为准）；最大功率或气缸压缩压力比标准值降低 25% 以上；燃料和润滑油消耗显著增加。
- 车架总成大修送修标志：车架断裂、锈蚀、弯曲、扭曲变形逾限，大部分铆钉松动、铆钉孔磨损，必须拆卸其他总成后才能进行校正、修理或重铆，方能修复。
- 变速器（分动器）总成大修送修标志：壳体变形、破裂、轴承孔磨损逾限，变速齿轮及轴恶性磨损、损坏，需要彻底修复。
- 后桥（驱动桥、中桥）总成大修送修标志：桥壳破裂、变形，主轴套管承孔磨损逾限，减速器齿轮恶性磨损，需要校正或彻底修复。
- 前桥总成大修送修标志：前轴裂纹、变形，主销孔磨损逾限，需要校正或彻底修复。
- 客车车身总成大修送修标志：车厢骨架断裂、锈蚀、变形严重，蒙皮破损面积较大，需要彻底修复。

- 货车车身总成大修送修标志：驾驶室锈蚀、变形严重、破裂；货厢纵、横梁腐蚀，底板、栏板破损面积较大，需要彻底修复。

5. 修竣出厂车辆装备规定

汽车维修企业对于修竣出厂车辆，不仅应保证经常性装备一律配齐有效，且维修中不得任意改变（但不包括除经常性装备以外的临时性装备）。

所谓车辆的经常性装备，是指基本型汽车的原厂装备。车辆的经常性装备应符合 GB 7258—2012《机动车运行安全技术条件》、GB/T 17275—1998《货运全挂车通用技术条件》和 GB/T 23336—2009《半挂车通用技术条件》等有关规定。

所谓车辆的临时性装备，是指除经常性装备以外而临时增加的装备。例如，当车辆运输特殊物资（如超长、超宽、超高、保鲜、防碎、危险货物等）时，或当车辆在特殊条件下使用时（如防滑、保温预热、牵引等），根据需要所配备的临时性装备或临时性设施。

三、汽车修理技术检验

汽车修理技术检验就是按规定的技术要求确定所修理的汽车、总成、零部件技术状况而实施的检查。这种检查针对不同对象，借助某些手段测定质量特性，并将测定结果同技术标准相比较，判断是否合格。汽车修理技术检验可分为整车技术检验、总成技术检验、零部件技术检验。

1. 汽车修理技术标准

汽车修理技术标准是对汽车修理全过程的技术要求、检验规则所作的统一规定。汽车修理技术标准是衡量修理质量的尺度，是企业进行生产、管理的依据，具有法律效力，必须严格遵守。认真贯彻技术标准，对保证修理质量、降低成本、提高经济效益和保证安全运行都有重要作用。我国汽车修理技术标准分四级，即国家标准、行业标准、地方标准和企业标准。

（1）国家标准

国家标准是国家对本国经济发展有重大意义和工农业产品、工程建设和各种计量单位所作的技术规定，由国务院标准化行政主管部门制定。有关汽车修理的国家标准主要有：

GB 7258—2012《机动车运行安全技术条件》

GB/T 3798.1—2005《汽车大修竣工出厂技术条件 第1部分：载客汽车》

GB/T 3798.2—2005《汽车大修竣工出厂技术条件 第2部分：载货汽车》

GB/T 3799.1—2005《商用汽车发动机大修竣工出厂技术条件 第1部分：汽油发动机》

GB/T 3799.2—2005《商用汽车发动机大修竣工出厂技术条件 第2部分：柴油发动机》

GB 3847—2005《车用压燃式发动机和压燃式发动机汽车排气烟度排放限值及测量方法》

GB 18352.3—2005《轻型汽车污染物排放限值及测量方法（中国Ⅲ、Ⅳ阶段）》

GB/T 5336—2005《大客车车身修理技术条件》

GB/T 15746.1—1995《汽车修理质量检查评定标准整车大修》

GB/T 15746.2—1995《汽车修理质量检查评定标准发动机大修》

GB/T 15746.3—1995《汽车修理质量检查评定标准车身大修》

GB 3801—1983《汽车发动机气缸体与气缸盖修理技术条件》

GB 3800—1983《汽车车架修理技术条件》
GB 3802—1983《汽车发动机曲轴修理技术条件》
GB 3803—1983《汽车发动机凸轮轴修理技术条件》
GB 5372—1985《汽车变速器修理技术条件》
GB/T 18275.1—2000《汽车制动传动装置修理技术条件气压制动》
GB/T 18275.2—2000《汽车制动传动装置修理技术条件液压制动》
GB/T 18274—2000《汽车鼓式制动器修理技术条件》
GB/T 12534—1990《汽车道路试验方法通则》

（2）行业标准

行业标准是全国性行业范围内的技术标准，由国务院有关行政主管部门制定，并报国务院标准化行政主管部门备案。在公布国家标准之后，该项行业标准即行废止。

（3）地方标准

地方标准是省、自治区、直辖市标准化行政主管部门对未颁布国家和行业标准的产品或工程所颁布的标准。汽车维修地方标准，由各省、市、自治区标准化行政主管部门制定，并报国务院标准化行政主管部门和国务院有关行政主管部门备案。在公布国家标准或行业标准之后，该项地方标准即行废止。

（4）企业标准

汽车维修企业在维修汽车时，若遇到没有国家标准、行业标准或地方标准能参照的情况，应该以该汽车的生产厂商提供的维修手册、使用说明书等相关技术资料为依据，制定企业标准，指导组织生产。企业标准须报当地政府标准化行政主管部门和有关行政主管部门备案。对已有国家标准或行业标准的，国家鼓励企业自行制定严于国家或行业标准的企业标准，在企业内部实施。

2. 整车技术检验

整车技术检验是按一定的检验规则，对大修竣工汽车的一般技术要求和主要性能要求，采用一系列检视或测量的方法。

① 汽车性能测试应在平坦、干燥、清洁的高级或次高级路面，长度和宽度适应测试要求，纵向坡度不大于1%的直线道路上往返进行，测试数据取平均值。

② 大修竣工的汽车，经检验合格，应签发合格证。

③ 大修竣工的汽车，应在明显部位安装铭牌，其内容包括发动机和车架号码、承修单位名称、修竣出厂年、月、日等。

④ 修竣的车辆，经送修与承修单位双方确认合格后，办理出厂交接手续，出厂合格证和有关技术资料应随车交付送修单位。

3. 总成技术检验

总成技术检验主要是指总成修竣后的检验，其目的是检查总成的修理质量，消除发现缺陷和问题，使修竣的总成符合技术标准的规定，确保装上汽车使用性能良好和安全可靠。下面以发动机大修竣工检验为例，说明总成技术检验主要内容。

（1）发动机大修竣工检验技术要求

① 装配的零部件和附件均应符合规定程序批准的制造或修理技术条件。

② 发动机应按规定程序批准的装配技术条件进行装配，并装备齐全。

③ 装配后的发动机，应按规定程序批准的工艺和技术条件进行冷、热磨合，拆检和清洗。

④ 发动机在正常工作温度下，5 s 内能起动。柴油机在环境温度不低于 5 ℃，汽油机在环境温度不低于 -5 ℃ 时，起动顺利。

⑤ 发动机怠速运转稳定，其转速应符合原设计规定。

⑥ 四冲程汽油机转速在 500~600 r/min 时，以海平面为准，进气歧管真空度应在 57.3~70.7 kPa（430~530 mmHg）范围内。其波动范围，六缸汽油机一般不超过 3.3 kPa（25 mmHg），四缸汽油机一般不超过 5.1 kPa（38 mmHg）。

⑦ 发动机在各种转速下运转稳定。在正常工况下，不得有过热现象；改变转速时，应过渡圆滑；突然加速或减速时，不得有突爆声，不得回火，消声器不得有放炮声。

⑧ 在规定转速下，机油压力应符合原设计规定。

⑨ 气缸压缩压力应符合原设计规定，各缸压缩压力差，汽油机应不超过各缸平均压力的 8%，柴油机应不超过 10%。

⑩ 发动机起动运转稳定后，只允许正时齿轮、机油泵齿轮、喷油泵传动齿轮及气门脚有轻微均匀响声，不允许活塞销、连杆轴承、曲轴轴承有异响和活塞敲缸及其他异常响声。

⑪ 发动机最大功率和最大转矩均不得低于原设计标定值的 90%。

⑫ 发动机最低燃料消耗率不得高于原设计规定。

⑬ 发动机不应有漏油、漏液、漏气、漏电现象，但润滑油、冷却液密封接合面处允许有不致形成滴状的浸渍。

⑭ 发动机排放限值应符合国家有关规定。

⑮ 发动机应按原设计规定加装限速片，或对限速装置做相应的调整，并加铅封。

⑯ 发动机外表应按规定涂漆，涂层应牢固，不得有起泡、剥落和漏涂现象。

⑰ 发动机应按规定加注润滑剂。

⑱ 其他有关要求应符合原设计规定。

（2）发动机大修竣工检验规定

① 在测试发动机各种转速运转、进气歧管真空度、机油压力、气缸压缩压力时，水冷式发动机冷却液温度为 75 ℃~85 ℃，风冷式发动机油温为 80 ℃~90 ℃。

② 承修单位应对发动机的最大转矩和最低燃料消耗率进行测试，并按主管部门或修理合同规定对最大功率和负荷特性进行抽样测试。

③ 检验合格的发动机，应签发合格证并提供必要的技术资料。

（3）零部件技术检验

零部件技术检验包括对被检零部件的尺寸误差、表面误差、形状和位置误差，以及零件内部缺陷等进行检测。

四、汽车检测与诊断

车辆维修要实行"以预防为主、定期检测、强制维护、视情修理"的原则，其前提就是要加强定期检测。所谓定期检测，就是根据汽车类型、新旧程度、使用条件和使用强度等情况，运用现代检测手段，定期地检测车辆实际的技术状况。

1990 年，交通部发布了《汽车运输业车辆技术管理规定》，其中对应用车辆检测诊断技术的意义、要求、内容及职责作了明确规定。《汽车运输业车辆技术管理规定》指出：车辆检测诊断技术是检查、鉴定车辆技术状况和维修质量的重要手段，是促进维修技术发展，实现视情修理的重要保证。

检测诊断设备应能满足车辆在不解体情况下，确定其工作能力和技术状况，以及查明故障或隐患的部位，并准确找出故障原因。

检测诊断主要包括以下内容：
① 车辆的安全性，包括车辆的制动、侧滑、转向、前照灯等。
② 车辆的可靠性，包括异响、磨损、变形、裂纹等。
③ 车辆的动力性，包括最高车速、加速能力、爬坡能力、发动机功率、底盘输出功率等。
④ 车辆的经济性，主要指燃、润料的消耗情况。
⑤ 车辆的噪声和废气排放状况等。

上述汽车检测诊断内容，汽车维修企业必须运用汽车检测诊断设备来实现，或者通过汽车综合性能检测站来进行检测。对检测诊断设备的配备，国家和交通部也先后发布了《汽车运输业车辆综合性能检测站管理办法》和各类《汽车维修业户开业条件》，按照检测站和维修业户的规模和职能的不同，明确规定了必须配备的检测诊断设备。

1. 汽车的检测与诊断概述

所谓汽车的检测诊断技术，是指通过一定的检测诊断设备，在车辆不解体（或仅拆卸个别零件）的情况下，确定车辆工作能力和技术状况（指汽车检测），以及查明汽车运行故障及隐患（指汽车诊断）的技术措施。

（1）汽车检测的分类

汽车检测可分为：安全环保检测、综合性能检测与故障检测三类。

① 安全环保检测。汽车安全环保检测是指在不解体情况下对汽车的安全、环保性能所做的技术检测，常用于车管监理部门。其目的是进行对在用车辆（及修竣车辆）的安全性能和排放性能等做车况技术鉴定，以建立在用汽车安全环保及维修质量监控体系，以确保在用车辆良好的技术状况，保证汽车安全、高效和低污染运行。

② 综合性能检测。汽车综合性能检测是指在不解体情况下对车辆的综合性能和工作能力所做的技术检测，常用于汽车设计、制造、研究部门对新车的技术状况鉴定，也常用于汽车运输部门对在用车辆的性能检测和技术状况鉴定，以保证汽车运输的完好车率（如车辆技术管理中的车况鉴定，以确定车况技术等级），也为实行"强制维护、视情修理"提供必要的依据（如汽车大修送修前的车况鉴定）。

③ 故障检测。汽车故障检测是指在不解体的情况下，以检测为手段、诊断为目的，对汽车目前所存在的故障所做的技术检测，常用于汽车维修企业。

汽车使用过程中的故障检测，其检测时机常与汽车的维修周期相配合（即通常安排在各次汽车维修作业的维修前、维修中和维修后）。其中，汽车维修前的故障检测，其目的是为了诊断在用车辆所存在的技术故障，确定汽车是否需要修理和如何进行修理（视情确定汽车维修的附加修理项目）；汽车维修中的故障检测，其目的是为了确诊汽车故障的部位和原因，以提高汽车维修质量及维修效率；汽车维修后的故障检测，其目的是为了鉴定汽车的维修质量。由此可知，现代汽车维修企业必须加强汽车故障的检测与诊断，以确定故障现象（即故障的具体表现），查明故障的部位和原因，最后进行有效的故障排除。

(2) 汽车故障诊断方法

由于在用汽车的故障检测大多在不解体情况下进行，因此大多属于间接检测方法（如根据烟色、振动、异响、过热等）。为了提高其检测精度和检测准确性，应该采用适当的检测方法。

① 人工经验诊断法。所谓人工经验诊断法，是指凭借技术诊断人员的丰富实践经验和理论知识，在不解体或局部解体的情况下，根据汽车故障现象，通过眼看、手摸、耳听等手段，最后定性地判断汽车的故障部位和故障原因。由于人工经验诊断法不需要专用的仪器设备，可以随时随地应用，因而也是现代汽车维修企业不可缺少的诊断方法。但由于这种方法需要技术诊断人员必须具有较高的技术水平和丰富的实践经验，且诊断速度较慢、诊断准确性较差、不能定量分析等，因而多用于中小型汽车维修企业和汽车运输企业的故障诊断中。

② 仪器设备诊断法。所谓仪器设备诊断法，是指利用各种专用的检测仪器或诊断设备，在汽车不解体或局部解体的情况下，对汽车、总成或机构进行性能测试，并通过对检测结果的分析判断，定量地确定汽车技术状况以及诊断汽车的故障部位和故障原因。由于仪器设备诊断法不仅诊断速度较快、准确性较高，且能定量分析，因此目前发展速度较快，使用比例也日益增大，它是汽车检测诊断技术发展的必然趋势，目前已广泛应用于汽车检测站和大型汽车维修企业中。其缺点是设备投资较大，检测项目不够全面，而且其检测诊断结果最后仍需要结合人脑来进行分析判断。因此，仪器设备诊断法只是为人工经验诊断法提供了帮助，而并不能完全替代人工经验诊断法，人工经验诊断法仍是汽车检测诊断的重要方法。

2. 汽车维修的检测项目与工艺布局

(1) 汽车维修的常用检测项目

① 发动机检测项目：发动机功率检测、气缸密封性检测、发动机气缸磨损量检测、发动机实际压缩比与实际配气相位检测、汽油机供油系统检测、汽油机点火系统检测、柴油机供油系统检测、发动机电控系统故障检测、润滑油品质检测与冷却系统密封性检测、发动机的异响检测。

② 底盘检测项目：底盘输出功率检测、传动系统检测、转向系统检测、制动系统和制动性能检测、行驶系统检测。

③ 车身检测项目：车身损伤检测、车身变形测量、安全气囊检测、汽车空调系统检测。

④ 汽车电气检测项目：电源系统检测、起动系统检测、仪表及照明系统检测。

⑤ 汽车废气排放检测、油耗检测与噪声检测。

(2) 汽车综合性能检测线的工艺布置

汽车维修企业综合性能检测线的设备配备，应根据汽车维修企业的主要维修车型确定。例如，对于轿车维修企业来说，宜选择小型汽车综合性能检测线。其主要检测设备包括：侧滑、轴重、悬挂、制动性能检测线；前照灯检测仪；尾气分析仪和烟度计；制动试验台；发动机综合分析仪；底盘测功试验台；车轮定位仪；悬挂性能检测仪；车轮动平衡机等。为了能将检测结果直接联网，要求所有的检测诊断设备都配有与微机联机的接口。

汽车维修企业综合性能检测线的布局主要应考虑其检测工艺流程，根据主要检测项目设置相应工位，合理利用空间，使检测线高效安全运行。

3. 汽车检测站

汽车检测站是综合运用现代检测技术，对汽车实施不解体检测诊断的机构，是对道路运输车辆进行车辆技术监控和维修质量监督以及环保性能检测的综合性能检测的技术服务机构。

（1）汽车检测站的职责

① 对车辆的技术状况进行检测诊断。

② 对汽车维修行业的维修车辆进行维修质量的检测。

③ 对车辆改装、改造、报废和有关新工艺、新技术、新产品，以及节能、科研项目等进行检测、鉴定。

④ 在环保部门统一监督管理下，对汽车污染进行监督、监测。

⑤ 接受公安、商检、计量和保险等部门的委托，进行有关项目的检测。

（2）汽车检测站的分类

按照能够承担任务的范围，汽车检测站分为综合性能检测站和单一性能检测站。综合性能检测站能承担汽车多种性能的检测任务；单一性能检测站只能进行某种性能的检测。

汽车综合性能检测站是对道路运输车辆进行综合性能技术监督检测、汽车维修质量监督检测和汽车性能诊断检测的技术服务机构，它是道路运政管理机构从事道路运政管理的重要技术基地。交通部《汽车运输业车辆综合性能检测站管理办法》（第29号部令）对汽车综合性能检测站的建设、管理、职责、基本条件、认定等都作了详细规定，是汽车综合性能检测站管理的法律依据。

（3）汽车综合性能检测站的主要任务

① 对在用运输车辆的技术状况进行检测诊断。

② 对汽车维修行业的维修汽车进行质量检测。

③ 接受委托，对汽车改装、改造、报废及其有关新工艺、新技术、新产品、科研成果等项目进行检测，提供检测结果。

④ 接受公安、环保、商检、计量和保险部门的委托，为其进行有关项目的检测，提供检测结果。

（4）汽车综合性能检测站的分级及职能

根据检测站的职能，检测站分为A、B、C三级。

A级站：能够承担检测站全部职能，能检测汽车各项性能参数，如制动、侧滑、灯光、转向、前轮定位、车速、车轮动平衡、底盘输出功率、燃料消耗、发动机功率和点火系统状况及异响、磨损、变形、裂纹、噪声、废气排放、润滑油质分析等。

B级站：能承担在用汽车技术状况和汽车维修质量的检测，即能检测汽车的制动、侧滑、灯光、转向、车速、车轮动平衡、燃料消耗、发动机功率和点火状况及异响、变形、裂纹、噪声、废气排放等项目。

C级站：能承担在用汽车技术状况的检测，即能检测汽车的制动、侧滑、灯光、转向、车轮动平衡、燃料消耗、发动机功率及异响、噪声、废气排放等项目。

A级站和B级站出具的检测结果证明，可以作为维修单位汽车维修质量的凭证。

按照上述各级检测站的职能，所需配备的主要设备有：废气分析仪、制动试验台、车速表试验台、前照灯检测仪、声级计、侧滑试验台、车轮动平衡仪、探伤仪、前轮定位仪、底盘测功试验台、发动机综合测试仪、电气综合测试仪、油耗计、润滑油质分析仪、数字转向测力仪、气缸压力表、真空表、第五轮测试仪等。目前，多数检测站都将检测设备按一定的工艺顺序组成流水式检测线，根据功用的不同有综合性能检测线和安全环保线。

4. 汽车检测诊断技术的发展概况

随着汽车技术的飞速发展，汽车结构的日益复杂，汽车电子化程度的日益提高，检测诊断汽车故障的难度也日益增大。为了能客观评价汽车的产品质量，或者帮助和指导汽车维修，迫切需要自动化的检测诊断技术，由此刺激了汽车检测诊断技术的迅速发展。全国各地的汽车维修企业开始采用现代的汽车故障检测诊断设备，不仅硬件设备日益增多，而且专家软件系统也发展很快。

为了适应现代汽车技术的高速发展，今后的汽车检测诊断技术还应该向智能化和网络化的方向发展，这就有了以下要求：

① 加强汽车检测诊断的基础技术研究，规范汽车检测诊断的技术标准。

② 提高汽车检测诊断设备的使用性能，从实用出发，扩大其检测范围，提高其检测可靠性，并逐步提高其电子化和智能化水平。

③ 实现汽车检测诊断的网络化，通过网络技术进行全国联网，从而利用远程"故障诊断专家系统"的专家指导，以获得更多的汽车故障诊断信息。

交通部《汽车运输业车辆技术管理规定》《机动车维修管理规定》和《汽车运输业车辆综合性能检测站管理办法》中，对汽车的检测诊断技术、制度和检测站等均有明确规定：

① 车辆技术管理应该坚持预防为主和技术与经济相结合的原则，对运输车辆实行择优选配、正确使用、定期检测、强制维护、视情修理、合理改造、适时更新和报废的全过程综合性管理。

② 车辆技术管理应该依靠科技进步，采取现代化管理方法，建立车辆质量监测体系，以能满足车辆在不解体情况下确定其工作能力和技术状况，查明故障或隐患的部位和原因。汽车检测诊断的主要内容包括：汽车的安全性（制动、侧滑、转向、前照灯等）、可靠性（异响、磨损、变形、裂纹等）、动力性（最大车速和加速能力、底盘输出功率、发动机功率和转矩以及油电路状况等）、经济性（燃油消耗）及噪声和废气排放状况等。

③ 车辆检测诊断技术是检查、鉴定车辆技术状况和维修质量的重要手段，是促进维修技术发展，实现视情修理的重要保证。车辆修理应贯彻视情修理的原则，即根据车辆检测诊断和技术鉴定的结果，视情进行修理，既要防止拖延修理造成车况恶化，又要防止提前修理造成浪费。例如，在车辆二级维护前应进行检测诊断和技术评定，以此确定附加作业或小修项目（结合二级维护一并进行）。

④ 各级汽车维修行业管理部门应建立健全汽车维修质量监督检验体系，从而为汽车维修质量监督和维修质量纠纷的调解或仲裁提供检测依据，并经当地交通主管部门会同技术监督部门认定后，颁发汽车维修质量检测许可证。各级汽车维修行业管理部门还应制定并认真执行汽车维修质量检验制度，对维修车辆实行定期或不定期的质量检测，并将检测结果作为评定维修业户维修质量和年审技术合格证的主要依据之一。

随着科学技术水平的进步和提高，汽车检测、诊断技术的发展，使未来车辆的性能检测项目更多、判断更快、更准确，检测设备也将向质量轻、体积小、易于携带、便于流动测试等方向发展。检测工位机将向智能化、功能全、便于联机，操作、维修方便等方向发展。各国在检测标准的制定上将逐渐取得一致，标准的更新速度将加快。

监控和预测汽车技术状况是汽车检测技术今后发展的必然趋势。例如，国外已在预测制动鼓、制动蹄配合副，气缸活塞环配合副状态方面开展工作，不久将会有新的突破，并将扩展到系统状态和元件状态的预测。这种预测对决定汽车各总成以及整车的剩余使用寿命，对提高汽车的可靠性和经济性等都有十分重要的意义。

随车检测和车外检测两种方式将会并存发展。随车检测技术将首先在轿车和价值高的专用车辆上得到较大发展。随车检测装置的功能将会扩大，将要研制动态故障信息监测和储存的专用检测设备，开发预测机构状态变化的新技术，以满足客户的需要，提高汽车使用的可靠性。

车外检测技术发展的主流，是探求诊断复杂的故障，充分利用计算机能够储存、分析参数信息的特点，提高诊断精确度；开发故障预测的软技术，提高诊断预测水平。检测诊断设备将会朝自动化、快速化方向上进步发展。

应用声响和振动的监控、诊断技术，将会在声响、振动信号的识别、处理及故障物理鉴别等方面有新的突破，并有望开拓汽车检测技术研究的新领域。

五、技术责任事故与处理

由于技术状况不良或岗位责任失职所造成的事故，统称为技术责任事故。技术责任事故包括：行车交通事故、机电设备事故、维修质量事故、经营商务事故、工伤事故等。

1. 技术责任事故

在汽车维修企业的生产过程中，要避免技术责任事故。如果技术责任事故发生了，一定要查明原因，作出责任认定。

（1）技术责任事故的原因

① 管理不善、指挥失误或岗位失职造成的事故。

② 无照开车、无证操作或混岗作业造成的事故。

③ 违章操作或操作失误造成的事故。

④ 超载超速运行造成的事故。

⑤ 不符合安全运行技术条件，未采取必要防范措施或措施不力不当，冒险运行而造成的事故。

⑥ 失保失修、漏保漏修、维修不良、偷工减料或粗制滥造而造成的事故。

⑦ 未经培训或试用合格而操作不当或操作失误，未经检验合格而擅自使用或者不尊重检验人员意见而造成的事故。

⑧ 应检或可检范围内，由于错检、漏检或检验不严而造成的事故。

⑨ 在销售、生产、供应和财务业务往来中发生订货错误、合同错误、收支错误以及服务差错等所造成的商务性事故。

⑩ 不按规章制度滥用职权、擅自处理而发生的事故。

（2）技术责任事故损失费

事故损失费用包括直接经济损失及间接经济损失。当在计算上发生争议时，由负责处理该事故的处理人裁决。

① 直接经济损失：
- 修复设备或车辆损伤部位所发生的修理费用。
- 损坏其他车辆、设备及建筑设施的赔偿费用。
- 引起人员伤亡所发生的补偿费用。
- 处理事故现场所发生的人工机具费。

- 由于商务事故直接造成生产经营损失的费用以及直接造成浪费或亏损的费用。

② 间接经济损失：
- 在修复设备或车辆的事故损伤部位时，牵涉到其他未损伤部位的拆装费和维修费。
- 伤亡者及其他有关人员的交通费、住宿费、工资奖金及其杂费支出。
- 由事故造成的停工停产和生产经营损失的费用。

③ 事故等级的确定：确定事故等级应以直接损失为依据。但在事故统计和经济处罚时应以事故的总损失（包括直接经济损失及间接经济损失）为依据。技术责任事故的等级划分，主要根据该事故造成的伤亡人数以及当地规定的直接经济损失额确定。

2. 技术责任事故处理

（1）技术责任事故的责任划分

事故责任分为全部责任、主要责任、次要责任及一定责任四类。下面具体介绍负主要责任的情况。

① 凡管理不善、指挥失误或岗位失职造成的事故，由管理者、指挥者或岗位失职者负主要责任。

② 凡属操作者无视安全操作规程，违章操作或操作失误，或无视工艺纪律及质量标准，偷工减料、粗制滥造而造成的事故，应由主操作人负主要责任。

③ 在应检及可检范围内经检验合格，在质量保证范围及质量保证期内发生质量事故，由检验员负主要责任；凡未经检验合格，或属检验人员无法检验无法保证的部位发生事故，由主操作人负主要责任。

④ 在汽车维修过程中若发现问题而有可能危及安全或质量时，在生产经营管理中或商务活动中若发现问题而有可能危及企业利益时，经请示而获批准继续使用或继续执行而造成的事故由批准人负主要责任；应请示而不请示，或虽经请示而未获批准，擅自决定继续使用或继续执行而造成的事故，由擅自决定者负主要责任。

（2）技术责任事故的处理原则

凡发生技术责任事故，无论事故大小、责任主次或情节轻重，事故者应首先保护现场，救死扶伤，并及时如实地报告，采取有效应急措施，做好善后工作，听候处理。事故处理必须坚持"四不放过"原则，即事故原因不查清不放过，事故责任者未得到处理不放过，事故整改措施不落实不放过，事故教训未吸取不放过。

（3）技术责任事故处理的负责部门

凡发生立案事故，应由汽车维修厂负责部门登记申报、现场勘察、责任分析及事故处理。事故处理的负责部门如下：

① 行车交通事故由车队负责。
② 设备事故由设备管理部门负责。
③ 质量事故由质量管理部门负责。
④ 商务事故由经营管理部门负责，厂长监督。
⑤ 工伤事故由人力资源管理部门负责，工会监督。

立案事故的处理程序为：首先由事故人申报事故经过及事故原因，并由证人作证，填写《事故登记表》上报事故处理部门；然后在事故处理时应召开由事故单位召集、事故处理负责人主持、事故人参加的"事故分析会"进行事故分析；事故分析会后应由事故处理人填报《事故处理裁定书》，处理决定报主管厂长批准。

《事故登记表》、事故分析记录、《事故处理裁定书》以及对工伤者的《劳动鉴定书》都应归档存查。

（4）技术责任事故的处罚办法

① 不立案事故，由事故所在单位适当处罚。

② 立案事故的处罚规定如下：全部责任者应赔偿损失的75%～100%；主要责任者应赔偿损失的50%；次要责任者应赔偿损失的25%；一定责任者应赔偿损失的10%。"赔偿损失"是指按事故总损失费用（包括直接经济损失及间接经济损失）按上述比例进行赔偿。赔偿由财务科根据事故处理裁定书从工资中扣赔。扣赔数较多时，每月只保留一定的生活费用，从出事的次月起连续扣赔，直至扣赔完为止。

③ 行车交通事故由交通监理部门负责处罚。

当发生重大事故或重大恶性事故，并由本企业负主要责任或全部责任的，除事故本人应按规定给予处罚及必要行政处分外，事故单位的各级领导和相关业务管理人员也应给予相应的处罚。

六、汽车维修质量管理与监督

汽车维修行业质量监督是指检查评定汽车维修行业的维修质量、督促维修质量水平不断提高。汽车维修质量监督是汽车维修质量保证体系中的一个重要环节，是道路运政管理机构从事汽车维修行业管理工作的中心任务之一。

1. 汽车维修行业质量监督的作用

汽车维修行业的监督，是国家的相关部门为保证国家的政策和法规的贯彻和实行而采取的一种行政行为。目标是纠正一切违反国家政策法规的错误行为，保证汽车维修市场的正常秩序和汽车维修行业的健康发展。为了实现上述目标，要求有关部门通过对维修行业的督查，发现问题、解决问题，必要时以强制手段纠正、制裁各种非法行为。

通过对汽车维修企业和个体业户的监督检查，可以保证国家有关方针、政策、法律、规章制度的正确贯彻执行，规范行业经营活动，保证公平竞争，促进有序发展。

（1）保护经营者的合法性

通过有关部门的督查，制止和取缔无证无照经营业户，限制超范围经营，使合法经营者的权益得到保护。

（2）保障客户的合法权益

通过监督检查，保证修车质量，做到合理收费，使客户的合法权利得到保障。

（3）开展企业间的公平竞争

通过监督检查，促进同行间的公平竞争，使行业的服务质量和服务水平不断提高。

（4）落实国家财政政策

通过监督检查，保证国家财政政策的落实和执行，督促企业照章缴费、依法纳税。有力打击漏税偷税、瞒产私分等不正常现象。

（5）获得信息资料

通过监督检查，可以掌握企业动态，获得第一手信息资料，为制定相应的法规、政策，改善企业的经营服务，打下了良好的基础。

2. 汽车维修行业质量监督机构的设置

交通部第 28 号令《汽车维修质量管理办法》第四条规定：各级道路运政管理机构应建立健全汽车维修质量监督检验体系，实行分级管理。

自 20 世纪 80 年代开始全面实行汽车维修行业管理以来，各级道路运政管理机构一直遵照交通部所赋予的职责，坚持将汽车维修行业质量监督管理作为行业管理工作的中心任务来抓，严格按《汽车维修质量管理办法》的规定，全面展开汽车维修质量管理和质量监督工作。

3. 汽车维修行业质量监督的内容和方法

汽车维修督查的主要内容是维修市场的经营规范，包括企业与业户的经营资格、经营范围、维修质量、维修价格、维修单证、维修费税、维修投诉等方面。

（1）汽车维修行业质量监督的内容

① 经营资格的监督：主要是指按国标《汽车维修业开业条件》督检维修企业和业户是否具备经营条件，经营者是否具有经营许可证，是否按维修业划分等级，是否按核定的经营范围合法经营。

② 市场行为的监督：

- 维修厂方是否公平竞争，有无采用不正当手段争揽汽车维修业务的行为。
- 有无违反国家财务规定，如乱涨价、乱收费、偷税、漏税等行为。
- 维修质量是否合格，是否以旧代新、以次充好，"三单一证"是否齐全。
- 是否文明经营、优质服务、认真对待和解决客户的投诉。
- 厂方和客户是否履行合同，并承修相应的责任和义务；维修车辆是否有质量保证期。

③ 市场秩序的监督：市场秩序的监督，主要是指维修管理部门对国家公布的相关法规、规范贯彻和执行情况的监督和检查。对破坏和搅乱维修市场的行为要及时制止；对维修合同、维修质量等引起的纠纷要认真调解；对非法印制、伪造、倒卖单证等违法活动要严厉打击。

（2）汽车维修督查的方法

按照交通部第 28 号令《汽车维修质量管理办法》等有关行业管理规章的要求，目前，各级道路运政管理机构实施对汽车维修行业质量监督一般采取如下办法。

① 实行汽车维修质量抽检制度：为掌握各汽车维修企业乃至整个管辖区行业维修质量的状况，各级道路运政管理机构按维修企业的维修类别和业务量，定期下达各企业汽车维修质量抽检通知，并规定到指定的汽车维修质量监督检验站进行汽车维修竣工质量检测。同时，加强对各企业维修汽车送检合格率的统计分析和考核。

汽车维修行业的监督和检查，通常分为定期检查、非定期检查、个别检查 3 种方法。

- 定期检查：定期检查是政府督查部门根据本地的具体情况形成的制度化检查。如汽车维修行业的季检、年审，就是对行业的全面性检查。也可根据企业的生产纲领，按比例进行抽检，从而发现问题、解决问题，使维修行业不断前进。
- 非定期检查：非定期检查是指政府督查部门对汽车维修行业进行的临时性抽查。如发现维修行业的某一现象时，组织有关专家进行的审查。
- 个别检查：个别检查是指政府督查部门在发生厂方和客户纠纷时，或接到群众举报、投诉时，对个别厂家、个别事件进行的调查。实践证明，这种汽车维修质量抽检的质量监督办法是行之有效的。为此,在交通部 1998 年 3 月颁发的《道路运输车辆维修管理规定》(简称 2 号部令)中,为进一步强化汽车维修行业质量监督工作,明确下达了有关维修质量监督考核指标及违反规定的处罚规则。2 号部令第四章(管理与监督检查)第二十三条规定:"对维修企业,主要检查其执行国家有关汽车维护规范的情况、经营行为、在质量保证期内的返修率和质量监督抽查上线检测一次合格率。质量保证期内的汽车返修率应低于 5%,质量监督抽查上线一次合格率应不低于 85%。"第二十五条第三项规定:"二级维护质量低劣,返修率超过 5%,质量监督抽查上线合格率低于 85% 的,处以 1 000 元罚款,并限期整改。"在 2 号部令中,这样具体地规定质量监督抽查的考核标准和处罚规则,为今后质量监督工作进一步深入和强化提供了更有力的依据。

② 加强质量检验员考核:汽车维修质量检验员的工作情况如何,从侧面反映了该企业汽车维修质量管理工作的情况。因此,通过加强对汽车维修质量检验员年度审验,重点是对检验员上岗证(汽车维修质量检验员证)上有关维修汽车送检记录以及维修合格证发放台账记录等考核,监督维修企业的汽车维修质量工作和维修质量。这种质量监督方法很实用,便于操作,而且监督效果显著。

③ 开展维修质量创优活动:要促进维修质量提高,加强正面宣传,树立优秀典型也是很重要的。自开始汽车维修行业管理工作以来,在行业内开展汽车维修质量创优活动一直未中断。创优活动对优质修车有明确标准,年年评优,给行业树立起一个个先进典范,使企业在抓好汽车维修质量管理上"学有标准""干有目标"。在竞争日益激烈的汽车维修市场中,"质量就是企业命运"的观点,愈来愈被企业所接受,加强正面宣传,弘扬优质服务精神,对促进汽车维修质量提高将起到积极作用。加大汽车维修质量监督管理力度,实行行业服务质量监督社会化、公开化,形成有效的社会监督机制,对推动汽车维修质量的提高,树立良好的行业形象起到积极作用。

(3) 汽车维修的投诉处理与执法检查

2005 年交通部发布《机动车维修行业管理规定》,其第六条规定:"县级以上地方人民政府交通主管部门负责组织领导本行政区域的机动车维修管理工作;县级以上道路运输管理机构具体实施本行政区域内的机动车维修管理工作。"

① 汽车维修的投诉处理:汽车维修的督查部门,应设置公开投诉电话、通信地址、电子信箱,确保投诉渠道畅通,并对投诉者保密。有下列情况之一者应移交相关部门处理,并向投诉人说明理由:

- 仲裁机关或者人民法院已经受理或者处理该投诉事项的。
- 其他行政管理部门或者消费者权益保护组织已经依法受理该投诉事项的。
- 超越受理机构职权范围的。
- 被诉方因注销、歇业等原因无法查找的。
- 不提供与投诉内容相关材料的。
- 法律、法规、规章规定不能受理的。

受理投诉时,应当登记投诉人姓名、单位、联系方式,被投诉人姓名或者单位、地址、投诉内容、理由和有关材料。受理投诉后,应对相关证据进行保存,封存维修档案。应及时查清事实,分清责任,依法处理。投诉处理时间一般为 45 日内完毕。情况复杂的,经批准可在 60 日内完毕,但应当告知相关人员。投诉人对处理结果不服的,投诉调解未达成协议或者某方不履行协议的，当事人可以依法申请仲裁或者提起诉讼。

② 汽车维修的监督执法：

- 对执法人员开展法制知识和汽车维修管理业务的培训、考核。考核不合格者，不得上岗执行公务。
- 督查执法机构应建立健全内部执法监督制度，实行执法责任制和执法过错责任追究制，及时纠正执法和管理过程中的错误和不当行为。
- 督查执法机构应当创造条件推行电子政务，尽可能采用现代信息技术手段。实施督查时，应当有2名以上人员参加，并向当事人出示执法证件。
- 督查执法人员，可以行使下列职权：

询问当事人或者有关人员，并要求其提供相关证明材料和与违法违规行为有关的其他资料；查询、复制与违法违规行为有关的维修台账、票据、凭证、文件及其他资料，核对与违法违规行为有关的技术资料；在违法行为查获地进行摄影、摄像取证；检查与违法违规行为有关的器具，必要时可以责令当事人暂停相关营业；在证据可能灭失或者以后难以取得的情况下，可以依法先行登记保存，当事人或者有关人员不得转移、隐匿或销毁；检查的情况和处理结果应当记录，并按照规定归档。当事人有权查阅监督检查记录。

- 汽车维修企业或业户，应当自觉接受执法人员的检查，如实反映情况，提供有关资料。
- 汽车维修督查，不得妨碍厂家正常生产，不得索取或者收受经营者的财物，不得谋取部门和个人利益。对维修违法行为，应当立即予以制止，并实施处罚或采取相应的行政措施。

七、质量管理体系认证

在现代汽车维修企业中实施质量管理体系认证，能够使企业的生产和管理规范化，从而提高汽车维修企业的管理水平。ISO 是"国际标准化组织"（International Standardization Organization）的英文名称缩写，是一个非政府的国际科技组织，是世界上最大的、最具权威的国际标准制订、修订组织，现有成员国 120 多个。ISO9000 族系列标准是国际标准组织在总结世界发达国家先进质量管理和质量保证经验的基础上编制并发布的一套实用而有效的管理标准。在我国汽车售后服务企业中推行 ISO9000 质量认证体系，能够促进企业在经营和生产活动中，按照相关规范进行，能够提高企业的服务质量和管理水平。

1. 汽车维修企业推行 ISO9000 质量管理体系认证的意义

（1）强化质量管理

提高企业效益质量管理是企业为了使其产品能满足不断更新的市场质量要求而开展的策划、组织、计划、实施、检查、改进等管理活动的总和。企业的全部质量管理活动都必须围绕着与市场需求相适应的质量目标来进行，全面有效地实施质量控制，并研究质量管理活动的经济效果，使企业、客户、社会三方的利益都得到保证。

ISO9000 质量管理体系的认证机构是经过国家认证认可委员会认可的权威机构，对企业质量管理体系的审核是非常严格的，企业按照经过严格审核的国际标准化的质量体系进行管理，能极大地提高工作效率和车辆维修合格率，迅速提高企业的经济效益和社会效益。

（2）增强客户信心，扩大市场份额，赢得市场

企业的第一目标是谋求经济效益，并不断追求利润的最大化。获得认证是增强客户信

任,提高汽车维修市场占有率的主要途径。对于来进行车辆维修的客户,当得知企业按照国际标准实行管理,获得了 ISO9000 质量管理体系认证证书,并且有认证机构的严格审核和定期监督,就可以确信该企业是信得过企业,可以放心地将车辆交给该企业进行维修,因而扩大了企业的市场占有率。

(3) 节省了第二方审核的精力和费用

在现代企业中,第二方审核早就成为惯例,但又逐渐发现其存在很大的弊端。一方面,一个供方通常要为许多需方供货,第二方审核无疑会给供方带来沉重的负担;另一方面,需方也需支付相当大的费用,同时还要考虑派出或雇佣人员的经验和水平问题,否则花了费用也达不到预期的目的。ISO9000 认证可以排除这样的弊端,因为作为第一方的生产企业申请了第三方的 ISO9000 认证并获得了认证证书以后,众多第二方就不必要再对第一方进行审核,这样不管是对第一方还是对第二方都可以节省很多精力或费用。

(4) 提高汽车维修企业的竞争力

实行 ISO9000 质量管理体系认证管理,可以提高汽车维修质量,促使企业员工树立并养成有效做事、高效做事的观念与习惯。工作是否有效和高效,既是一种习惯,也是一种技能,是完全可以培养和掌握的。企业可以帮助员工提高"做正确的事,正确地做事"的能力,确保工作的有效性和效率;养成"第一次就将事情做对,每一次都将事情做对"的习惯,追求工作零差错、维修车辆零缺陷,使企业在汽车维修质量竞争中永远立于不败之地,从而提高企业的竞争力。

(5) 有效地避免产品责任

在车辆维修的实践中,对车辆维修质量的投诉越来越频繁,事故原因越来越复杂,追究责任也就越来越严格。尤其是近几年,发达国家都在把原有的"过失责任"转变为"严格责任"法理,对汽车制造商及维修工作的安全要求提高了很多。例如,工人在操作一台机床时受到伤害,按"严格责任"法理,法院不仅检查发生故障机床机件的质量问题,还要检查是否有安全装置,有没有向操作者发出警告的装置等。法院可以根据上述任何一个问题判定该机床存在缺陷,厂方便要对其后果负责赔偿。但是,如果厂方能够提供 ISO9000 质量体系认证证书,便可免赔,否则要败诉且要受到重罚。

(6) 有利于国际间的经济合作和技术交流

按照国际间经济合作和技术交流的惯例,合作双方必须在产品(包括服务)质量方面有共同的语言、统一的认识和共守的规范,方能进行合作与交流。ISO9000 质量管理体系认证正好提供了这样的信任,有利于双方迅速达成协议。

2. 质量管理体系基础知识

良好的质量管理工作对企业的生存和发展具有重要的意义。通过质量管理,对企业中的各个过程要素进行管理和控制,有效地使用资源,降低成本,提高效率。通过质量管理,使全员参与质量管理,并让全体员工互相信任,培养质量意识,激发员工的主人翁精神。通过建立程序,及时、有效、全面地收集企业生产中的质量信息,企业的管理者对这些信息进行整理和分析,使整个质量管理体系持续改进。

(1) 质量管理体系标准简介

20 世纪 60—70 年代,随着科学技术的发展和生产力水平的提高,贸易的国际化加速发展,质量管理学得到了丰富和完善。国际标准化组织 ISO 在 1979 年成立了"质量保证技术委员会",分别于1986年发布了ISO8402《质量术语》和1987年发布了ISO9000《质量管理和质量保证标准选择和使用指南》,ISO9001《质量体系设计开发、生产、安装和服务的质量保证模式》、ISO9002《质量体系生产安装和安装的质量保证模式》、ISO9003《质量体系最终检验和试验的质量保证模式》,ISO9004《质量管理和质量体系要素指南》6项国际标准,通称为ISO9000族系列标准,或称为1987年版ISO9000族系列国际标准。

1990年,质量保证技术委员会对1987年版的ISO9000族系列的6项国际标准进行了修订,并由国际标准化组织发布了1994版的ISO8402、ISO9000—1、ISO9001、ISO9002、ISO9003、ISO9004—1 6项国际标准,通称为1994版ISO9000族系列国际标准。

1997年,质量保证技术委员会在总结ISO9000:1994标准中业已存在的质量管理八项原则的思想基础上正式提出了质量管理八项原则,作为2000版ISO9000族系列标准的设计思想,在起草过程中,向世界广泛征集各类意见。2000年12月15日国际标准化组织正式发表ISO9000、ISO9001和ISO9004国际标准,通称为2000版ISO9000族系列标准。

随着我国经济的腾飞,我国同世界各国的贸易迅猛发展,尤其加入世贸组织后,我国企业对质量管理体系认证工作有了进一步的认识,许多企业对通过质量体系认证非常积极。为了适应经济全球化的发展形势,我国对ISO9000族系列国际标准进行了诠释,并编号为GB/T 19000—2000(idtISO9000:2000)《质量管理体系——基础和术语》、CB/T 19001—2000(idtISO9001:2000)《质量管理体系——要求》、GB/T 19004—2000(idtISO9004:2000)《质量管理体系——业绩改进指南》。

由上可知,ISO9000族系列标准是国际标准化组织ISO于1987年制订,后经不断修改完善而成的系列标准。2000年12月,ISO公布了最新版本的标准ISO9000:2000(企业审核标准为《ISO9001:2000质量管理体系要求》)。

(2) ISO9000:2000质量管理的八项原则

① 以客户为关注焦点。客户是市场的焦点,理解客户当前和未来的需求,满足客户要求并力争超越客户的期望,这样才能赢得客户、占领市场。在质量管理的各项活动中,应把客户满意作为出发点和归宿。

② 领导作用。领导者将本组织的宗旨、方向和内部环境统一起来,并创造使员工能够充分参与实现组织目标的环境。企业的发展及成功运作的关键是领导,领导的每一个重大决策直接关系到企业的生存。

③ 全员参与。各级人员是企业之本,只有他们的充分参与,才能使他们的才干为企业带来最大的收益。以人为本是企业获得更大效益的基础。

④ 过程方法。把相关的资源活动都作为过程进行管理,可更高效地达到预期目的,管理好每一个过程是管理好体系的基础。

⑤ 管理的系统方法。针对设定的目标,识别、理解并管理,一个由相互关联的过程所组成的系统,有助于提高企业的有效性和效率。

⑥ 持续改进。持续改进总体业绩应当是企业一个永恒的目标。事物是不断发展的,每一事物都会历经一个由不完善到完善、直至更新的过程。由于人们对产品过程结果的质量要求在不断地提高,因此管理的重点应关注变化或更新产品所产生结果的有效性和效率,这就是一种持续改进的活动。由于改进是无止境的,所以持续改进是企业的永恒目标之一。

⑦ 基于事实的决策方法。有效的决策是建立在数据和信息分析的基础上，而正确适宜的决策依赖于良好的决策方法。依据准确的数据和信息进行逻辑分析或依据信息做出判断是一种良好的决策方法。

⑧ 与供方互利的关系。通过建立与供方互利的关系，增强企业和供方创造价值的能力。汽车维修企业在车辆的维修过程中，先确定车辆故障所在的部位，然后制订维修方案。车辆的维修多数情况下是更换零部件，而零部件由相关生产厂家提供，因此选择供方以及和供方的互利关系非常重要。

（3）质量管理体系的基本理论依据

质量管理体系具有能够帮助企业满足其需求和期望的特性，这些需求和期望在产品规范中表述，并最终归结为客户要求。客户要求可以以合同方式规定或由企业自己确定，产品是否可接受，最终由客户确定。客户需求和期望的不断变化，以及竞争的压力和技术的发展，都能促进企业持续地改进产品和过程。

质量管理体系方法鼓励企业分析客户要求，规定相关的过程，并使其持续受控，以便产生或提供客户能接受的产品。质量管理体系能提供持续改进的框架，以增进客户和其他方满意的机会。质量管理体系还就企业能够提供持续满足要求的产品的能力向客户提供信任。

（4）过程方法

将相关的资源和活动作为过程进行管理，可以更高效地得到期望的结果。任何将输入转化为输出的活动都可以视为过程，企业为了有效地运作，必须识别和管理诸多相互关联的过程。通常，一个过程的输出会直接成为下一个过程的输入，企业系统的识别和管理所采用的过程之间的相互作用，称之为"过程方法"。应用"过程方法"的原则，应依次实施下列主要活动：

① 为了取得预期的结果，使用已建立的方法并确定关键的活动。
② 为了管理这些关键的活动需要明确职责和权限。
③ 了解并测定关键的活动需要的能力。
④ 识别企业职能内部和职能部门之间的关键活动的接口。
⑤ 重点管理能改进企业关键活动的各种因素，如资源、方法和材料等。
⑥ 评估风险以及供方、客户和其他相关方产生的后果和影响。

（5）质量方针和质量目标

建立质量方针和质量目标为企业提供了关注的焦点，两者确定了预期的结果，并帮助企业利用其资源达到这些结果，质量方针为建立和评审质量目标提供了框架，质量目标需要与质量方针和持续改进的承诺一致，应能对质量目标的实施结果进行测量。质量目标的实现对企业运行的有效性和总体业绩都有积极影响，因此汽车维修企业如何确定质量目标是非常关键的。汽车维修企业中车辆维修的合法性（符合国家法律法规的要求）、可信性、可用性、交付能力、实现车辆维修后的活动及车辆维修的价格和寿命期限内的费用，将是客户最关心的因素，因此应将上述因素转化为企业的质量目标。例如，客户满意度、车辆维修一次性交付合格率、故障判断准确率、维修合同变更率等均可确定为企业的考核目标。

3. 质量管理体系的推行与认证

ISO9000 质量管理体系的标准非常全面，它规范了企业内从原材料采购到成品交付的所有过程，涉及企业内从最高管理层到最基层的全体员工。不可否认，推行ISO9000有一定难度，但是只要真心实意地将推行ISO9000作为提升公司管理业绩的重要措施而不只是摆摆样子，将它作为一项长期的发展战略，按照公司的具体情况进行周密的策划和稳步的推行，ISO9000最终能给公司带来综合效益。

（1）推行ISO9000质量管理体系的步骤

推行ISO9000质量管理体系有五个必不可少的过程：① 知识准备；② 立法；③ 宣传；④ 执行；⑤ 监督、改进。

以下是企业推行ISO9000的典型步骤，可以看出，中间完整地包含了上述5个过程。

① 企业原有质量体系识别、诊断。
② 任命管理者代表、组建ISO9000推行组织。
③ 制定目标及激励措施。
④ 各级人员接受必要的管理意识和质量意识训练。
⑤ ISO9001标准知识培训。
⑥ 质量体系文件编写（立法）。
⑦ 质量体系文件大范围宣传、培训、发布、试运行。
⑧ 内审员接受训练。
⑨ 若干次内部质量体系审核。
⑩ 在内审基础上的管理者评审。
⑪ 质量管理体系完善和改进。
⑫ 申请认证。

（2）质量管理体系认证的程序

质量管理体系的认证可分为以下四个阶段：

① 提出申请。申请者（例如企业）按照规定的内容和格式向体系认证机构提出书面申请，并提交质量手册和其他必要的信息。质量手册内容应能证实其质量体系满足所申请的质量保证标准（GB/T 19001或19002或19003）的要求。向哪一个体系认证机构申请由申请者自己选择。体系认证机构在收到认证申请之日起60日内做出是否受理申请的决定，并书面通知申请者；如果不受理申请，应说明理由。

② 体系审核。体系认证机构指派审核组对申请的质量体系进行文件审查和现场审核。文件审查的目的主要是审查申请者提交的质量手册的规定是否满足所申请的质量保证标准的要求；如果不能满足，审核组需要向申请者提出，由申请者澄清、补充或修改。只有当文件审查通过后，方可进行现场审核。现场审核的主要目的是通过收集客观证据检查评定质量体系的运行与质量手册的规定是否一致，证实其符合质量保证标准要求的程度，做出审核结论，向体系认证机构提交审核报告。审核组的正式成员应为注册审核员，其中至少应有一名注册主任审核员；必要时可聘请技术专家协助审核工作。

③ 审批发证。体系认证机构审查审核组提交的审核报告，对符合规定要求的批准认证，向申请者颁发体系认证证书，证书有效期3年；对不符合规定要求的亦应书面通知申请者。体系认证机构应公布证书持有者的注册名录，其内容应包括注册的质量保证标准的编号及其年代号和所覆盖的产品范围。通过注册名录向注册单位的潜在客户和社会有关方面提供对注册单位质量保证能力的信任，使注册单位获得更多的订单。

④ 监督管理。对获准认证后的监督管理有以下几项规定：
- 标志的使用。体系认证证书的持有者应按体系认证机构的规定使用其专用的标志，不得将标志使用在产品上，防止客户误认为产品获准认证。
- 通报。证书的持有者改变其认证审核时的质量体系，应及时将更改情况报体系认证机构。体系认证机构根据具体情况决定是否需要重新评定。
- 监督审核。体系认证机构对证书持有者的质量体系每年至少进行一次监督审核，以使其质量体系继续保持。
- 监督后的处置。通过对证书持有者的质量体系的监督审核，如果证实其体系继续符合规定要求时，则保持其认证资格。如果证实其体系不符合规定要求时，则视其不符合的严重程度，由体系认证机构决定暂停使用认证证书和标志或撤销认证资格，收回其体系认证证书。
- 换发证书。在证书有效期内，如果遇到质量体系标准变更，或者体系认证的范围变更，或者证书的持有者变更时，证书持有者可以申请换发证书，认证机构决定做必要的补充审核。
- 注销证书。在证书有效期内，由于体系认证规则或体系标准变更或其他原因，证书的持有者不愿保持其认证资格的，体系认证机构应收回其认证证书，并注销认证资格。

(3) ISO9000 质量管理体系认证周期

ISO9000 质量管理体系认证周期如表 10-1 所示。汽车维修企业是一个服务性企业，相对规模比较小，因此在质量管理体系文件的编写过程中，主要编写程序文件和其他质量文件，即《质量手册》《作业文件》《岗位职责》《管理规定》《安全技术操作规程》和记录表格等。

表 10-1　ISO9000 质量管理体系认证周期

项　目	内　　容	时间/天
初访	到企业了解一般情况	1～2
培训	ISO9000 族授课、培训（与企业领导落实质量体系）	5～8
文件审查（编写）	质量手册、程序文件、作业指导书	18
修改文件	质量手册、程序文件、作业指导书	3
运行指导	试运行（各部门接口、修订）	5
内审培训	企业审核员培训	5
正式内审	包括内审，管理评审	2～5
通过认证	包括预审直至通过认证	2～5

八、汽车维修行业相关法律、法规和标准

汽车销售与维修作为一种经济活动，在经营活动中必须遵守国家、行业和地方的相关法律、法规和标准，汽车销售维修企业应收集、学习并遵守。这里对国家、行业和地方的主要相关法律、法规和标准汇总如下。

1. 汽车销售、维修有关的法律、法规
- 《中华人民共和国道路运输条例》。
- 《道路运输车辆维护管理规定》。
- 《汽车运输业车辆技术管理规定》。

- 《机动车维修管理规定》。
- 《中华人民共和国合同法》。
- 《中华人民共和国安全生产法》。
- 《中华人民共和国消防法》。
- 《中华人民共和国环境保护法》。
- 《中华人民共和国消费者权益保护法》。
- 《中华人民共和国标准化法》。
- 《中华人民共和国产品质量法》。
- 《中华人民共和国计量法》。

2. 汽车维修有关的标准

为了提高汽车维修企业的质量管理水平和技术管理水平，规范汽车维修企业的经营活动，国家和相关部门制订了一系列有关汽车维修的国家标准、行业标准及相关技术标准。我国的汽车维修标准基本上可归纳为维修基础性标准、维修管理性标准、修理工艺与规范性标准、维护工艺与规范性标准、检测方法规范性标准、维修设备产品性标准、检测设备产品性标准七大类，这些标准已涵盖了汽车维修的各个分支领域，初步形成了汽车维修标准的体系框架。与汽车维修相关的主要标准如下：

- GB/T 16739.1—2004《汽车维修业开业条件 第1部分：汽车整车维修企业》。
- GB/T 16739.2—2004《汽车维修业开业条件 第2部分：汽车专项维修业户》。
- JT/T 425—2000《汽车维修业质量检验人员技术水平要求》。
- GB/T 5624—2005《汽车维修术语》。
- GB 7258—2004《机动车运行安全技术条件》。
- GB 12981—2003《机动车辆制动液》。
- GB 18285—2005《点燃式发动机汽车排气污染物排放限值及测量方法（双怠速法及简易工况法）》。
- GB 3847—2005《车用压燃式发动机和压燃式发动机汽车排气烟度排放限值及测量方法》。
- JT/T 225—1996《汽车发动机冷却液安全使用技术条件》。
- GB/T 18344—2001《汽车维护、检测、诊断技术规范》。
- JT/T 511—2004《液化石油气汽车维护、检测技术规范》。
- JT/T 512—2004《压缩天然气汽车维护、检测技术规范》。
- JT/T 509—2004《轿车车身维护技术要求》。
- GB/T 15746.1—1995《汽车修理质量检查评定标准整车大修》。
- GB/T 15746.2—1995《汽车修理质量检查评定标准发动机大修》。
- GB/T 15746.3—1995《汽车修理质量检查评定标准车身大修》。
- GB/T 3798.1—2005《汽车大修竣工出厂技术条件 第1部分：载客汽车》。
- GB/T 3798.2—2005《汽车大修竣工出厂技术条件 第2部分：载货汽车》。
- GB/T 3799.1—2005《商用汽车发动机大修竣工出厂技术条件 第1部分：汽油发动机》。
- GB/T 3799.2—2005《商用汽车发动机大修竣工出厂技术条件 第2部分：柴油发

动机》。
- GB/T 5336—2005《大客车车身修理技术条件》。
- GB/T 18274—2000《汽车鼓式制动器修理技术条件》。
- GB/T 18275.1—2000《汽车制动传动装置修理技术条件气压制动》。
- GB/T 18275.2—2000《汽车制动传动装置修理技术条件液压制动》。
- GB/T 18343—2001《汽车盘式制动器修理技术条件》。
- JT/T 633—2005《汽车悬架转向系间隙检查仪》。
- JT/T 634—2005《汽车前轮转向角检验台》。
- JT/T 639—2005《汽车车体校正机》。
- JT/T 640—2005《汽车维修行业计算机管理信息系统技术规范》。
- GB 18565—2001《营运车辆综合性能要求和检验方法》。
- GB/T 12478—1990《客车防尘密封性试验方法》。
- QC/T 476—2007《客车防雨密封性限值及试验方法》。
- GB/T 18276—2000《汽车动力性台架试验方法和评价指标》。
- JT/T 198—2004《营运车辆技术等级划分和评定要求》。
- JT/T 510—2004《汽车防抱死制动系统检测技术条件》。
- JT/T 445—2008《汽车底盘测功机》。
- JT/T 503—2004《汽车发动机综合检测仪》。
- JT/T 505—2004《四轮定位仪》。
- JJF1154—2006《四轮定位仪校准规范》。
- JT/T 497—2004《乘用车悬架特性的评定指标和检测方法》。
- JT/T 155—2004《汽车举升机》。
- JT/T 324—2008《汽车喷烤漆房》。
- JT/T 413—2000《就车式车轮动平衡仪技术条件》。
- JT/T 448—2001《汽车悬架装置检测台》。
- JT/T 3166—2004《汽车前照灯检测仪技术条件》。

复习思考题

1. 汽车维修企业的特点有哪些？
2. 一级维护作业有哪些作业内容？
3. 根据检测站的职能，检测站分哪几个级别，各级别都能做哪些检测项目？
4. 什么是汽车修理，汽车修理分为哪些类型？

附录 I 双人快保的流程
（以奥迪 A4 保养为例）

（1）驶入保养工位

① 2 名维修技师对任务委托书进行核对后，将工具准备齐全后开始保养项目。如图 1-1 所示。

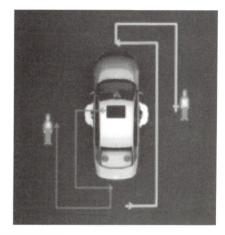

图 1-1 保养技师做好准备

② 技师 A 进入驾驶室连接诊断器，技师 B 完成派工操作。

③ 2 位技师相互配合检查前后灯，包括行车灯、前后雾灯、近远光灯、前后专向灯、报警灯、行李灯、喇叭、前后驻车辅助传感器等等。

④ 检查雨刮片是否破损及雨刮臂紧固情况。

⑤ 检查风窗、大灯清洗功能，必要时用 T10127 检查风窗清洗喷嘴角度并进行适度调整。

⑥ 打开发动机舱盖，安装抑磁板护罩，连接充电器。

⑦ 技师 A 用 VAS5052A 执行引导性故障查寻，遇到故障存储，排除故障后清除故障记忆（控制单元中的存储故障必须排除，不得直接清除故障记忆）。随后，技师 A 对车内进行检查，包括遥控器、防盗警示灯功能、转向柱、各开关照明、仪表指示灯、烟灰缸照明、点烟器、前顶灯、化妆镜灯、杂物箱灯、玻璃升降器、中央扶手盖板、车内外后视镜调节、中央门锁、空调系统、方向盘、MMI 功能、驾驶员座椅调节及记忆功能、后风窗遮阳帘，检查天窗功能、制动踏板、油门踏板（手动变速器要检查离合踏板）。

⑧ 技师 B 取下发动机罩，检查进气管和燃油管及固定情况、线束连接及走向、真空管、插头固定情况、冷却液液位及防冻能力、冷却液灌及管路是否老化、助力转向液液位及品质、压力舱排水口是否堵塞、制动液液位及品质、清洗液液位及品质。

⑨ 技师 A 完成室内各系统检查，执行保养指示器复位，将挡位置于 N 挡，松开手动制

动器,关闭点火开关。

⑩ 技师 A 检查随车工具有无缺损,检查蓄电池正负极接线柱是否锈蚀,线束连接是否牢固,检查备胎是否破损、变形、嵌入异物、磨损及花纹深度,将备胎充气压力调整到车辆规定的最高胎压,然后将备胎放回原位。

⑪ 技师 B 同时清洁发动机舱,旋开机油加注口盖,拆下空气滤清器上部壳体空气滤芯,最后拆下充电器。

(2) 举升车辆约 1.5 m 高

① 技师 A 配合技师 B,完成车辆举升准备,确认安全后将车辆举升至 1.5 m 左右。如图 1-2 所示。

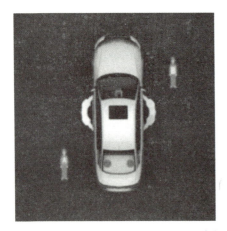 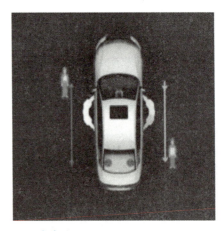

图 1-2　车辆升至 1.5 米高度

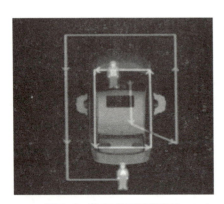

图 1-3　车辆升至最高高度

② 技师 B 检查右前悬系统、转向机是否松动,横拉杆球头及胶套、上控制臂及胶套、防尘套是否破损,减震器是否漏油,检查并拆下轮胎装饰盖,检查右后悬挂,检查车轮轴承及各部件是否松动。

③ 技师 A 在车辆左侧以左后、左前顺序检查左前、左后悬挂系统。

④ 技师 B 检查油箱盖功能。

(3) 完全举升

① 确认安全后,完全举升车辆。如图 1-3 所示。

② 2 名技师配合拆下发动机下护板。

③ 技师 B 旋开发动机放油螺栓,排放机油,旋开机油滤清器顶盖,打开放油发阀,排空机油,使用专用工具拆下机油滤清器,清洁滤清器,拆下密封圈,换上新的密封圈并涂上适量机油,安装新的机油滤芯,安装机油滤清器,按 ELSA 规定的力矩紧固。

④ 技师 A 拆下燃油滤清器护板,更换燃油滤清器,检查燃油滤清器是否紧固、方向是否正确。同时技师 B 检查左前制动前防尘帽、下支撑臂胶套、制动软管、制动弹盖板、车轮转速传感器线路、制动器支架固定螺栓紧固情况、制动分泵密封性,检查变速箱护板是否

破损、螺栓是否缺失、排气系统连接是否牢固、制动管护板是否破损。

⑤ 技师 B 在内侧以左前、左后、右后、右前顺序进行检查，技师 A 在外侧以右后、右前、左前、左后顺序进行检查，检查轮胎、轮辋有无变形、破损，胎面有无异物、有无严重磨损及花纹深度。

⑥ 技师 B 更换放油螺栓垫片，安装放油螺栓，以 ELSA 规定力矩紧固。

（4）降下车辆

① 确认安全后，将车辆降下。如图 1-4 所示。

② 技师 A 安装尾气排放装置，技师 B 使用吸尘器清洁空气滤清器壳体（必要时更换滤芯），安装空气滤清器壳体。

③ 技师 A 按照 ELSA 规定的加注量加注机油，检查雪筛，必要时用压缩空气清洁。

④ 技师 A 拆下点火线圈线束插头，拔出点火线圈，拆下火花塞，更换新的火花塞，并按照 ELSA 规定的力矩拧紧，安装点火线圈、线束插头，最后检查皮带张紧情况。

⑤ 技师 A 将挡位置于 P 挡，起动发动机，技师 B 检查发动机声音是否正常，检查风扇。

（5）再次完全举升车辆

① 确认安全后，再次完全举升车辆。如图 1-5 所示。

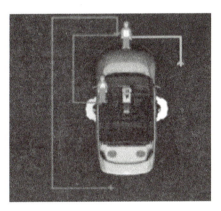

图 1-4　降下车辆

图 1-5　再次将车辆升至最高高度

② 技师 A 检查发动机放油螺栓紧固及密封情况，机油滤清器有无漏油；技师 B 检查燃油滤清器安装方向，是否紧固、密封。

③ 技师 A 与技师 B 配合安装发动机下护板。

（6）检查制动摩擦片

① 确定安全后，降下车辆。

② 拉起制动手刹，关闭发动机，两名技师在车辆两侧拆下车轮，适度举升车辆，检查制动盘磨损情况、外制动摩擦片厚度、内制动摩擦片厚度，最后安装车轮。

（7）轮胎螺栓紧固检测，胎压调整

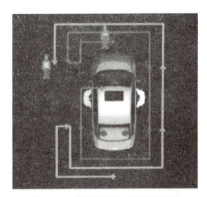

图 1-6　紧固轮胎，调整胎压

① 确认安全后，降下车辆，移出举升机支臂。如图1-6所示。
② 技师A从左后起绕车辆以规定力矩校验车轮螺栓力矩。
③ 技师B确认胎压，以同样顺序安装轮胎螺栓装饰盖并检查胎压。
④ 技师A检查发动机舱有无漏油，发动机油位是否达上限。
⑤ 技师B取下抑磁板护罩，同时技师A安装发动机罩盖并关闭发动机舱盖。

(8) 润滑铰链、锁块

① 技师A先后检查左前门灯、脚坑灯，清洁润滑门铰链、车门锁块，清洁润滑天窗，检查排水管是否堵塞，检查后排顶灯、后部空调出风口、后点烟器、后烟灰缸、玻璃升降器及开关，清洁润滑行李箱铰链、锁块。如图1-7所示。

② 技师A继续执行车辆右部保养工作，技师B检查前排乘员侧座椅调节功能、安全带及卡扣状况，检查并清洁室内外空调滤芯及壳体。

③ 技师A检查并清洁发动机舱铰链、锁块，检查开闭是否顺畅，关闭发动机舱。

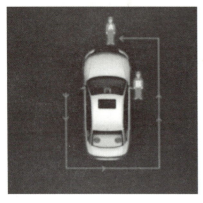

图1-7 润滑铰链、锁块

(9) 灯光检测

① 在技师B指挥下，将车辆移至灯光检测工位，并使用灯光检测仪检测灯光照射角度。

② 保养项目完成，2名技师共同确认保养项目，并在保养表及任务委托书上签字。

(10) 质检

① 质检员执行质量验收，并根据作业项目进行必要试车。

② 洗车并将车辆移交至竣工区停放，在相关表单上签字后，将车辆及相关文件交于服务顾问。

③ 服务顾问填写保养手册并加盖章印。

④ 车辆移交客户。

附录Ⅱ 2011年一汽丰田服务满意度调研（CSI）

甄别部分问卷

S1. 请问您是_____【读出客户信息中的客户名】先生/女士吗？

1. 是　　　　　　　　　　2. 否→终止

您好，我是新华信国际信息咨询（北京）有限公司的访问员，我们受一汽丰田汽车销售有限公司的委托，正在进行一项一汽丰田车主对经销店售后服务的满意度调查。以便收集您的意见和建议，使经销店更好地为您服务。您的参与对这次调查有很大的帮助。

当然，您的参与是自愿的也是匿名的，我们将遵循行业规范，不会向任何项目无关人员透露您的个人信息，请您放心回答。

您现在方便讲话吗或者我稍后再打电话过来？

我们代表一汽丰田汽车销售有限公司感谢您的合作！如果您对我们的访问有质疑，您可以登录一汽丰田的网站查看调查通知，或者通过固定电话拨打800免费咨询电话进行核实。

S2. 请问在过去3个月内，您是否曾经接受过一汽丰田（但不包括经销店自身开展的客户回访和满意度调查）的有关汽车销售满意度或服务满意度方面的面访调查？

1. 是→终止，跳问到结束语　　2. 否

S3. 请问您的这辆车是什么车型？【如果受访者拥有不止一辆车子，只问与客户信息中相符的那辆车】

1. 威驰　2. 花冠　3. 卡罗拉　4. 锐志　5. 皇冠　6. 普拉多（霸道）　7. RAV4

8. 车型不符→终止，跳问到结束语　9. 以上都不是→终止，跳问到结束语

（卡罗拉和花冠可以混淆）

现在我们对于您这辆_____【读出S3所选的一汽丰田车型】问一些问题。

S4. 这辆车是私家车，还是完全用于商业用途或公务车（如作为出租车等产生运营收入的商业行为），或私用和商用兼顾？

1. 私家车　2. 完全商业用途或公务车→终止，跳问到结束语　3. 私用和商用兼顾

S5. 您最近一次去一汽丰田授权的经销店进行保养/维修的时间是：　　年　月

注意：用户光顾经销店的时间应在配额范围内，如时间不符（非考评月）→终止，跳问到结束语。

S6. 您的这辆车最近一次去保养/维修是在_____【读出客户信息上对应经销店简称】吗？

1. 是　　　　　　　　　　2. 否→终止，跳问到结束语

S7. 您是否参与了这次保养/维修的全部过程？

1. 是　　　　　　　　　　2. 否→终止，跳问到结束语

S8. 请问您本人是否在以下行业工作？（读出1-4选项，逐项确认）

1. 市场研究　2. 汽车销售或售后服务　3. 汽车制造　4. 汽车零部件生产→终止，跳

问到结束语　5. 以上都不是（不读出）→继续访问

S9. 为了确保访问的真实性，您能告诉我一下您的车牌号码吗？

访问员记录：＿＿＿＿＿＿＿（例如：京ＡＢ１２３４）

注意：访问员将客户读出的车牌号码与客户信息上的车牌号码相对比。

1. 一致

2. 不一致→终止，跳问到结束语

3. 车主记不清楚→您能否帮我查一下，或者我们改时间再约

  a. 马上查【提供车牌号码以后重新甄别此题】

  b. 另约时间再进行甄别访问

4. 车主拒绝回答→终止，跳问到结束语

S10. 请问你这次去【读出客户信息上对应经销店简称】是做哪些维修/保养项目（可多选）？

1. 定期保养

2. 一般维修（包括车辆抛锚/事故等急修）

3. 钣喷

4. 其他（请注明：＿＿＿＿＿＿＿＿＿＿＿＿＿＿）

结束语：

请问，您对这家经销店的售后服务表现满意吗？

对于这家经销店提供的售后服务，您还有哪些意见或建议吗？

我的访问结束了，非常感谢您的合作，谢谢！

下面想听一下，您对一汽丰田经销店售后服务方面的满意度如何，请您根据以下问题给出评价。

服务起动

首先，请回想一下最近一次维修/保养开始前经销店接车的过程。

Q1. 当您这辆车该保养时，＿＿＿＿＿＿＿【读出经销店名称】是否有人提醒过您？

1. 是　　　　　　　　　　2. 否

Q2 a. 您本次的维修/保养是否进行了预约？

1. 是　　　　　　　　　　2. 否→跳问 Q3

Q2 b. 您预约到的日期是否是您所期望的日期呢？

1. 是　　　　　　　　　　2. 否

Q2 c. 从您预约后到去店里之前的这段时间里，经销店是否再次打电话与您确认预约时间、服务内容等？

1. 是　　　　　　　　　　2. 否

Q3. 那么，您对经销店在以下服务方面的满意度如何？

请选择1到10分当中的任意分值给经销店的表现打分，其中1分表示无法接受，5分表示一般，10分表示非常好。

1	2	3	4	5	6	7	8	9	10	11
无法接受				一般					非常好	不清楚/不记得

R1. 维修保养安排的便利性（通过电话，短信等，也包括和服务人员的沟通时间）
___分

R2. 灵活地安排您希望维修/保养的时间　　　　　　　　　　　　　　___分

R3. 接车过程迅速（您等待被招呼的时间，和服务顾问沟通的时间，钥匙交接和填写书面文件的时间）
___分

Q4. 请用相同的10分标准，给经销店服务前的接车过程的总体表现打分【访员读出打分标准】。
___分

服务顾问

接下来，请您回想一下最近一次维修/保养开始前，接待您的服务顾问的表现。

Q5 a. 您进入经销店停车场时，是否有人热情迎接并指挥停车？
1. 是　　　　　　　　　　　　2. 否

Q5 b. 是否有服务顾问及时出面迎接并主动问候您？
1. 是　　　　　　　　　　　　2. 否

Q6. 将车送进车间前，服务顾问是否与您一同进行环车检查？
1. 是　　　　　　　　　　　　2. 否

Q7. 服务顾问是否为您的车铺上三件套（如方向盘套、座椅套）？
1. 是　　　　　　　　　　　　2. 否

Q8. 服务顾问是否复述您提出的每一项要求确保您所有的要求都已被了解？
1. 是　　　　　　　　　　　　2. 否

Q9. 服务顾问是否了解您车辆以前的维修/保养情况？
1. 是　　　　　　　　　　　　2. 否

Q10. 在维修/保养前，服务顾问是否详细解释将要进行的维修保养内容？
1. 是　　　　　　　　　　　　2. 否

Q11. 服务顾问是否提供了费用的详细估算？
1. 是　　　　　　　　　　　　2. 否

Q12. 服务顾问是否告知您车辆将在什么时候维修保养好？
1. 是　　　　　　　　　　　　2. 否

Q13. 服务顾问是否给你提供了一份工单？
1. 是　　　　　　　　　　　　2. 否

Q14. 那么，您对该服务顾问的满意度评价如何？

请选择1到10分当中的任意分值给经销店的表现打分，其中1分表示无法接受，5分表示一般，10分表示非常好。

R1. 服务顾问礼貌/友善　　　　　　　　　　　　　　　　　　　___分

R2. 服务顾问有求必应　　　　　　　　　　　　　　　　　　　___分

R3. 详细地解释维修保养的内容和收费情况　　　　　　　　　　___分

Q15. 请用相同的10分标准，给服务顾问的总体表现打分【访员读出打分标准】。
___分

经销店设施

现在，请回想一下经销店设施情况。

Q16. 经销店的营业时间是否便利？
1. 是　　　　　　　　　2. 否
Q17. 在等待的过程中，您是否能了解到维修/保养的进度？
1. 是　　　　　　　　　2. 否
Q18. 如果交车时间出现延误，经销店是否会提前告知您？
1. 是　　　　　　　　　2. 否　　　　　　　　　3. 未发生延误
Q19. 如果您的车产生增加维修项目时，经销店是否会提前告知您？
1. 是　　　　　　　　　2. 否　　　　　　　　　3. 未产生追加项目
Q20. 那么，您对该经销店设施的满意度评价如何？
请选择1到10分当中的任意分值给经销店的表现打分，其中1分表示无法接受，5分表示一般，10分表示非常好。

  R1. 开车进/出经销店容易　　　　　　　　　　　　　　　　　　___分
  R2. 经销店所处位置便利　　　　　　　　　　　　　　　　　　　___分
  R3. 经销店干净整洁　　　　　　　　　　　　　　　　　　　　　___分
  R4. 顾客休息区舒适（包括座椅、娱乐设施、饮料点心等）　　　　___分
Q21. 请用相同的10分标准，给经销店设施的总体表现打分。　　　　　___分

提车过程

接下来，请回想一下最近一次维修保养完成后的提车过程。
Q22. 维修/保养结束时，服务顾问是否通知您了？
1. 是　　　　　　　　　2. 否
Q23. 维修/保养结束以后，服务顾问是否向您解释已完成的维修保养工作？
1. 是　　　　　　　　　2. 否
Q24. 服务顾问是否向您解释实际产生的费用明细？
1. 是　　　　　　　　　2. 否
Q25. 服务顾问是否与您一同检查车辆已完成的维修/保养工作？
1. 是　　　　　　　　　2. 否
Q26. 服务顾问是否告知您下次保养的时间安排？
1. 是　　　　　　　　　2. 否
Q27. 如果您的车更换了零件，服务顾问是否向您出示更换的零件，并询问您是否要取回换下来的零件？
1. 是　　　　　　　　　2. 否　　　　　　　　　3. 没更换零件
Q28. 那么，您对提车过程的满意度评价如何？
请选择1到10分当中的任意分值给经销店的表现打分，其中1分表示无法接受，5分表示一般，10分表示非常好。

  R1. 提车过程迅速（等待被接待的时间，填写书面文件和提车）　___分
  R2. 收费合理　　　　　　　　　　　　　　　　　　　　　　　___分
  R3. 有人协助我提车（如协助找到车辆、付款等）　　　　　　　___分
Q29. 请用相同的10分标准，给完成维修/保养后的提车过程的总体表现打分。　___分

服务质量

现在,请回想一下最近一次维修保养时的服务质量。

Q30. 您的车一次就维修/保养好了吗?
1. 是   2. 否

Q31. 您的车是否在之前承诺的时间内维修/保养好的?
1. 是   2. 否

Q32. 您觉得维修/保养所花的时间合理吗?
1. 合理   2. 不合理

Q33. 当您拿到车时,车是否经过清洗或吸尘?(读出选项)
1. 是的,清洗并吸尘   3. 吸过尘,但没清洗
2. 清洗过,但没吸尘   4. 没清洗也没吸尘

Q34. 维修/保养结束后,是否有人同您联系并询问您对已完成的维修/保养工作的满意度?
1. 是   2. 否

Q35. 经销店对您的回访是否是在三天之内?
1. 是   2. 否   3. 记不清

Q36a. 在和您联系的时候,您是否反映过维修/保养后车辆出现的任何问题?
1. 是   2. 否→跳问 Q37

Q36b. 您反映的问题是否得到了解决?
1. 是   2. 否

Q36c. 您对解决的结果是否满意?
1. 是   2. 否

Q37. 那么,您对服务质量的满意度评价如何?

请选择 1 到 10 分当中的任意分值给经销店的表现打分,其中 1 分表示无法接受,5 分表示一般,10 分表示非常好。

R1. 完成整个维修/保养所花的时间   ___分
R2. 维修/保养完成很彻底   ___分
R3. 维修/保养后的车干净并且车况良好(无损坏,车内设置无变化)   ___分

Q38. 请用相同的 10 分标准,给服务质量的总体表现打分   ___分

总体感受与忠诚度

Q39. 综合以上谈到的整个维修/保养过程,包括服务起动、服务顾问、经销店设施、提车过程和服务质量,您对该经销店的总体满意度评价,可以打几分?   ___分

Q40. 您在这家经销店所接受的维修/保养服务总体来说,同您的预期相比如何?(读出选项)
1. 比预期中好   2. 同预期中差不多   3. 比预期中差

Q41. 根据您在该经销店总体的经历,您有多大可能会:(读出选项)

R1. 向亲朋好友推荐为这部车提供服务的经销店
1. 一定会   2. 可能会   3. 可能不会   4. 一定不会

R2. 在保修期内,再回该经销店进行维修/保养

1. 一定会　　　2. 可能会　　　3. 可能不会　　　4. 一定不会

R3. 向朋友或亲戚推荐一汽丰田的车子

1. 一定会　　　2. 可能会　　　3. 可能不会　　　4. 一定不会

R4. 再购买一辆一汽丰田的车子

1. 一定会　　　2. 可能会　　　3. 可能不会　　　4. 一定不会

Q42. 您对该经销店的售后服务还有什么意见或建议吗？

背景信息

B1. 请问这是您拥有的第一辆新车吗？还是增购或换购的呢？

1. 家中的第一辆车
2. 增购，即家中新增添的车（目前还有别的车）
3. 换购，即代替家中原有的车

B2. 访问员直接记录被访者性别。

1. 男　　　　2. 女

B3. 请问您的年龄岁？

【直接询问受访者具体年龄，如有不愿回答具体年龄的，则读出年龄段让受访者选择】

1. 18～25 岁　　　　5. 41～45 岁　　　　9. 61～65 岁
2. 26～30 岁　　　　6. 46～50 岁　　　　10. 66 岁及以上
3. 31～35 岁　　　　7. 51～55 岁　　　　11. 拒答
4. 36～40 岁　　　　8. 56～60 岁

B4. 您目前的最高学历是

1. 没有正式教育　　3. 初中　　　5. 技校/职校/中专　　7. 研究生及以上
2. 小学　　　　　　4. 高中　　　6. 大专/大学

综合以上谈到的整个维修/保养过程，包括服务起动、服务顾问、经销店设施、提车过程和服务质量，您对该经销店的总体满意度评价，可以打几分？

我的访问结束了，非常感谢您的合作，谢谢！

参 考 文 献

[1] 丁卓. 汽车售后服务管理 [M]. 北京：机械工业出版社，2005.
[2] 张国方，等. 汽车服务工程 [M]. 北京：电子工业出版社，2004.
[3] 栾琪文. 现代汽车维修企业管理实务 [M]. 北京：机械工业出版社，2005.
[4] 倪勇，等. 汽车4S企业管理制度与前台接待 [M]. 北京：机械工业出版社，2009.
[5] 卢燕，等. 汽车服务企业管理 [M]. 北京：机械工业出版社，2005.
[6] 潘义行，等. 汽车维修销售管理实务 [M]. 上海：复旦大学出版社，2007.
[7] 杨建良. 汽车维修企业管理 [M]. 北京：人民交通出版社，2005.
[8] 王一斐. 汽车维修企业管理 [M]. 北京：机械工业出版社，2008.
[9] 董小平. 汽车维修企业管理 [M]. 北京：机械工业出版社，2005.
[10] 沈树庆，等. 汽车维修企业管理 [M]. 北京：人民交通出版社，2004.
[11] 鲍贤俊. 汽车维修业务管理 [M]. 北京：人民交通出版社，2005.
[12] 薛华成. 管理信息系统 [M]. 北京：清华大学出版社，2007.
[13] 胡建军. 汽车维修企业创新管理 [M]. 北京：机械工业出版社，2005.
[14] 范瑞亭，等. 汽车维修行业管理指南 [M]. 北京：人民交通出版社，2000.
[15] 米奇·施耐德. 汽车维修行业管理指南 [M]. 袁和，等译. 北京：机械工业出版社，2006.
[16] 高玉民. 汽车特约销售服务站营销策略 [M]. 北京：机械工业出版社，2005.
[17] 刘可湘. 汽车服务企业经营与管理 [M]. 北京：人民交通出版社，2004.
[18] 黄国相. 现代汽车维修企业管理实务手册 [M]. 广州：广东科技出版社，2001.
[19] 李保良，等. 汽车维修企业管理人员培训教材 [M]. 北京：人民交通出版社，2004.